Hubert Albus

Von der NS-Diktatur bis 1946

Strukturierte Stundenbilder für den Geschichtsunterricht

Kopiervorlagen mit Lösungen

BRIGG Pädagogik

Symbole

Nachschlagen in Büchern, Lexika, Quellentexten

Recherchen im Internet

Informationen durch Filme

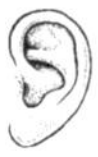
Informationen durch Tonträger

Betrachten und Interpretieren von Kunstwerken

Betrachten und Interpretieren von historischen Fotografien

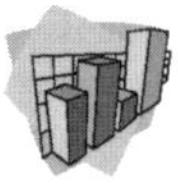
Auswerten von Grafiken und Statistiken

Interpretieren von Karikaturen

Texte genau lesen und werten

Illustrationen: Verlags- und Autorenarchiv
Umschlaggestaltung: PrePress-Salumae.com, Kaisheim

www.brigg-paedagogik.de
www.oldenbourg-bsv.de

1. Auflage 2011

Alle Drucke dieser Auflage sind inhaltlich unverändert und können im Unterricht nebeneinander verwendet werden.

Druck: Druckerei Joh. Walch, Augsburg

ISBN 978-3-87101-**497**-0

Inhalt gedruckt auf säurefreiem Papier aus nachhaltiger Forstwirtschaft.

Inhaltsverzeichnis

Vorwort

Geschichte als Schulfach vermittelt einerseits Grundwissen, das Orientierung in Raum und Zeit ermöglicht. Und das sollte tatsächlich auswendig gelernt werden. Andererseits geht es darum, dass die Schülerinnen und Schüler lernen, die Überreste aus der Geschichte sorgsam zu befragen. Und weiterhin sollte erkannt werden, dass Geschichte stets Rekonstruktion ist, ein mehr oder weniger reflektiert hergestelltes Konstrukt, mehr oder weniger reflektiert wahrgenommen.
Schülerinnen und Schüler sollen sich die Standort- und Zeitgebundenheit des Lebens und Denkens bewusst machen, sich mit alternativen Handlungsmöglichkeiten in der Geschichte auseinandersetzen, Perspektiven gewinnen, ihre Urteilsfähigkeit schulen und ihre Zukunft gestalten lernen.
Wenn Geschichte in der Schule wenigstens einen Beitrag dazu leisten kann, dass junge Menschen durch die Beschäftigung mit der Vergangenheit sich über ihre Gegenwart verständigen und so zukunftsfähig werden, dann ist viel erreicht.
Natürlich verlangt ein effektiver Geschichtsunterricht bestimmte Kernkompetenzen. Dazu gehören: **Fotos** betrachten und prüfen, **Kunstwerke** untersuchen und verstehen, **Denkmäler** anschauen und bewerten, **politische Plakate** untersuchen, **Karten** „lesen" und auswerten, **Schaubilder** und **Diagramme** erklären, **Karikaturen** betrachten und interpretieren, **Referate** vorbereiten und halten, **Fachliteratur** finden und auswerten, **Archivarbeit** betreiben, **Erkundungen** planen und durchführen sowie **Poster** erstellen und präsentieren. Diese Kernkompetenzen werden in der Reihe „Kompetent in Geschichte" besonders berücksichtigt.

Jeder Band ist nach demselben Prinzip aufgebaut. Auf ein gut strukturiertes Stundenbild folgt ein optisch wie inhaltlich ansprechendes Arbeitsblatt, das die Quintessenz der betreffenden Unterrichtseinheit darstellt. Dazu werden noch zahlreiche Materialien wie Porträts historischer Persönlichkeiten, Quellenberichte, Karten, Bilder und Grafiken auch mit Bezügen zur Gegenwart angeboten. Das Lösungsblatt folgt unmittelbar nach dem Arbeitsblatt.
Besonderer Wert wird auf einen motivierenden Einstieg gelegt. Häufig können Sie Bilder einsetzen, die als stummer Impuls an die Tafel (Vergrößerung mindestens auf DIN A3) gehängt bzw., falls Sie diese auf Folie kopieren, an die Wand geworfen werden können und als Sprechanlass dienen.
Für den Unterrichtenden bedeutet der Einsatz dieser Reihe zum einen eine erhebliche Arbeitserleichterung, zum anderen die günstige Chance, Schülern Geschichte auf anspruchsvollere Art „schmackhaft" zu machen und nahezubringen.

Viel Freude und Erfolg mit diesem Band
wünschen Ihnen

Autor und Verlag

Das Ende der Weimarer Republik:
Von der Wirtschaftsnot zur Staatskrise

Lerninhalte:

- Kurze Wiederholung der Weimarer Republik in Bildern
- Wissen um die Ursachen, die zum Scheitern der Weimarer Republik geführt haben
- Herausfinden der Krisenherde von 1919 bis 1933 mittels einer Karte und über das Internet
- Wissen um die Ursachen und Folgen der Inflation 1923
- Wissen um die Weltwirtschaftskrise als eine Ursache des Scheiterns der Weimarer Republik
- Erkenntnis, dass die Folgen der Weltwirtschaftskrise den Aufstieg rechts- und linksradikaler Kräfte begünstigten

Arbeitsmittel/Medien:

- Arbeitsblatt mit Lösung (Folie 6)
- Folie 1: Krisenherde 1919 bis 1933
- Folie 2: Weimarer Republik in Bildern: Was weißt du noch?
- Folie 3: Kunst- und Bildbetrachtung
- Folie 4: Inflation 1923
- Folie 5: Weltwirtschaftskrise 1929
- Videofilm: 4200486 „Republik ohne Republikaner“ (15 Minunten; farbig)

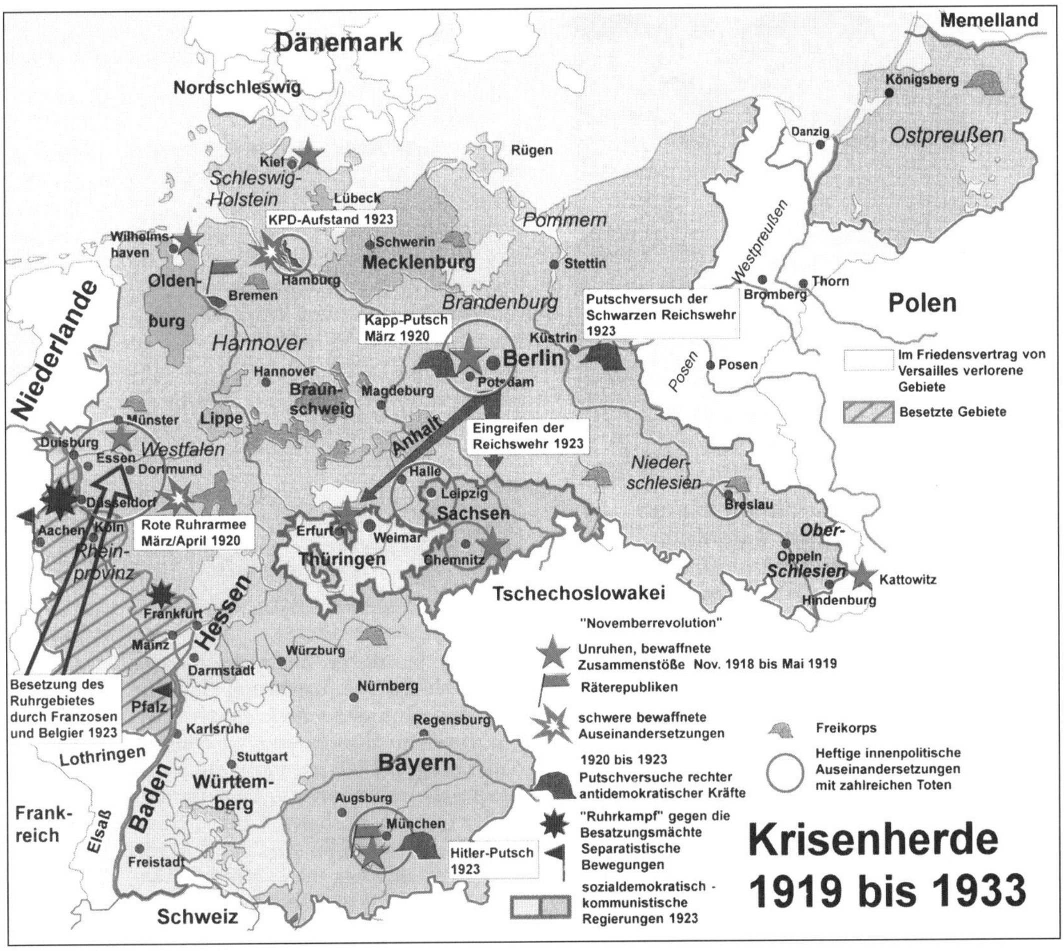

Folie 1

① Informiere dich über den Kapp-Putsch vom 13. März 1920.
② Informiere dich über den Hitler-Putsch vom 9. November 1923.

Verlaufsskizze

I. Motivation

Stummer Impuls Aussprache	Tafel	Weimarer Republik
Stummer Impuls Aussprache	Folie 2 (S. 7)	Weimarer Republik in Bildern. Was weißt du noch? Abdankung von Kaiser Wilhelm II.; Gustav Stresemann (Reichskanzler, Außenminister); Friedrich Ebert (Reichspräsident); Karl Liebknecht/Rosa Luxemburg (Kommunistenführer); Heinrich Brüning/Franz von Papen (Reichskanzler); „Dolchstoßlegende“; Inflation; Ruhrkampf; Georg Grosz, Die Stützen der Gesellschaft
Zielangabe	Tafel	**Das Ende der Weimarer Republik:** **Von der Wirtschaftsnot zur Staatskrise**

II. Begegnung/Erarbeitung

Impuls Aussprache		L: Ursachen für das Scheitern der Weimarer Republik?
Zusammenfassung	Tafel Folien 4/5 (S. 11/12)	① Weltwirtschaftskrise ② Massenarbeitslosigkeit ③ Politische Radikalisierung ④ Verfassungsmängel (Notverordnung: Artikel 48) ⑤ Parteienzersplitterung, Minderheitsregierungen, Kompromissunfähigkeit, Intrigen

III. Wertung

	Folie 3 (S. 8)	
Aussprache Stummer Impuls Aussprache		zu ❶ Das Bild zeigt Anhänger der linksgerichteten KPD. Die „Internationale“ ist das Kampflied der sozialistischen Arbeiterbewegung. zu ❷ Die beiden Bilder zeigen die Armut und trostlose Lage der Menschen nach der Weltwirtschaftskrise. L: Welche Grundrechte werden in Art. 48 wirkungslos?
Zusammenfassung	Tafel	Art. 114: Unverletzlichkeit der Person Art. 115: Unverletzlichkeit der Wohnung Art. 117: Unverletzlichkeit des Post-, Telegrafen-, Telefongeheimnisses Art. 118: Recht auf freie Meinungsäußerung Art. 123: Versammlungsfreiheit Art. 124: Vereinsfreiheit Art. 153: Freiheit des Eigentums

IV. Sicherung

Kontrolle	Arbeitsblatt (S. 9) Folie 6 (S. 10)	Das Ende der Weimarer Republik
Aussprache	Folie 1 (S. 5)	Krisenherde 1919 bis 1933 **Kapp-Putsch:** Unter der Führung von Wolfgang Kapp und General Walter Freiherr von Lüttwitz unternehmen rechtsgerichtete Kreise am 13. März 1920 einen Putsch gegen die Weimarer Republik. Er wird schon nach fünf Tagen niedergeschlagen. **Hitler-Putsch:** Am 9. November 1923 marschiert Hitler mit Freikorpsverbänden in München zur Feldherrenhalle, wird aber durch das massive Einschreiten der bayerischen Polizei gestoppt. Es gibt 19 Tote. Hitler wird verhaftet und zu fünf Jahren Haft verurteilt, aber bereits nach neun Monaten entlassen.

V. Zusammenfassung

	Videofilm	Republik ohne Republikaner

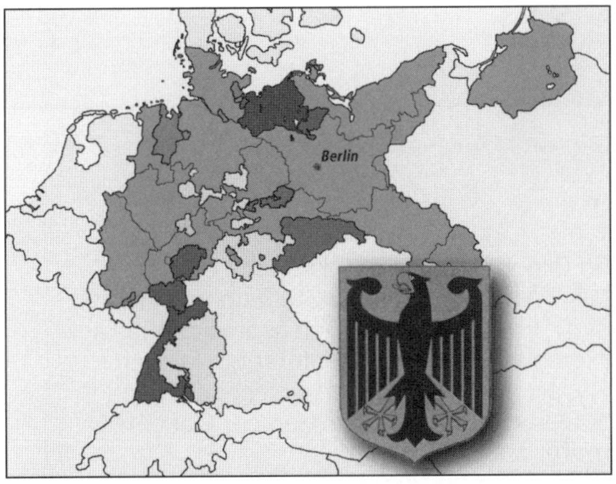

2. Extraausgabe Sonnabend, den 9. November 1918.

Vorwärts

Berliner Volksblatt.
Zentralorgan der sozialdemokratischen Partei Deutschlands.

Der Kaiser hat abgedankt!

Der Reichskanzler hat folgenden Erlaß herausgegeben:

Seine Majestät der Kaiser und König haben sich entschlossen, dem Throne zu entsagen.

Der Reichskanzler bleibt noch so lange im Amte, bis die mit der Abdankung Seiner Majestät, dem Thronverzichte Seiner Kaiserlichen und Königlichen Hoheit des Kronprinzen des Deutschen Reichs und von Preußen und der Einsetzung der Regentschaft verbundenen Fragen geregelt sind. Er beabsichtigt, dem Regenten die Ernennung des Abgeordneten Ebert zum Reichskanzler und die Vorlage eines Gesetzentwurfs wegen der Ausschreibung allgemeiner Wahlen für eine verfassunggebende deutsche Nationalversammlung vorzuschlagen, der es obliegen würde, die künftige Staatsform des deutschen Volk, einschließlich der Volksteile, die ihren Eintritt in die Reichsgrenzen wünschen sollten, endgültig festzustellen.

Berlin, den 9. November 1918. **Der Reichskanzler.**
Prinz Max von Baden.

Es wird nicht geschossen!

Der Reichskanzler hat angeordnet, daß seitens des Militärs von der Waffe kein Gebrauch gemacht werde.

Parteigenossen! Arbeiter! Soldaten!

Soeben sind das Alexanderregiment und die vierten Jäger geschlossen zum Volke übergegangen. Der sozialdemokratische Reichstagsabgeordnete Wels u. a. haben zu den Truppen gesprochen. Offiziere haben sich den Soldaten angeschlossen.

Der sozialdemokratische Arbeiter- und Soldatenrat.

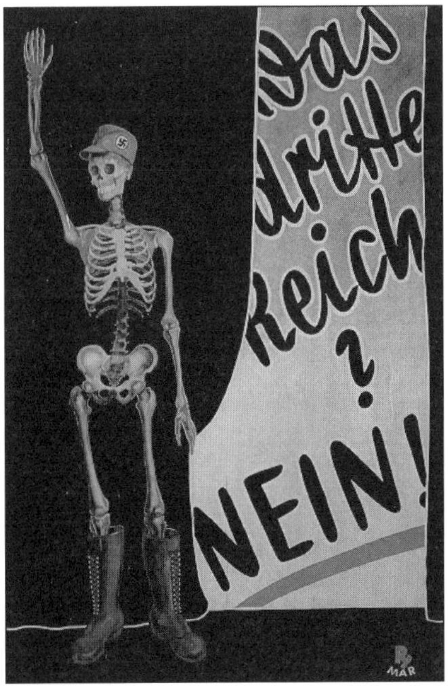

Georg Grosz, Die Stützen der Gesellschaft, 1926 © VG Bild-Kunst, Bonn 2011

KUNST WERK

❶ Das Gemälde von Otto Griebel entstand 1929/1930 und ist mit „Die Internationale“ überschrieben. Beschreibe kurz das Gemälde. Inwiefern hat es etwas mit der Weimarer Republik zu tun?

❷ Beide Bilder unten zeigen, mit welchen Problemen die Menschen der Weimarer Republik nach 1929 zu kämpfen hatten. Beschreibe Probleme und Ursachen genauer.

GE	Name: ______________________	Datum: ____________	

Das Ende der Weimarer Republik: Von der Wirtschaftsnot zur Staatskrise

Welche Auswirkungen hatte die sogenannte „Dolchstoß-Legende“ auf die Weimarer Republik? Wer profitierte davon?

____

____

____

____

____

____

Ursachen für das Scheitern der Weimarer Republik:

① ______________________ (24. Oktober 1929 – „Schwarzer Freitag“)

② ______________________ (6 Millionen Arbeitslose am 15. Februar 1933)

③ ______________________ (aggressive Wahlpropaganda, Straßenschlachten)

④ Missbrauch der Weimarer Verfassung:

______________________ („Notverordnung“ Artikel 48 – „Diktaturparagraf“)

Artikel 48: *Der Reichspräsident kann, wenn im Deutschen Reich die Sicherheit und Ordnung erheblich gestört oder gefährdet ist, die zur Wiederherstellung der öffentlichen Sicherheit und Ordnung notwendigen Maßnahmen treffen, erforderlichenfalls mithilfe der bewaffneten Macht einschreiten. Zu diesem Zwecke darf er vorübergehend die in den Artikeln 114, 115, 117, 118, 123, 124 und 153 festgesetzten Grundrechte ganz oder zum Teil außer Kraft setzen.*

Kein Grund zum Verzagen, solange noch Kanzler am laufenden Band produziert werden.

⑤ Schwächen der Weimarer Verfassung:

- ______________________ ➪ ______________________
- ______________________ ➪ ______________________

Was will die Karikatur links zum Ausdruck bringen? Wer ist der Mann mit Frack und Zylinder?

____

____

____

GE Lösung

Das Ende der Weimarer Republik: Von der Wirtschaftsnot zur Staatskrise

Welche Auswirkungen hatte die sogenannte „Dolchstoß-Legende“ auf die Weimarer Republik? Wer profitierte davon?

Anhänger der Monarchie brachten die Hetzkampagne in Umlauf, dass das deutsche Heer nicht an der Front, sondern durch den vorzeitigen Friedensschluss der Novemberrevolutionäre besiegt worden wäre. Alle Parteien und Politiker der Weimarer Republik wurden deshalb als „Novemberverbrecher“ bezeichnet. Innere Unruhen und politische Radikalisierung waren die Folge.

Ursachen für das Scheitern der Weimarer Republik:

① *Weltwirtschaftskrise* (24. Oktober 1929 – „Schwarzer Freitag“)

② *Massenarbeitslosigkeit* (6 Millionen Arbeitslose am 15. Februar 1933)

③ *Politische Radikalisierung* (aggressive Wahlpropaganda, Straßenschlachten)

④ Missbrauch der Weimarer Verfassung:

Verfassungsmängel („Notverordnung“ Artikel 48 – „Diktaturparagraf“)

Artikel 48: *Der Reichspräsident kann, wenn im Deutschen Reich die Sicherheit und Ordnung erheblich gestört oder gefährdet ist, die zur Wiederherstellung der öffentlichen Sicherheit und Ordnung notwendigen Maßnahmen treffen, erforderlichenfalls mithilfe der bewaffneten Macht einschreiten. Zu diesem Zwecke darf er vorübergehend die in den Artikeln 114, 115, 117, 118, 123, 124 und 153 festgesetzten Grundrechte ganz oder zum Teil außer Kraft setzen.*

Kein Grund zum Verzagen, solange noch Kanzler am laufenden Band produziert werden.

⑤ Schwächen der Weimarer Verfassung:

- *Parteienzersplitterung* ➪ *Minderheitsregierungen*
- *Kompromissunfähigkeit* ➪ *Intrigen*

Was will die Karikatur links zum Ausdruck bringen? Wer ist der Mann mit Frack und Zylinder?

Reichspräsident Paul von Hindenburg (1847–1934) benennt ohne Zustimmung des Reichstages Heinrich Brüning zum Reichskanzler ➪ mehrere Präsidialregierungen (von Papen, von Schleicher).

Die Ursachen der Inflation von 1923

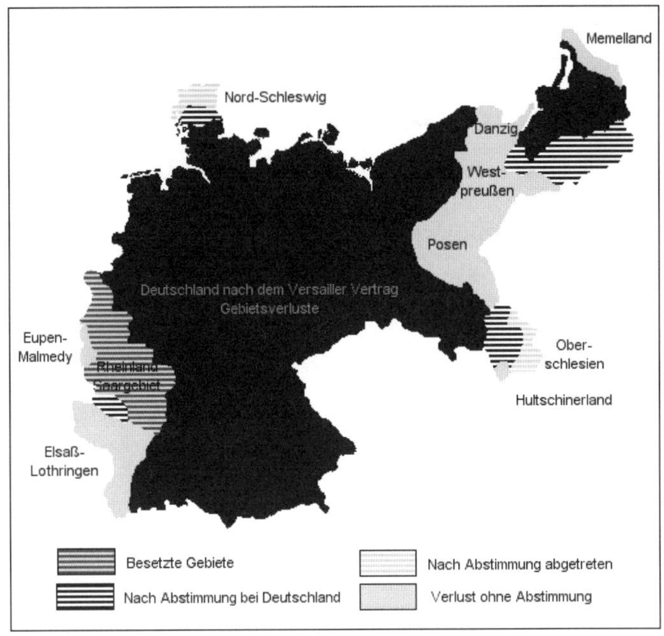

Das Deutsche Reich war 1914 der wirtschaftlich stärkste Staat Europas, ein hoch entwickeltes Industrieland mit einer stabilen, „gesunden" Währung. Im darauffolgenden Jahrzehnt waren es im wesentlichen drei Ursachen, die die deutsche Währung erschütterten.

Der Erste Weltkrieg war der große Vernichter der Mark. Aus Stahl wurden nicht wie in Friedenszeiten Personenautos, Kochtöpfe, Werkzeuge usw. hergestellt, sondern Panzer, Granaten und Kanonen. Alles Kriegsmaterial ist jedoch zu nichts anderem bestimmt, als zu vernichten und selbst vernichtet zu werden. Das Geld, das den Arbeitern ausbezahlt wurde, stand einem sinkenden Güterangebot gegenüber. Dazu kommt, dass die Kosten für die moderne Kriegsführung ungeheuer groß sind. Der Staat war gezwungen, Kriegsanleihen aufzunehmen und schließlich immer mehr Banknoten zu drucken. Aus dem Nichts wurde Geld gemacht.

Der verlorene Krieg und der Friedensvertrag von Versailles brachte für Deutschland eine zusätzliche enorme Belastung. Neben umfangreichen Sachlieferungen (Kohle, Industrieerzeugnisse) an die Siegermächte musste Deutschland als Wiedergutmachungszahlungen (Reparationen) die Summe von insgesamt 226 Milliarden Goldmark aufbringen, zahlbar in 42 Jahresraten. Deutsche Proteste und der Rat von Fachleuten gegen diese unsinnig hohe Summe veranlassten die Sieger, den Betrag bereits Anfang Mai auf 123 Milliarden Goldmark zu senken. Der Ruhrkampf und das Stillliegen der Industrie führte dann zur restlosen Vernichtung der Mark.

Merkmale der Inflation und ihre Auswirkungen

Je stärker die Inflation fortschritt, desto größer wurde der Bedarf nach Geld. Im Herbst 1923 arbeiteten 30 Papierfabriken, 133 Druckereien mit 1723 Pressen auf Hochtouren. Kolonnen von Lastwagen mit Geld fuhren ohne Schutz auf der Straße. Überfälle auf Geldtransporte gab es nicht mehr. Jeder hatte nur noch die Sorge, sein Geld möglichst schnell loszuwerden. Die Regierung konnte mit der Entwertung des Geldes nicht mehr Schritt halten. Die Inflation „galoppierte" davon.

Das Volk fror und hungerte. Die knappen Lebensmittel wurden rationiert. Ärzte, Rechtsanwälte, Schriftsteller, Wissenschaftler, Beamte, Handwerker und Arbeiter wurden jahrelang um ihren Lohn betrogen. Bei der Auszahlung hatte er nur noch den Wert einer Straßenbahnfahrt. Die Ersparnisse wurden wertlos. Weite Teile der Bevölkerung verarmten. Schwarzer Markt und Schleichhandel blühten auf. Bei Post und Bahn wurden Pakete unterschlagen. „Not kennt kein Gebot", damit wurde alles entschuldigt. Die Gesetze des Staates fanden keine Beachtung mehr. Das Vermögen der Banken und der Wirtschaft schrumpfte. Eine starke Überfremdung der Wirtschaft trat ein. Ein großer Teil der deutschen Aktien lag in ausländischen Händen. Die Inflation hatte weit größere Werte vernichtet als der Krieg. Die Besitzer von Häusern, Grundstücken und Sachwerten führten ein herrliches Leben. Schieber und Spekulanten nützten die Inflation für ihre Zwecke aus. Ebenso diejenigen Ausländer, die in ihrer Gewinngier zu lächerlich niedrigen Preisen deutsche Aktien und Grundbesitz erwarben.

Hubert Albus: Von der NS-Diktatur bis 1946 • Bestell-Nr. 497 •

Die Weltwirtschaftskrise von 1929

Im Winter 1929/30 geriet Deutschland in den Strudel der sich aus dem Zusammenbruch der New Yorker Börse im Oktober 1929 entwickelnden Weltwirtschaftskrise.

Der Kapitalstrom nach Deutschland versiegte, als die für die deutsche Wirtschaft so dringend benötigten ausländischen Kredite abgezogen wurden. In den USA und in Europa setzte sich zunehmend nationaler Protektionismus durch, das Welthandelsvolumen fiel von 1929 bis zum Tiefpunkt der Revision 1932 um 25 Prozent. Der deutsche Warenexport sank in demselben Zeitraum von 13,5 auf 5,7 Milliarden Reichsmark, da der Außenhandel ebenso rapide zurückging wie die Industrieproduktion des Deutschen Reichs, die um ca. 40 Prozent fiel. Firmenzusammenbrüche, Bankenschließungen und Massenarbeitslosigkeit waren die Auswirkungen der Weltwirtschaftskrise. Zwischen September 1929 und Anfang 1933 stieg die Zahl der Erwerbslosen in Deutschland von 1,3 auf über sechs Millionen. Das Realeinkommen sank um ein Drittel, Armut und Kriminalität nahmen sprunghaft zu. Massenverelendung kennzeichnete in der Wirtschaftskrise das Alltagsleben breiter Bevölkerungsschichten. Die verbreitete Resignation und Verzweiflung vieler Millionen Menschen drückte Walter Ballhause in seinen Fotografien eindrucksvoll aus. Hoffnungslosigkeit kennzeichnete die Gesichter der Dargestellten. Für ältere Menschen bestand keinerlei Hoffnung auf eine Anstellung. Auch jüngere Arbeitslose mussten jede Chance eines kleinen Verdienstes ergreifen, um dem gefürchteten sozialen Abstieg und der Obdachlosigkeit zu entgehen. Viele Menschen sahen nur noch im Freitod einen Ausweg aus ihrer existenziellen Not. Andere versuchten durch Heimarbeit, Hausieren und Tauschgeschäfte, den täglichen Überlebenskampf zu gewinnen oder zogen als Straßenmusikanten von Haus zu Haus. Für unzählige Frauen war Prostitution der letzte Ausweg. Die allgemeine Katastrophenstimmung veränderte zunehmend die politischen Rahmenbedingungen. Mit Erfolg entfesselten die Gegner der Weimarer Republik von rechts und links eine beispiellose Agitation gegen die demokratische Ordnung. Der seit den Landtagswahlen 1929 einsetzende Aufwärtstrend der Nationalsozialistischen Deutschen Arbeiterpartei (NSDAP) verstärkte sich mit der Reichstagswahl 1930. Auch die Kommunistische Partei Deutschlands (KPD) profitierte bei den Wahlen von der allgemeinen Missstimmung gegen die Weimarer Republik und ihrer Wirtschaftsordnung. Die liberale Deutsche Demokratische Partei (DDP) als Vertreterin des parlamentarischen Systems hingegen versank in der politischen Bedeutungslosigkeit.

Hubert Albus: Von der NS-Diktatur bis 1946 • Bestell-Nr. 497 •

Der Aufstieg der NSDAP

Lerninhalte:

- Kennenlernen der Stationen der DAP/NSDAP von 1919 bis 1933
- Wissen um die Inhalte des 25-Punkte-Parteiprogramms der NSDAP
- Beurteilung der Inhalte dieses Parteiprogramms
- Kenntnis der Parteienlandschaft in der Weimarer Republik
- Beurteilung von Wahlplakaten aus dieser Zeit (Verfasser, Tendenz, Botschaft)
- Wissen um die Ergebnisse der Reichstagswahlen von 1919 bis 1933 mit ihren Konsequenzen
- Kenntnis der Gründe für den Aufstieg der NSDAP

Arbeitsmittel/Medien:

- Arbeitsblatt mit Lösung (Folie 6)
- Informationsblatt: Der Aufstieg der NSDAP von 1919 bis 1933
- Folie 1: Reichstagswahlen von 1919 bis 1933
- Folie 2: Der Aufstieg der NSDAP von 1919 bis 1929 (Informationstext)
- Folie 3: Das 25-Punkte-Parteiprogramm der NSDAP
- Folie 4: Parteien mit ihren Zielen in der Weimarer Republik
- Folie 5: Wahlplakate
- Videofilm: 4201329 „Der Putsch 1923 – Aufstieg Hitlers und der NSDAP“ (15 Minuten; sw)

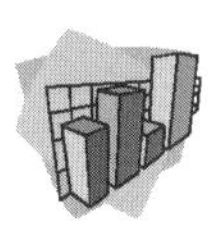

Folie 1

Reichstagswahlen 1919 bis 1933

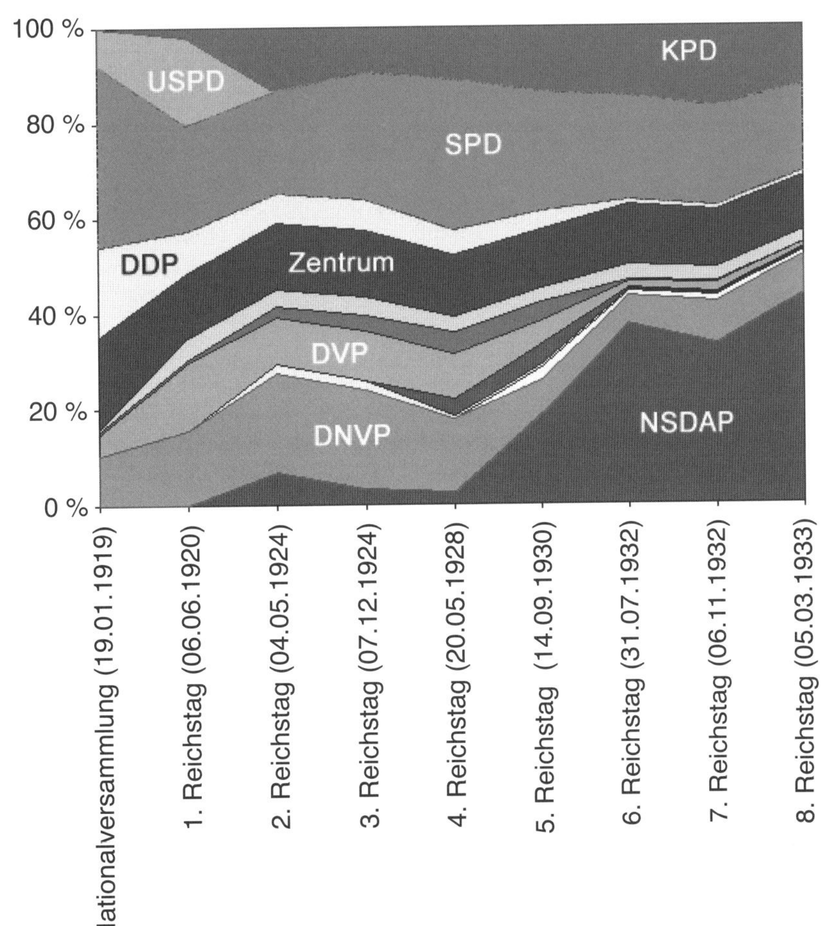

Verlaufsskizze (2 Unterrichtseinheiten)

I. Motivation

Stummer Impuls Aussprache Vermutungen Zielangabe	Tafel Tafel Folie 1 (S.13) Tafel	NSDAP Nationalsozialistische Deutsche Arbeiterpartei Reichstagswahlen L: Wie kommt es zum Aufstieg der NSDAP? **Der Aufstieg der NSDAP**

II. Begegnung/Erarbeitung

Impuls		L: Finde heraus, warum die NSDAP nach Anlaufschwierigkeiten einen so gewaltigen Zulauf hatte.
Schüler lesen Aussprache Zusammenfassung	Infoblatt (S. 21) Tafel	Der Aufstieg der NSDAP von 1919 bis 1933 ① Hitler verspricht eine Änderung der bestehenden Lage und Arbeit für das ganze Volk. ② Er gewinnt auch viele Anhänger, weil er den Vertrag von Versailles und die damit verbundenen gewaltigen Reparationszahlungen offen ablehnt. ③ Hitler hat mit Alfred Hugenberg (Parteichef der Deutschnationalen) die Presse hinter sich. ④ Hitler kann die Massen durch seine rednerischen Fähigkeiten mitreißen und begeistern. ⑤ Einige Großindustrielle wie Thyssen oder Krupp unterstützen Hitler und seine Partei mit großzügigen Spenden. ⑥ Die Weimarer Regierung ist handlungsunfähig, die Parteien sind zersplittert. Notverordnungen sind die Folge.
Aussprache	Folie 2 (S. 22)	Der Aufstieg der NSDAP 1919 bis 1929
Aussprache	Folie 4 (S. 17)	Parteien zur Zeit der Weimarer Republik L: Welche unterschiedlichen Zielsetzungen sind bei den einzelnen Parteien festzustellen?
Aussprache	Folie 5 (S. 18)	Wahlplakate L: Bewerte die Tendenz der Wahlplakate. Mit welchen Mitteln sprechen sie den Betrachter an? Welche Denkprozesse lösen sie beim Volk aus?

III. Wertung

Schüler lesen Aussprache	Folie 3 (S. 19/20)	Das 25-Punkte-Parteiprogramm der NSDAP L: In welchen Punkten zeichnet sich schon ab, was dann zur schrecklichen Wirklichkeit werden sollte?

IV. Sicherung

Kontrolle Hausaufgabe	Arbeitsblatt (S. 15) Folie 6 (S. 16)	Der Aufstieg der NSDAP Internetsuche zu den Abbildungen auf Seite 21: ❶ Hitler-Putsch in München ❷ Hjalmar Schacht ❸ Hindenburg ernennt Hitler zum Reichskanzler

V. Zusammenfassung

Aussprache	Videofilm	„Der Putsch 1923 – Aufstieg Hitlers und der NSDAP“

GE	Name: ______________________	Datum: ____________	

Der Aufstieg der NSDAP

Hitler und die NSDAP

- 1919: Hitler tritt der Deutschen Arbeiterpartei (__________) bei.
- 24. Januar 1920: Umbenennung zur Nationalsozialistischen Deutschen Arbeiterpartei (______________).
- 1922: Hitler wird zum Vorsitzenden gewählt. Die Partei hat jetzt bereits 10000 ______________________.
- Nach dem fehlgeschlagenen Putsch _________ wird Hitler festgenommen und zu __________ Jahren Haft verurteilt, die er in Landsberg verbringt. Er wird jedoch schon nach __________ Monaten vorzeitig entlassen. Während seiner komfortablen Haft schreibt er „__________________________".

Bei den Wahlen 1924 erreicht die NSDAP nur 6,6 Prozent der Wählerstimmen. In der folgenden Zeit nimmt der Zuspruch weiter ab. Die Partei nutzt die Phase unterdessen zur internen Organisation, der Gründung der ______ (Sturmabteilung), der ______ (Schutzstaffel) und der Funktion des ____________________. Erfolgreich schlagen die Nationalsozialisten Nutzen aus der ____________ ________________________, sodass die NSDAP bei den Wahlen 1930 die ____________stärkste Partei ist. Auf Wahlkampfpostern, die verarmte Bürger zeigen, steht der Slogan: ________________ ________________________________.

Im Juli 1932 erhalten die Nazis 37 Prozent (13 Millionen) der Stimmen und stellen somit die stärkste Partei. Da eine Koalition mit den Kommunisten, die ebenfalls einen Großteil der Wählerstimmen für sich gewinnen konnten, unmöglich ist, werden Neuwahlen angeordnet, bei denen die Nazis wenige Monate später 2 Mio. Stimmen verlieren. Hitler ist bewusst, dass weitere Verluste drohen, wenn er nicht bald die Macht ergreift.

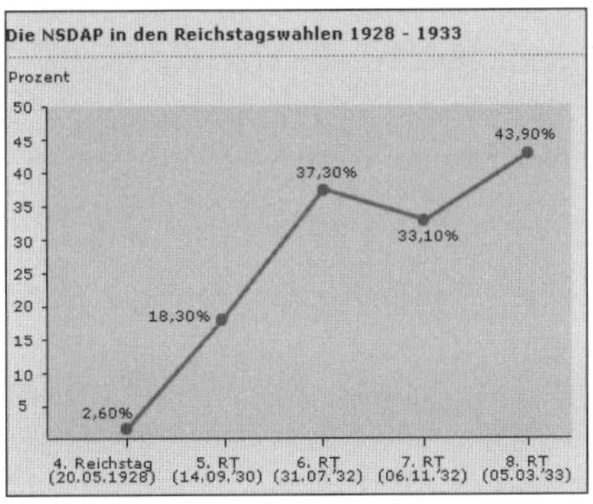

Gründe für den Aufstieg der NSDAP

① Hitler mobilisiert die Massen, indem er eine Änderung der bestehenden __________ und ______________ für das ganze Volk verspricht.

② Er gewinnt auch viele Anhänger, weil er den Vertrag von __________________ und die damit verbundenen ________-______________________________ offen ablehnt.

③ Unterstützung durch Alfred ____________________, Parteichef der Deutschnationalen und Besitzer vieler ________________.

④ Hitler kann die Massen durch seine ______________________ Fähigkeiten mitreißen und begeistern.

⑤ Einige ____________________ wie Thyssen oder Krupp unterstützen Hitler und seine Partei mit großzügigen Spenden.

⑥ Die Weimarer Regierung ist ____________________________. Parteien sind zersplittert. Die Folge: ______________________________.

Der Aufstieg der NSDAP

Hitler und die NSDAP

• 1919: Hitler tritt der Deutschen Arbeiterpartei (*DAP*) bei.

• 24. Januar 1920: Umbenennung zur Nationalsozialistischen Deutschen Arbeiterpartei (*NSDAP*).

• 1922: Hitler wird zum Vorsitzenden gewählt. Die Partei hat jetzt bereits 10000 *Mitglieder*.

• Nach dem fehlgeschlagenen Putsch *1923* wird Hitler festgenommen und zu *fünf* Jahren Haft verurteilt, die er in Landsberg verbringt. Er wird jedoch schon nach *neun* Monaten vorzeitig entlassen. Während seiner komfortablen Haft schreibt er „*Mein Kampf*“.

Bei den Wahlen 1924 erreicht die NSDAP nur 6,6 Prozent der Wählerstimmen. In der folgenden Zeit nimmt der Zuspruch weiter ab. Die Partei nutzt die Phase unterdessen zur internen Organisation, der Gründung der *SA* (Sturmabteilung), der *SS* (Schutzstaffel) und der Funktion des *Gauleiters*. Erfolgreich schlagen die Nationalsozialisten Nutzen aus der *Weltwirtschaftskrise*, sodass die NSDAP bei den Wahlen 1930 die *zweit*stärkste Partei ist. Auf Wahlkampfpostern, die verarmte Bürger zeigen, steht der Slogan: *Unsere letzte Hoffnung: Hitler*.

Im Juli 1932 erhalten die Nazis 37 Prozent (13 Millionen) der Stimmen und stellen somit die stärkste Partei. Da eine Koalition mit den Kommunisten, die ebenfalls einen Großteil der Wählerstimmen für sich gewinnen konnten, unmöglich ist, werden Neuwahlen angeordnet, bei denen die Nazis wenige Monate später 2 Mio. Stimmen verlieren. Hitler ist bewusst, dass weitere Verluste drohen, wenn er nicht bald die Macht ergreift.

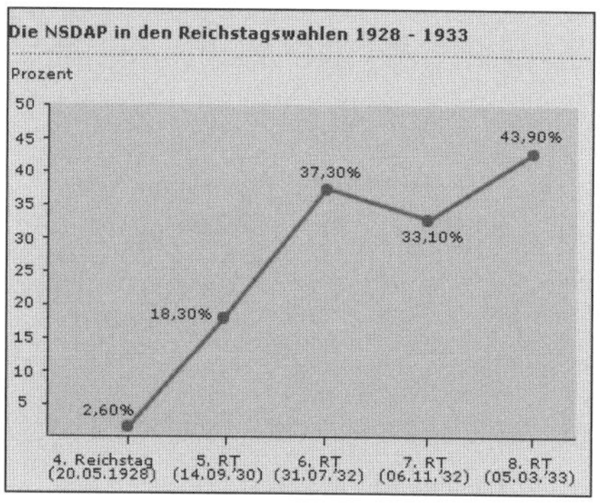

Gründe für den Aufstieg der NSDAP

① Hitler mobilisiert die Massen, indem er eine Änderung der bestehenden *Lage* und *Arbeit* für das ganze Volk verspricht.

② Er gewinnt auch viele Anhänger, weil er den Vertrag von *Versailles* und die damit verbundenen *Reparationszahlungen* offen ablehnt.

③ Unterstützung durch Alfred *Hugenberg*, Parteichef der Deutschnationalen und Besitzer vieler *Zeitungen*.

④ Hitler kann die Massen durch seine *rhetorischen* Fähigkeiten mitreißen und begeistern.

⑤ Einige *Großindustrielle* wie Thyssen oder Krupp unterstützen Hitler und seine Partei mit großzügigen Spenden.

⑥ Die Weimarer Regierung ist *handlungsunfähig*. Parteien sind zersplittert. Die Folge: *Notverordnungen*.

Parteien mit ihren Zielen in der Weimarer Republik

Kommunistische Partei Deutschlands (KPD)

Sie spaltete sich am 1. Januar 1919 von der USPD ab und wollte mit den Spartakisten gemeinsam die Diktatur des Proletariats in Form einer sozialistischen Räterepublik durchsetzen. Die kapitalistische Privatwirtschaft sollte durch eine sozialistische Planwirtschaft ersetzt werden.
Vorsitz: Karl Liebknecht und Rosa Luxemburg; nach deren Ermordung Paul Levi

Unabhängige Sozialdemokratische Partei Deutschlands (USPD)

Auf dem Gothaer Parteitag spaltet sich am 6. April 1917 der linke revolutionäre Flügel der SPD ab. Im Gegensatz zur SPD lehnt die USPD das parlamentarische System ab und tritt für eine Räterepublik ein. Großgrundbesitz und Kapital sollen sozialisiert werden.
Vorsitz: Hugo Haase

Sozialdemokratische Partei Deutschlands (SPD)

Sie wurde 1863 gegründet und strebt grundlegende Reformen im Wirtschaftsleben an und versucht, einen demokratischen Sozialismus zu verwirklichen. Alle Reformen sollten jedoch immer innerhalb eines parlamentarischen Systems stattfinden. Einen gewaltsamen Umsturz lehnt sie genauso ab wie eine Diktatur des Proletariats.
Vorsitz: Friedrich Ebert

Deutsche Demokratische Partei (DDP)

Ihre Gründung erfolgte am 20. November 1918. Als Verfechter der parlamentarischen Demokratie setzt sich die DDP für die Beibehaltung der Privatwirtschaft ein, will dabei aber eine soziale Bindung des Eigentums verwirklichen. Die Arbeitnehmer sollen in den Betrieben Mitwirkungsrechte erhalten, um so mehr Geltung zu erlangen.
Vorsitz: Friedrich Naumann

Zentrum

Gegründet 1870, war das Zentrum ursprünglich als katholisch-föderalistische Opposition gegen Bismarck gegründet worden. Ab 1911 nennt sich die Partei, die in Bayern die teilweise antisemitische Bayerische Volkspartei als Schwesterpartei hat, nach der Sitzanordnung im Parlament „Zentrum". Im Rahmen christlicher Grundsätze tritt sie für die Sicherung der bürgerlichen Freiheiten und eine hierarchische patriarchalische klerikale Ordnung ein. Sie fordert eine föderalistische Ordnung für das Reich und den Erhalt der Privatwirtschaft.
Vorsitz: Karl Trimborn

Deutsche Volkspartei (DVP)

Sie wurde am 15. Dezember 1918 gegründet und setzt sich als Nachfolgepartei der Nationalliberalen (1867 gegründet) für die Kräftigung des handwerklichen und bäuerlichen Mittelstandes ein. Dabei sollte im Gegenzug auch die Stellung der leitenden Unternehmer gesichert werden, um so der breiten Masse insgesamt mehr soziale Sicherheit garantieren zu können.
Vorsitz: Gustav Stresemann

Deutsch-Nationale Volkspartei (DNVP)

Am 24. November 1918 gegründet, setzt sich die DNVP aus verschiedenen Teilen der konservativen Parteien des Kaiserreichs und des rechten Flügels der Nationalliberalen zusammen. Sie tritt für die Erneuerung des Kaiserreichs ein. Jüdischer Einfluss in Wirtschaft und Politik soll zurückgedrängt werden. Ein stärkerer Schutz des Privateigentums wird verlangt. Die DNVP war ein entschiedener Gegner des Marxismus und der Demokratie.
Vorsitz: Oskar Hergt

Deutsche Arbeiterpartei (DAP)

Gegründet am 5. Januar 1919, war sie die Vorläuferin der NSDAP. Sie proklamierte den Antisemitismus, bekämpfte die parlamentarische Demokratie und strebte ein „großdeutsches" Reich an.
Vorsitz: Karl Harrer

Nationalsozialistische Arbeiterpartei Deutschlands (NSDAP)

Sie setzt sich als Nachfolgepartei der DAP und als ideologische Nachfolgerin des Alldeutschen Verbands unter Führung Adolf Hitlers gegen Liberalismus, Demokratie und Marxismus und für einen Führerstaat, Rassismus, Antisemitismus und aggressive, auf Expansion zielende Außenpolitik ein.
Vorsitz: Adolf Hitler

Wir bauen auf!
Unsere Bausteine:
Baupläne der anderen:
Arbeit
Freiheit
Brot
Liste
Also:
National-Sozialisten
8

Arbeit Freiheit und Brot!
Wählt
National-Sozialisten!
Liste
8

ZERSTAMPFT DIE VOLKS-FEINDE
WÄHLT LISTE
1

Unsere letzte Hoffnung:
HITLER

Für RECHT UND FREIHEIT
BAYER. VOLKS PARTEI
DIKTATUR
LISTE
9

DAS SIND DIE FEINDE DER DEMOKRATIE!
HINWEG DAMIT!
DESHALB WÄHLT LISTE
1
SOZIALDEMOKRATEN!

KPD
LISTE 3
Schluss mit diesem System

Frauen!
Rettet die deutsche Familie
Wählt
Adolf Hitler!

Wer schützt Familie-Heimat-Arbeit?
Das
Zentrum

Das 25-Punkte-Parteiprogramm der NSDAP

Das Programm der Deutschen Arbeiterpartei ist ein Zeit-Programm. Die Führer lehnen es ab, nach Erreichung der im Programm aufgestellten Ziele neue aufzustellen, nur zu dem Zwecke, um durch künstlich gesteigerte Unzufriedenheit der Massen das Fortbestehen der Partei zu ermöglichen.

1. Wir fordern den Zusammenschluss aller Deutschen auf Grund des Selbstbestimmungsrechtes der Völker zu einem Groß-Deutschland.
2. Wir fordern die Gleichberechtigung des deutschen Volkes gegenüber den anderen Nationen, Aufhebung der Friedensverträge von Versailles und St. Germain.
3. Wir fordern Land und Boden (Kolonien) zur Ernährung unseres Volkes und Ansiedlung unseres Bevölkerungsüberschusses.
4. Staatsbürger kann nur sein, wer Volksgenosse ist. Volksgenosse kann nur sein, wer deutschen Blutes ist, ohne Rücksichtnahme auf Konfession. Kein Jude kann daher Volksgenosse sein.
5. Wer nicht Staatsbürger ist, soll nur als Gast in Deutschland leben können und muss unter Fremdengesetzgebung stehen.
6. Das Recht, über Führung und Gesetze des Staates zu bestimmen, darf nur dem Staatsbürger zustehen. Daher fordern wir, dass jedes öffentliche Amt, gleichgültig welcher Art, gleich ob im Reich, Land oder Gemeinde, nur durch Staatsbürger bekleidet werden darf. Wir bekämpfen die korrumpierende Parlamentswirtschaft einer Stellenbesetzung nur nach Parteigesichtspunkten ohne Rücksichten auf Charakter und Fähigkeiten.
7. Wir fordern, dass sich der Staat verpflichtet, in erster Linie für die Erwerbs- und Lebensmöglichkeit der Staatsbürger zu sorgen. Wenn es nicht möglich ist, die Gesamtbevölkerung des Staates zu ernähren, so sind die Angehörigen fremder Nationen (Nicht-Staatsbürger) aus dem Reiche auszuweisen.
8. Jede weitere Einwanderung Nicht-Deutscher ist zu verhindern. Wir fordern, dass alle Nicht-Deutschen, die seit dem 2. August 1914 in Deutschland eingewandert sind, sofort zum Verlassen des Reiches gezwungen werden.
9. Alle Staatsbürger müssen gleiche Rechte und Pflichten besitzen.
10. Erste Pflicht jedes Staatsbürgers muss sein, geistig oder körperlich zu schaffen. Die Tätigkeit des Einzelnen darf nicht gegen die Interessen der Allgemeinheit verstoßen, sondern muss im Rahmen des Gesamten und zum Nutzen aller erfolgen. Daher fordern wir:
11. Abschaffung des arbeits- und mühelosen Einkommens, Brechung der Zinsknechtschaft.
12. Im Hinblick auf die ungeheuren Opfer an Gut und Blut, die jeder Krieg vom Volke fordert, muss die persönliche Bereicherung durch den Krieg als Verbrechen am Volke bezeichnet werden: Wir fordern daher restlose Einziehung aller Kriegsgewinne.
13. Wir fordern die Verstaatlichung aller (bisher) bereits vergesellschafteten (Trusts) Betriebe.
14. Wir fordern Gewinnbeteiligung an Großbetrieben.
15. Wir fordern einen großzügigen Ausbau der Altersversorgung.
16. Wir fordern die Schaffung eines gesunden Mittelstandes und seine Erhaltung, sofortige Kommunalisierung der Groß-Warenhäuser und ihre Vermietung zu billigen Preisen an kleine Gewerbetreibende, schärfste Berücksichtigung aller kleinen Gewerbetreibenden bei Lieferung an den Staat, die Länder oder Gemeinden.
17. Wir fordern eine unseren nationalen Bedürfnissen angepasste Bodenreform, Schaffung eines Gesetzes zur unentgeltlichen Enteignung von Boden für gemeinnützige Zwecke, Abschaffung des Bodenzinses und Verhinderung jeder Bodenspekulation.
18. Wir fordern den rücksichtslosen Kampf gegen diejenigen, die durch ihre Tätigkeit das Gemeininteresse schädigen. Gemeine Volksverbrecher, Wucherer, Schieber usw. sind mit dem Tode zu bestrafen, ohne Rücksichtnahme auf Konfession und Rasse.

19. Wir fordern Ersatz für das der materialistischen Weltordnung dienende römische Recht durch ein deutsches Gemeinrecht.
20. Um jedem fähigen und fleißigen Deutschen das Erreichen höherer Bildung und damit das Einrücken in führende Stellung zu ermöglichen, hat der Staat für einen gründlichen Ausbau unseres gesamten Volksbildungswesens Sorge zu tragen. Die Lehrpläne aller Bildungsanstalten sind den Erfordernissen des praktischen Lebens anzupassen. Das Erfassen des Staatsgedankens muss bereits mit dem Beginn des Verständnisses durch die Schule (Staatsbürgerkunde) erzielt werden. Wir fordern die Ausbildung besonders veranlagter Kinder armer Eltern ohne Rücksicht auf deren Stand oder Beruf auf Staatskosten.
21. Der Staat hat für die Hebung der Volksgesundheit zu sorgen durch den Schutz der Mutter und des Kindes, durch Verbot der Jugendarbeit, durch Herbeiführung der körperlichen Ertüchtigung mittels gesetzlicher Festlegung einer Turn- und Sportpflicht, durch größte Unterstützung aller sich mit körperlicher Jugendausbildung beschäftigenden Vereine.
22. Wir fordern die Abschaffung der Söldnertruppe und die Bildung eines Volksheeres.
23. Wir fordern den gesetzlichen Kampf gegen die bewusste politische Lüge und ihre Verbreitung durch die Presse. Um die Schaffung einer deutschen Presse zu ermöglichen, fordern wir, dass:
    a. sämtliche Schriftleiter und Mitarbeiter von Zeitungen, die in deutscher Sprache erscheinen, Volksgenossen sein müssen,
    b. nichtdeutsche Zeitungen zu ihrem Erscheinen der ausdrücklichen Genehmigung des Staates bedürfen. Sie dürfen nicht in deutscher Sprache gedruckt werden,
    c. jede finanzielle Beteiligung an deutschen Zeitungen oder deren Beeinflussung durch Nicht-Deutsche gesetzlich verboten wird, und fordern als Strafe für Übertretungen die Schließung eines solchen Zeitungsbetriebes sowie die sofortige Ausweisung der daran beteiligten Nicht-Deutschen aus dem Reich.

    Zeitungen, die gegen das Gemeinwohl verstoßen, sind zu verbieten. Wir fordern den gesetzlichen Kampf gegen eine Kunst und Literaturrichtung, die einen zersetzenden Einfluss auf unser Volksleben ausübt, und die Schließung von Veranstaltungen, die gegen vorstehende Forderungen verstoßen.
24. Wir fordern die Freiheit aller religiösen Bekenntnisse im Staat, soweit sie nicht dessen Bestand gefährden oder gegen das Sittlichkeits- und Moralgefühl der germanischen Rasse verstoßen. Die Partei als solche vertritt den Standpunkt eines positiven Christentums, ohne sich konfessionell an ein bestimmtes Bekenntnis zu binden. Sie bekämpft den jüdisch-materialistischen Geist in und außer uns und ist überzeugt, dass eine dauernde Genesung unseres Volkes nur erfolgen kann von innen heraus auf der Grundlage: Gemeinnutz vor Eigennutz.
25. Zur Durchführung alles dessen fordern wir: Die Schaffung einer starken Zentralgewalt des Reiches. Unbedingte Autorität des politischen Zentralparlaments über das gesamte Reich und seine Organisationen im Allgemeinen.

    Die Bildung von Stände- und Berufskammern zur Durchführung der vom Reich erlassenen Rahmengesetze in den einzelnen Bundesstaaten.

    Die Führer der Partei versprechen, wenn nötig unter Einsatz des eigenen Lebens für die Durchführung der vorstehenden Punkte rücksichtslos einzutreten.

Das 25-Punkte-Programm verkündete Adolf Hitler am 24. Februar 1920 vor etwa 2000 Personen im Münchner Hofbräuhaus. Am selben Tag wurde die 1919 gegründete Deutsche Arbeiterpartei (DAP), der Adolf Hitler im selben Jahr als 55. Mitglied beigetreten war, in Nationalsozialistische Deutsche Arbeiterpartei (NSDAP) umbenannt. Verfasser des Programms waren Hitler, Anton Drexler (Gründer der DAP) und der Wirtschaftstheoretiker Gottfried Feder.
In diesem Programm wurde ein Großdeutsches Reich angestrebt, eine Aufhebung des Versailler Vertrags gefordert, die deutsche Staatsbürgerschaft für Juden abgelehnt und der Aufbau eines autoritären Staates mit einer politisch gelenkten Presse und Literatur angekündigt.

Der Aufstieg der NSDAP von 1919 bis 1933

Im Reichstag der Weimarer Republik zunächst als unbedeutende Partei geduldet und unterschätzt, gelang Hitlers NSDAP am 30. Januar 1933 die Machtübernahme. Frenetischer, massenhafter Jubel trug den größenwahnsinnigen Hitler und seine braune Gefolgschaft damals an die Spitze.

1919: Noch im Gründungsjahr tritt Adolf Hitler der radikalnationalistischen Deutschen Arbeiterpartei DAP bei.
1921: Hitler wird Erster Vorsitzender der 1920 umbenannten Nationalsozialistischen Deutschen Arbeiterpartei NSDAP.
1923: Ein von Hitler angezettelter Putsch, der „Marsch auf die Feldherrnhalle", scheitert. Die NSDAP wird verboten und Hitler zu fünf Jahren Festungshaft wegen Volksverrats verurteilt.
1925: Nachdem Hitler bereits 1924 vorzeitig aus der Haft entlassen wurde, gründet sich die NSDAP neu. Nun mit dem Ziel, die Macht auf legalem Wege zu erhalten.
1928: Bei der Wahl zum 4. Reichstag stimmen gerade einmal 2,6 Prozent der Wähler für die Nationalsozialisten. Der sozialdemokratische Reichskanzler Hermann Müller bildet die letzte demokratisch gewählte Regierung der Weimarer Republik.
1929: Im Zuge der Weltwirtschaftskrise bricht in Deutschland der kreditfinanzierte Wirtschaftsaufbau wie ein Kartenhaus zusammen. Massenarbeitslosigkeit, Armut und Verzweiflung bieten daraufhin den Nährboden für den starken Zulauf der antidemokratischen Parteien.
1930: Im März tritt die Regierung Müller im Streit über die Erhöhung der Beitragssätze zur Arbeitslosenversicherung zurück. Ohne das Vertrauen des vom Volk gewählten Reichstags, gestützt auf das Recht des Bundespräsidenten zur Erlassung von Notverordnungen, soll nun ein „Präsidialkabinett" der Weltwirtschaftskrise Herr werden. Dem Reichstag bleibt zwar das Recht zur Aufhebung der Notverordnungen, als dieser jedoch 1930 unter der Regierung Heinrich Brünings davon Gebrauch macht, löst Bundespräsident Hindenburg den letzten Reichstag mit einer demokratischen Mehrheit kurzerhand auf. Bei der folgenden Reichstagswahl wird die NSDAP mit 18,3 Prozent der Stimmen zweitstärkste Partei hinter der SPD.

1932: Nach dem Rücktritt des erfolglosen Brüning, auf dem Höhepunkt der Weltwirtschaftskrise und im „demokratischen Chaos" geht die NSDAP als die mit Abstand stärkste Partei aus den beiden Reichstagswahlen 1932 hervor. In den Jahren zuvor hatten weder Hindenburg noch die vorangegangenen Regierungen etwas gegen die offensichtlich verfassungsfeindliche Partei unternommen. Man gedachte, sie zu zähmen, duldete ihre Aktionen, schlug sogar eine Regierungskoalition vor und verhalf Hitler und seiner Gefolgschaft damit auch zur Salonfähigkeit. Weder dem im Juni ernannten Reichkanzler Franz von Papen noch seinem Nachfolger, dem im November ernannten Kurt von Schleicher, gelingt eine stabile Regierungsbildung. Inzwischen werden die Rufe nicht zuletzt aus Kreisen einflussreicher Bankiers und Industrieller – darunter Fritz Thyssen und Ex-Reichsbank-Direktor Hjalmar Schacht (Bild links) – nach Adolf Hitler als neuem Reichskanzler immer lauter.

1933: Nachdem er ihn noch im Jahr zuvor ablehnte, ernennt Hindenburg Adolf Hitler am 30. Januar 1933 zum Reichskanzler (Bild rechts). Nur wenige Wochen später nutzen die Nationalsozialisten die legale Machtübergabe und den bereits in den Jahren zuvor praktizierten Missbrauch der Notverordnungen zur Gleichschaltung und Unterdrückung aller politischen Gegner. Wie Joseph Goebbels einst versprach: „Wir sind legal bis zur letzten Galgensprosse, aber gehenkt wird doch."

Der Aufstieg der NSDAP 1919 bis 1929

Der Nationalsozialismus war ein Kind der Krisen. Seine Entstehung fiel in die krisenhaften, von Revolution und Gegenrevolution geprägten Anfangsjahre der Weimarer Republik, sein Aufstieg zur Massenpartei seit den Wahlen von 1930 war eng verbunden mit der Staats- und Wirtschaftskrise der Weimarer Republik.

Begonnen hatte die NSDAP als eine unter vielen Protestgruppen im völkisch-antisemitischen Milieu Münchens, wo die Nachkriegswirren noch durch die Münchener Räterepublik und die anschließende Gegenrevolution verschärft wurden. Aus dem „Alldeutschen Verband", dem mächtigsten nationalistischen und antisemitischen Agitationsverband der Vorkriegs- und Kriegszeit, hatten sich verschiedene völkisch-nationale Organisationen herausgebildet, unter ihnen auch die „Thule-Gesellschaft", ein „Germanenorden" mit geheimen, okkultistischen Ritualen, dessen Mitglieder vorwiegend aus dem bürgerlichen Milieu stammten. In ihrem Kampf gegen die politische Linke versuchte diese Gruppierung auch, Arbeiterzirkel zu bilden, was zur Gründung der Deutschen Arbeiterpartei (DAP) durch den Eisenbahnschlosser Anton Drexler zusammen mit dem Journalisten Karl Harrer am 5. Januar 1919 führte. Die DAP blieb zunächst eine unter vielen völkischen Splittergruppen, die sich ohne besonderes programmatisches Profil zunächst in Stammtischgesprächen erschöpfte und durch einige zugkräftige Redner und Werbeveranstaltungen in den Münchner Bierhallen Aufsehen zu erregen versuchte.

Ein anderer Ableger des Alldeutschen Verbandes war die zunächst erfolgreichere antisemitische Sammlungsbewegung, der „Deutschvölkische Schutz- und Trutzbund". Er unterhielt zahlreiche Querverbindungen zu Freikorps und rechtsstehenden Kreisen der Reichswehr bzw. Soldatenverbänden, bald aber auch zur jungen DAP/NSDAP, deren Funktionäre anfangs ebenfalls Mitglieder des Schutz- und Trutzbundes waren. Als dieser nach inneren Zerwürfnissen zerfiel und nach dem von Angehörigen der rechtsextremen völkisch-nationalistischen Organisation „Consul" an Außenminister Walther Rathenau begangenen Mord (24. Juni 1922) schließlich verboten wurde, trat die NSDAP deren Nachfolge an, die sich unter der Führung Adolf Hitlers mittlerweile zur lautstärksten Gruppe der völkischen Bewegung entwickelt hatte.

Die politischen Ansichten, die Hitler unermüdlich vortrug, waren im völkisch-nationalen Milieu nicht ungewöhnlich: Er rief zum Kampf gegen den als „Schanddiktat" gebrandmarkten Friedensvertrag von Versailles und zur Verfolgung aller als „Novemberverbrecher" denunzierten Repräsentanten der demokratischen Parteien auf, die er bezichtigte, für den „Dolchstoß" aus der Heimat in den Rücken der kaiserlichen Armee an der Front verantwortlich gewesen zu sein. Solche und andere maßlosen, von Hasstiraden geprägten Attacken richteten sich meist gegen Juden, Marxisten, Pazifisten und Demokraten. Auffallend war der Fanatismus, mit dem er seine Parolen vortrug, und die Unbedingtheit, mit der er sich diesen fast bis zur physischen Erschöpfung leidenschaftlich vorgetragenen Schlagworten und Appellen selbst verschrieb.

Auch das 25-Punkte-Parteiprogramm, das von Drexler und Hitler zusammengestellt worden war und aus Anlass der Umbenennung in „Nationalsozialistische Deutsche Arbeiterpartei" (NSDAP) am 24. Februar 1920 vorgestellt wurde, stellte einen Querschnitt des damaligen rassistisch-nationalistischen Ideengemenges vermischt mit antikapitalistischen Tönen dar: Die Forderung nach dem Anschluss Österreichs und dem Rückerwerb der Kolonien, nach Wiederherstellung deutscher Großmachtstellung, nach Durchführung einer Bodenreform und der Verstaatlichung der Großunternehmen. Ferner wurde unermüdlich von dem völkischen Weltverbesserer und selbsternannten „Wirtschaftstheoretiker" der Partei, Gottfried Feder, die Forderung nach der „Brechung der Zinsknechtschaft" vorgetragen, die in der Politik der Banken und Börsen das Grundübel sah und deren Verstaatlichung verlangte. Schließlich propagierte man die Forderung nach der Einziehung der Kriegsgewinne sowie der Ausbürgerung der Juden aus dem Deutschen Reich.

Die Anziehungskraft, die die Partei zunächst auf das völkisch-antisemitische Lager ausübte, hatte ihre Ursachen zum einen in der Radikalität, mit der die Partei die Vernichtung des Judentums aus dem deutschen „Volkskörper" als Voraussetzung für eine „nationale Gesundung" forderte, und zum anderen in der propagandistisch-rhetorischen Wirkungskraft, mit der Hitler diese Parolen vortrug und bündelte.

Hans-Ulrich Thamer: Die nationalsozialistische Bewegung in der Weimarer Republik.
© Bundeszentrale für politische Bildung, Bonn, Juli 2010

Adolf Hitler – Diktator, Demagoge, Dämon

Lerninhalte:

- Kennenlernen der Biografie Adolf Hitlers
- Wissen um die Begriffe Diktator, Demagoge und Dämon
- Versuch einer Annäherung an das Phänomen Adolf Hitler
- Herausfinden und Beurteilen der wichtigsten Helfer Adolf Hitlers
- Beurteilung der Person Hitlers anhand von Film- und Tondokumenten
- Kritische Bewertung des Films „Der Untergang“ (Drehbuch: Bernd Eichinger)

Arbeitsmittel/Medien:

- Arbeitsblatt 1 mit Lösung (Folie 6), Arbeitsblatt 2 mit Lösung (Folie 7)
- Bildimpuls Tafel
- Folie 1: Bilder aus Hitlers Leben
- Folie 2: Begriffe Diktator/Demagoge/Dämon mit drei Bildern von Adolf Hitler
- Folie 3: Lebensweg Hitlers
- Folie 4: Karikaturen (Hitler als Pferd; Hitler – ein deutsches Verhängnis)
- Folie 5: Medien zur Person Adolf Hitlers
- DVD: Der Untergang (2004; 150 Minuten; FSK 12)
- Videofilm 4247299: Hitler und der Führerkult (16 Minuten; farbig)

Folie 2

Diktator:

Ein Diktator ist eine einzelne regierende Person, die mit unbeschränkter Macht ausgestattet ist.

Demagoge:

Ein Demagoge ist der, der bei günstiger Gelegenheit öffentlich für ein politisches Ziel wirbt, indem er der Masse schmeichelt, an ihre Gefühle, Instinkte und Vorurteile appelliert, ferner sich der Hetze und Lüge schuldig macht, Wahres übertrieben oder grob vereinfacht darstellt, die Sache, die er durchsetzen will, für die Sache aller Gutgesinnten ausgibt, und die Art und Weise, wie er sie durchsetzt oder durchzusetzen vorschlägt, als die einzig mögliche hinstellt.

Dämon:

Als Dämon wird entgegen dem neutralen bis eher positiven Sinn des Ursprungswortes für die gemeinten Geisteserscheinungen oder Geisteswesen heute ausschließlich ein solches „Wesen” bezeichnet, das nach allgemeiner Vorstellung Menschen erschreckt, bedroht oder Schaden zufügt, in jeder Hinsicht also als böser Geist erscheint.

Verlaufsskizze (2 Unterrichtseinheiten + Film)

I. Motivation

Stummer Impuls Aussprache	Bild Tafel (S. 33)	Adolf Hitler
Impuls Aussprache	Folie 1 (S. 34)	Bilder aus Hitlers Leben L: Er gibt als Person Rätsel auf.
Zielangabe Vermutungen	Tafel	**Adolf Hitler – Diktator, Demagoge, Dämon**

II. Begegnung/Erarbeitung

	Folie 3 (S. 27/28)	Lebensweg Hitlers
Schüler lesen Aussprache Partnerarbeit	Internet	L: Was ist ein Diktator, Demagoge, Dämon?
Zusammenfassung Partnerarbeit Zusammenfassung Schüler lesen Aussprache	Folie 2 (S. 23)	Diktator, Demagoge, Dämon
Kontrolle	Arbeitsblatt 1 (S. 25) Folie 6 (S. 26)	Adolf Hitler – Diktator, Demagoge, Dämon

III. Wertung

	Folie 4 (S.31)	L: Karikatur zur NS-Diktatur, Karikatur über Hitler ❶ „The German Mazeppa: Away! away! My breath was gone, I saw not where he hurried on ...“ (Fort, fort, in atemloser Hast, wusste ich nicht, wohin es ging ...) Karikatur der britischen Künstlergruppe Punch, 1933 © W+D ❷ A. Paul Weber: Hitler – ein deutsches Verhängnis
Aussprache Lehrervortrag Lehrer liest vor Aussprache	Sachbuch	Sebastian Haffner: Anmerkungen zu Hitler (Auszüge) Nachdenken über Hitlers Leben, Leistungen, Erfolge, Fehler, Verbrechen, Verrat

IV. Sicherung/Ausweitung

Hausaufgabe	Arbeitsblatt 2 (S.29)	Hitlers Helfer
Kontrolle Hausaufgabe	Folie 7 (S.30) Internet/Lexika Folie 5 (S. 32)	Ton- und Filmdokumente

V. Zusammenfassung

Aussprache	Videofilm	„Der Untergang“ Stärken/Schwächen des Films
Zusammenfassung	Geschichtsbuch 	

GE	Name:	Datum:	

Hitler – Diktator, Demagoge, Dämon

① Kurzbiografie:

- 20. April 1889:
- 1905:
- 1907:
- Mai 1913:
- 1914 bis 1918:
- 12. September 1919:
- 29. Juli 1921:
- 9. November 1923:
- 1923 bis 1924:
- 26. Februar 1932:
- 30. Januar 1933:
- 1. September 1939:
- 20. Januar 1942:
- 29. April 1945:
- 30. April 1945:

② Hitler als Diktator:

③ Hitlers als Demagoge:

„Meine Pädagogik ist hart. Das Schwache muss weggehämmert werden. In meinen Ordensburgen wird eine Jugend heranwachsen, vor der sich die Welt erschrecken wird. Eine gewalttätige, herrische, unerschrockene, grausame Jugend will ich. Jugend muss das alles sein. Schmerzen muss sie ertragen. Es darf nichts Schwaches und Zärtliches an ihr sein. Das freie, herrliche Raubtier muss erst wieder aus ihren Augen blitzen. Stark und schön will ich meine Jugend. Ich werde sie in allen Leibesübungen ausbilden lassen. Ich will eine athletische Jugend. Das ist das Erste und Wichtigste. Ich will keine intellektuelle Erziehung. Mit Wissen verderbe ich mir meine Jugend. Aber Beherrschung müssen sie lernen. Sie sollen mir in den schwierigsten Proben die Todesfurcht besiegen lernen."

④ Hitlers dämonische Ideologie:

GE Lösung

Hitler – Diktator, Demagoge, Dämon

① Kurzbiografie:

- 20. April 1889: *Geboren in Braunau (Österreich) am Inn als Sohn des Zollbeamten Alois Hitler und Clara Pölzel*
- 1905: *Verlassen der Realschule ohne Abschluss*
- 1907: *Zweimalige Ablehnung (Wiener Akademie für Künste)*
- Mai 1913: *Vermeidung der Wehrpflicht, Umzug nach München*
- 1914 bis 1918: *Feldbote im 1. Weltkrieg; mehrfach verwundet*
- 12. September 1919: *Beitritt zur Deutschen Arbeiterpartei*
- 29. Juli 1921: *Vorsitzender der NSDAP*
- 9. November 1923: *Hitler-Putsch in München*
- 1923 bis 1924: *Festungshaft in Landsberg; vorzeitige Entlassung nach neun Monaten*
- 26. Februar 1932: *Erlangung der deutschen Staatsbürgerschaft*
- 30. Januar 1933: *Ernennung zum Reichskanzler durch Präsident Paul von Hindenburg*
- 1. September 1939: *Beginn des 2. Weltkrieges mit dem Überfall auf Polen*
- 20. Januar 1942: *Beschluss zur Ausrottung der Juden auf der Wannsee-Konferenz*
- 29. April 1945: *Eheschließung im „Führerbunker" mit der 23 Jahre jüngeren Eva Braun*
- 30. April 1945: *Selbstmord durch Erschießen und Gift*

② Hitler als Diktator:

Hitler hat als Führer, Reichskanzler und Reichspräsident die alleinige Macht, die NSDAP als einzige Partei im Reichstag ist ihm hörig, die Opposition ist ausgeschaltet. Die Reichswehr schwört auf Hitler den persönlichen Treueeid und folgt ihm bedingungslos.

③ Hitlers als Demagoge:

Hitler hat ein enorm feines Gespür für das Volksempfinden. Seine Sprache ist klar, einfach und leicht verständlich, seine Gesten kraftvoll, seine Stimme eindringlich. Er formuliert hart, subjektiv, emotional und täuscht, lügt, verspricht, wo es notwendig ist.

„Meine Pädagogik ist hart. Das Schwache muss weggehämmert werden. In meinen Ordensburgen wird eine Jugend heranwachsen, vor der sich die Welt erschrecken wird. Eine gewalttätige, herrische, unerschrockene, grausame Jugend will ich. Jugend muss das alles sein. Schmerzen muss sie ertragen. Es darf nichts Schwaches und Zärtliches an ihr sein. Das freie, herrliche Raubtier muss erst wieder aus ihren Augen blitzen. Stark und schön will ich meine Jugend. Ich werde sie in allen Leibesübungen ausbilden lassen. Ich will eine athletische Jugend. Das ist das Erste und Wichtigste. Ich will keine intellektuelle Erziehung. Mit Wissen verderbe ich mir meine Jugend. Aber Beherrschung müssen sie lernen. Sie sollen mir in den schwierigsten Proben die Todesfurcht besiegen lernen."

④ Hitlers dämonische Ideologie:

Hitler setzt konsequent seine antisemitische Grundeinstellung und rassenbiologische Ideologie in ganz Europa um. Die Ermordung unliebsamer Bevölkerungsgruppen, der Holocaust an den europäischen Juden, zahlreiche Kriegsverbrechen und Verstöße gegen die Menschenrechte wurden mit der Pflichtversessenheit und blinden Mitwirkung einer moralisch und politisch ungefestigten Bevölkerung durchführbar.

Lebensweg Hitlers

Am 20. April 1889 wird Adolf Hitler als Sohn des Zollbeamten Alois Hitler (bis 1877 Schicklgruber) und seiner Frau Clara (geb. Pölzel) in Braunau am Inn (Oberösterreich) geboren. In Steyr besucht er die Realschule, die er 1905 ohne Abschluss verlässt. Zunächst nicht zu einer Erwerbsarbeit gezwungen, widmet sich Hitler der Lektüre völkischer Schriften. Nach dem Tod der Mutter 1907 siedelt Hitler nach Wien über, wo er sich zweimal vergeblich an der Kunstakademie bewirbt. Er hat fortan keinen festen Wohnsitz und landet schließlich im Obdachlosenasyl, wo er sich mit Gelegenheitsarbeiten durchschlägt. Die Erlebnisse in der Hauptstadt des Vielvölkerstaates und die Lektüre antisemitischer Zeitungen und Bücher prägen seinen rassistisch begründeten Judenhass und seine radikale Feindschaft gegen Marxismus und Liberalismus.
1913 zieht Hitler nach München, um sich dem Wehrdienst in der österreichisch-ungarischen Armee zu entziehen.
Am 16. August 1914 tritt er als Kriegsfreiwilliger in das Bayerische Reserve-Infanterie-Regiment ein. Er wird mit dem Eisernen Kreuz II. Klasse ausgezeichnet. Nach einer schweren Beinverwundung an der Westfront im Oktober 1916 erhält Hitler auch das Eiserne Kreuz I. Klasse. Die deutsche Kriegsniederlage und die Novemberrevolution von 1918 prägen Hitler und sind für seine zunehmende Politisierung verantwortlich.
Im Juni 1919 wird er zur Teilnahme an einem Rednerkurs für ausgewählte „Propagandaleute" an der Universität München vorgeschlagen und zeichnet sich dabei als talentierter Redner aus. In seinen ersten politischen Notizen hebt er als vordringlichstes Ziel die „Entfernung der Juden überhaupt" hervor. Hitler besucht eine Versammlung der Deutschen Arbeiterpartei (DAP) und tritt ihr wenige Tage später bei. 1920 arbeitet Hitler am Programm der in Nationalsozialistische Deutsche Arbeiterpartei (NSDAP) umbenannten Partei mit. Als Agitator unentbehrlich geworden und über die Grenzen Münchens bekannt, gelingt es ihm auf einer außerordentlichen Mitgliederversammlung der NSDAP auf Anhieb, die Führung der Partei mit diktatorischen Vollmachten zu übernehmen.
Am 9. November 1923 wird ein von Hitler initiierter Putsch gegen die bayerische Regierung in München von Regierungstruppen mit Waffengewalt niedergeschlagen. Die NSDAP wird am folgenden Tag verboten. Hitler flieht, wird zwei Tage später verhaftet und am 26. Februar 1924 zusammen mit Ernst Röhm und General Erich Ludendorff vor dem Münchener Volksgericht des Hochverrats angeklagt und schließlich zu einer fünfjährigen Gefängnisstrafe verurteilt. Schon im Dezember 1924 wird er vorzeitig aus dem Gefängnis in Landsberg, in dem der erste Band seiner Schrift „Mein Kampf" entstanden ist, entlassen.
Am 27. Februar 1925 erfolgt die Neugründung der NSDAP. Hitler wird am 30. April 1925 aus der österreichischen Staatsbürgerschaft entlassen und ist seither staatenlos. Er erhält Redeverbot durch die bayerische Regierung, dem sich auch die preußische Landesregierung anschließt. Nach Aufhebung der Redeverbote kann Hitler wieder öffentlich sprechen. Reichspräsident Hindenburg empfängt ihn am 10. Oktober 1931 erstmals zu einer Aussprache. Kurz darauf bildet sich die „Harzburger Front", in der sich die gesamte antirepublikanische Rechte vereint sieht. Am 26. Februar 1932 erhält Hitler die deutsche Staatsbürgerschaft.
Bei der Reichspräsidentenwahl am 13. März 1932 erhält die NSDAP rund 30 Prozent, im zweiten Wahlgang am 10. April rund 37 Prozent der Stimmen. Hitler fordert nach den Reichstagswahlen vom 31. Juli, aus denen die NSDAP als stärkste Fraktion hervorgeht, seine Ernennung zum Reichskanzler, was aber von Reichspräsident Hindenburg abgelehnt wird.
Am 30. Januar 1933 wird Hitler zum Reichskanzler eines national-konservativen Kabinetts ernannt, zu dem mit Hermann Göring und Wilhelm Frick noch zwei weitere Nationalsozialisten gehören.
Das Ermächtigungsgesetz wird am 24. März 1933 von allen Parteien mit Ausnahme der Sozialdemokratischen Partei Deutschlands (SPD) und der inzwischen verbotenen Kommunistischen Partei Deutschlands (KPD) verabschiedet.
Am 30. Juni 1934 lässt Hitler im sogenannten „Röhm-Putsch" die Führung der nach einem Umsturz drängenden Sturmabteilung (SA) beseitigen. Auch andere politische Gegner werden ermordet.

Die Schutzstaffel (SS) wird aus den Parteigliederungen ausgekoppelt und Hitler direkt unterstellt.
Am 2. August 1934 stirbt Reichspräsident Hindenburg. Hitler vereinigt die Ämter von Reichspräsident und Reichskanzler in seiner Person und führt ab sofort den Titel „Führer und Reichskanzler".
Die Reichswehr, aus der 1935 die Wehrmacht hervorgeht, wird auf ihn persönlich vereidigt.
Am 15. September 1935 werden die „Nürnberger Rassegesetze" verabschiedet, womit die auf Antisemitismus und Rassismus gegründete Ideologie Hitlers ihre offizielle politische Umsetzung findet.
Ab 20. Juli 1936 unterstützt Hitler die antirepublikanischen Truppen General Francos durch deutsche Luftstreitkräfte (Legion Condor) im Spanischen Bürgerkrieg, der am 1. April 1939 endet.
Nun beginnt die Annektionspolitik Hitlers, der am 7. März 1936 das entmilitarisierte Rheinland besetzt.
Am 25. Oktober 1936 empfängt Hitler Mussolini in Berlin und schließt mit ihm sein außenpolitisches Bündnissystem.
Im Februar 1938 übernimmt Hitler den Oberbefehl über die Wehrmacht. Joachim von Ribbentrop wird linientreuer Außenminister.
Am 15. März 1938 marschieren deutsche Truppen in Österreich ein. Hitler verkündet vor einer begeisterten Menschenmenge auf dem Wiener Heldenplatz den „Anschluss" Österreichs an das Deutsche Reich.
Im Münchner Abkommen vom 29. September 1938 werden die von den Sudetendeutschen bewohnten Gebiete Deutschland zugesprochen. Hitler erklärt daraufhin, auf weitere territoriale Ansprüche in Europa zu verzichten.
Am 9. November 1938 werden auf Anweisung Hitlers und Goebbels in der sogenannten „Reichskristallnacht" zahlreiche Synagogen und jüdische Geschäfte zerstört und Juden wahllos verschleppt und ermordet. Am 30. Januar 1939 spricht Hitler in einer Reichstagsrede für den Fall eines neuen Weltkriegs die „Ausrottung" der jüdischen Rasse in Europa an.
Am 15. März 1939 besetzen deutsche Soldaten die „Rest-Tschechei". Hitler fordert die Rückgabe Danzigs. Mit dem Abschluss des „Hitler-Stalin-Pakts" legen die beiden Diktatoren ihre Gebietsansprüche in Osteuropa schon von vornherein fest.
Am 1. September 1939 beginnt mit dem deutschen Angriff auf Polen der Zweite Weltkrieg.
Ein Anschlag auf Hitler am 8. November 1939 im Münchener Bürgerbräukeller durch den Schreinergesellen Elser missglückt.
Hitler greift am 22. Juni die Sowjetunion an. Damit beginnt ein systematisches Morden von Funktionäre der Kommunistischen Partei, von Juden in Partei- und Staatsstellung und sonstigen radikalen Elementen durch Einsatzgruppen der SS und des Sicherheitsdienstes (SD) in der Sowjetunion.
In der Wannsee-Konferenz vom 20. Januar 1942 wird die „Endlösung der Judenfrage" beschlossen.
Hitler lässt sich vom Reichstag eine durch kein Gesetz beschränkte Vollmacht als „Oberster Gerichtsherr" erteilen.
Ende Januar 1944 kapituliert die eingeschlossene deutsche 6. Armee bei Stalingrad, die auf Hitlers Weisung bis zuletzt ihre Stellung halten muss.
Am 20. Juli 1944 scheitert von Stauffenbergs Bomben-Attentat auf Hitler in der „Wolfsschanze".
Die verantwortlichen Widerstandskämpfer werden sofort erschossen.
Hitler ordnet am 25. September 1944 an, Kinder und alte Männer als sogenannten „Volkssturm" zur Verteidigung des Deutschen Reiches einzusetzen.
Am 30. Januar 1945 spricht Hitler zum letzten Mal im Rundfunk. Er ruft zu fanatischem Widerstand gegen die vorrückenden alliierten Truppen auf und beschwört den „Endsieg".
In seinem „Verbrannte-Erde-Befehl" im März 1945 will Hitler die deutschen Gebiete vor dem Rückzug vollständig zerstören lassen. Hier zeigt sich Hitlers Verachtung für das deutsche Volk, von dem er glaubt, dass es sich für die Durchsetzung seiner Ziele als „zu schwach" erwiesen hat.
In der Nacht vom 28. auf den 29. April heiratet Hitler seine langjährige Freundin Eva Braun. Goebbels und Bormann sind Trauzeugen. Einen Tag später begeht Hitler gemeinsam mit Eva Braun im Bunker unter der Reichskanzlei in Berlin durch das Einnehmen von Blausäure und gezielte Kopfschüsse Selbstmord. Die Leichen werden auf vorherige Anweisung Hitlers mit Benzin übergossen und verbrannt.

GE	Name: ______________________	Datum: ____________	

Hitlers Helfer

Albert Speer (1905–1981)

Hermann Göring (1893–1946)

Heinrich Himmler (1900–1945)

Joseph Goebbels (1897–1945)

Hans Frank (1900–1946)

Reinhard Heydrich (1904–1942)

Wilhelm Frick (1877–1946)

Rudolf Heß (1894–1987)

Baldur von Schirach (1907–1974)

Julius Streicher (1885–1946)

Martin Bormann (1900–1945)

Alfred E. Rosenberg (1893–1946)

Ernst Röhm (1887–1934)

Joachim v. Ribbentrop (1893–1946)

Hubert Albus: Von der NS-Diktatur bis 1946 • Bestell-Nr. 497 •

GE | Lösung

Hitlers Helfer

Albert Speer (1905–1981)
Architekt, „Hofarchitekt“ Hitlers, Generalbauinspektor für Berlin, 1942 Minister für Bewaffnung und Munition, 1946 zu 20 Jahren Haft verurteilt

Hermann Göring (1893–1946)
Paladin Hitlers, Luftwaffenoffizier, 1932 Reichstagspräsident, 1933 Ministerpräsident von Preußen, Befehlshaber der Luftwaffe, 1940 Reichsmarschall, 1946 Selbstmord

Heinrich Himmler (1900–1945)
Landwirt, 1929 Reichsführer SS, 1936 Staatssekretär, 1939 Reichskommissar (Vernichtung der Juden), 1943 Reichsinnenminister, 1945 Selbstmord

Joseph Goebbels (1897–1945)
Dr. phil., Politiker, 1924 Parteimitglied, 1926 Gauleiter von Berlin, 1928 Reichstagsabgeordneter, 1933 Reichspropagandaminister, 1945 Selbstmord

Hans Frank (1900–1946)
Jurist, 1930 Abgeordneter der NSDAP, 1933 Reichskommissar für die Gleichschaltung der Justiz, 1939 Generalgouverneur in Polen, 1946 hingerichtet

Reinhard Heydrich (1904–1942)
1931 Parteimitglied, 1932 Sicherheitsdienstleiter, 1936 Chef der Sicherheitspolizei, 1941 SS-Obergruppenführer, stellv. Reichsprotektor in Prag, 1942 Attentat

Wilhelm Frick (1877–1946)
Jurist, 1924 Abgeordneter der NSDAP, 1928 Fraktionsvorsitzender, 1933 Reichsinnenminister, 1943 Reichsprotektor für Böhmen/Mähren, 1946 hingerichtet

Rudolf Heß (1894–1987)
Politiker, 1925 Hitlers Privatsekretär, 1933 Stellvertreter des Führers, 1941 Flug nach England, für geisteskrank erklärt, bis zum Tod inhaftiert in Berlin/Spandau

Baldur von Schirach (1907–1974)
Politiker, 1928 Mitglied der NSDAP und NS-Studentenführer, 1933 Reichsjugendführer, 1940 Gauleiter in Wien, 1946 zu 20 Jahren Haft verurteilt

Julius Streicher (1885–1946)
Lehrer, 1923 Teilnehmer am Hitler-Putsch, 1925 Gauleiter in Franken, Eigentümer und Herausgeber des antisemitischen Blattes „Der Stürmer“, 1946 hingerichtet

Martin Bormann (1900–1945)
Landwirt, 1927 NSDAP-Mitglied, 1933 Stabsleiter bei R. Heß, 1941 Chef der Parteikanzlei, 1943 Sekretär Hitlers („Graue Eminenz“), 1945 Selbstmord durch Gift

Alfred E. Rosenberg (1893–1946)
Politischer Schriftsteller, 1933 Leiter des außenpolitischen Amtes der NSDAP, 1941 Reichsminister für die besetzten Ostgebiete, 1946 hingerichtet

Ernst Röhm (1887–1934)
Berufssoldat, Mitbegründer der SA, Reichstagsabgeordneter, Militärberater (Bolivien), 1931 Stabschef Hitlers und SA-Führer, 1933 Reichsminister, 1934 ermordet

Joachim v. Ribbentrop (1893–1946)
Politiker, Offizier im 1. Weltkrieg, 1932 NSDAP-Mitglied, 1936 Botschafter in London, 1938 Außenminister des Deutschen Reiches, 1946 hingerichtet

The German Mazeppa: Away! away! My breath was gone, I saw not where he hurried on
Karikatur der britischen Künstlergruppe Punch, 1933 © W+D

A. Paul Weber: Das Verhängnis © VG Bild-Kunst, Bonn 2011

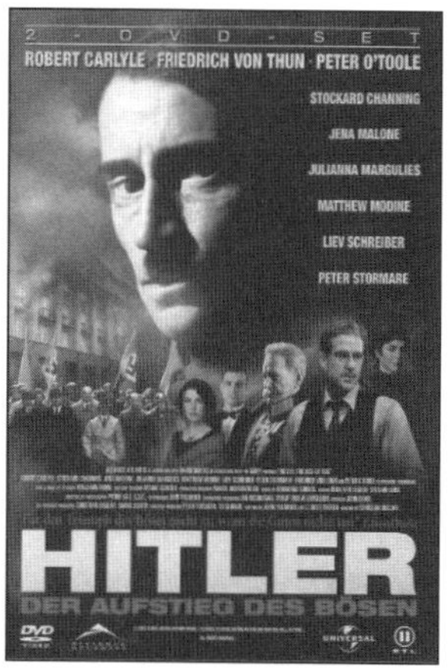

Filmdokumente/Textdokumente/Tondokumente

Google Suchzeile: *Tondokumente Hitler*

- www.nationalsozialismus.de/Literatur/Dokumente/Enzyklopädie
- www.youtube.com
- www.spiegel.de/sptv/magazin/0,1518,319655,00.html
- www.dhm.de/ausstellungen/weimar/tondokumente.htm
- www.km.bayern.de/blz/publikationen/katalog/beschreibungen/110072.html

Internetadressen

Google Suchzeile: *Hitler*

- www.shoa.de/drittes-reich
- de.wikipedia.org/wiki/Adolf_Hitler
- www.inidia.de/hitler.htm
- www.dhm.de/lemo/html/biografien/HitlerAdolf/index.html
- www.h-ref.de/personen/hitler-adolf/vorfahren/hitlers-abstammung.php
- www.whoswho.de/templ/te_bio.php?PID=30&RID=1

Google Suchzeile: *Hitler – Dämon, Diktator, Demagoge*

- www.how2find.de/diktatordaemon.htm
- www.dradio.de/dkultur/sendungen/kritik/474766/

Deutschland wird NS-Staat

Lerninhalte:

- Wissen um die Stationen der „Machtergreifung"
- Kennenlernen von Zeitzeugenberichten und Ereignissen um die „Machtergreifung"
- Kenntnis über das „Ermächtigungsgesetz" mit seiner Problematik
- Wissen um die Sturmabteilung (SA) und den „Röhm-Putsch"
- Kenntnis von Grundsätzen der NS-Ideologie
- Bewertung dieser historischen Ereignisse aus heutiger Sicht
- Effektives Recherchieren mithilfe von Lexika und Internet

Arbeitsmittel/Medien:

- Arbeitsblätter 1/2 mit Lösungen (Folien 7/8)
- Folie 1: Schwarzer Tag für die Demokratie: Die „Machtergreifung" Hitlers am 30. Januar 1933
- Folie 2: Das „Ermächtigungsgesetz"
- Folie 3: Stimmen und Ereignisse zur Machtergreifung
- Folie 4: Die Sturmabteilung (SA) und der „Röhm-Putsch"
- Folien 5/6: Karikatur/Hitlers „Mein Kampf"
- DVD 4655734: Der Nationalsozialismus I – Ideologie und Menschenbild (20 Minuten; farbig)
- DVD 4655801: Der Nationalsozialismus II – Staat und Politik (20 Minuten; farbig)
- Videofilm 4272982: Rassenlehre im Nationalsozialismus (2001; 10 Minuten; farbig)

Fragen zur Karikatur:

Folie 5

① Was wird auf der Karikatur dargestellt?
② Welche Personen, Figuren, Gegenstände und Hintergründe sind erkennbar?
③ Was bedeutet das? Erläutere die Karikatur.
④ Welche Zeit wird in der Karikatur angesprochen?
⑤ Welche historischen Vorgänge sind angesprochen?
⑥ Welche Symbole enthält die Karikatur?
⑦ Mit welchen Attributen werden die Figuren verknüpft? Welche Wertungen erhalten sie dadurch?
⑧ Welche Positionen werden vom Zeichner bezogen? Sind die Urteile des Zeichners richtig? Was ist untertrieben/übertrieben?
⑨ Werden dadurch Geisteshaltung und/oder politische Tendenzen des Zeichners erkennbar? Welche? An welchen Merkmalen sind diese feststellbar?
⑩ Steht der Zeichner in Opposition oder auf der Seite der gezeichneten Figuren und Geschehnisse?

Folie 6

„Mein Kampf"

Hitlers „Mein Kampf" erreichte bis 1939 eine Auflage von 5,5 Millionen. 1943 waren in Deutschland nahezu zehn Millionen Exemplare verbreitet. Es wurde in sechzehn Sprachen übersetzt und auch nach 1945 im Ausland mehrfach wieder aufgelegt. Seit 1936 wurde „Mein Kampf" in den Standesämtern verteilt. Um so erstaunlicher ist die Tatsache, dass die Maximen, die Hitler hier in aller Breite dargelegt hat, kaum in das Bewusstsein der Öffentlichkeit gedrungen sind.

Verlaufsskizze (2 Unterrichtseinheiten + 4 Filme)

I. Motivation

Stummer Impuls Aussprache	Folie 1 (S. 39)	Bild: Fackelzug der SA durchs Brandenburger Tor am Tag von Hitlers „Machtergreifung“ (30. Januar 1933) L: Beschreibe die Stimmung des Gemäldes. Wirkung auf dich?
Aussprache Zielangabe	Tafel	**Deutschland wird NS-Staat**

II. Begegnung/Erarbeitung

	Folie 1 (S. 39)	Text: „Machtergreifung“ Hitlers
Schüler lesen		
Aussprache	Folie 2 (S. 40)	Das „Ermächtigungsgesetz“
	Folie 3 (S. 41)	Stimmen und Ereignisse zur „Machtergreifung“
Aussprache		
		L: Die Machtergreifung verlief in mehreren Etappen.
	Arbeitsblatt 1 (S. 37)	Deutschland wird NS-Staat (1) Stufen der „Machtergreifung“ Ausfüllen des Arbeitsblattes
Hausaufgabe Kontrolle	Folie 7 (S. 38)	
		L: Legenden um den Reichstags-brand Brandstifter war der 24-jährige Holländer Marinus von der Lubbe.
Aussprache		L: NS- Propaganda nützt diesen Vorfall
	Tafel	SA
Aussprache	Tafel	Sturmabteilung
	Folie 4 (S. 42)	Die SA und der „Röhm-Putsch“
Aussprache		
Zusammenfassung	DVD (20 Min.)	Der Nationalsozialismus II: Staat und Politik

III. Wertung

Stummer Impuls	Folie 5 (S. 35)	L: Karikatur Hitler mit Fragen zur Karikatur
Aussprache		
	Folie 6 (S. 35)	Mein Kampf
Schüler lesen		
Aussprache		
Lehrervortrag		Kurzer Überblick über „Mein Kampf“
Stummer Impuls	Tafel	Das war ein Vorspiel nur; dort wo man Bücher verbrennt, verbrennt man am Ende auch Menschen. (Heinrich Heine, 1820)
Aussprache		

IV. Sicherung/Ausweitung

	Arbeitsblatt 2 (S.43)	Deutschland wird NS-Staat (2) Die NS-Ideologie
Aussprache		
Kontrolle	Folie 8 (S.44)	
	DVD (20 Min.)	Der Nationalsozialismus I: Ideologie und Menschenbild
Aussprache		

V. Zusammenfassung

	Videofilm	Rassenlehre im Nationalsozialismus (2001; 10 Min.; farbig)
Aussprache		
	Videofilm	Zeitgeschichte: Mein Kampf Erwin Leisers Dokumentation des Nazi-Terrors
Aussprache		(Atlas pictures 74321 344923)

GE	Name: ______________________	Datum: ____________

Deutschland wird NS-Staat (1)

Stufen der „Machtergreifung“ 1933/34

30. Januar 1933:

27. Februar 1933:

28. Februar 1933:

5. März 1933:

21. März 1933:

23. März 1933:

April 1933:

2. Mai 1933:

10. Mai 1933:

30. Juni 1934:

2. August 1934:

GE | Lösung

Deutschland wird NS-Staat (1)

Stufen der „Machtergreifung“ 1933/34

30. Januar 1933:

Hitler wird von Reichspräsident Paul von Hindenburg zum Reichskanzler ernannt. Am Abend folgt ein Fackelzug der SA (Sturmabteilung) durch das Brandenburger Tor in Berlin.

27. Februar 1933:

Der Reichstag geht in Flammen auf. Brandstifter war der Anarchist Marinus van der Lubbe.

28. Februar 1933:

Der Reichstag verabschiedet die „Reichstagsbrandverordnung“. Damit werden die wichtigsten Grundgesetze außer Kraft gesetzt.

5. März 1933:

Neue Reichstagswahlen: Wahlsieg der NSDAP (44%), Koalition mit der DNVP (8%); Propaganda und Terror

21. März 1933:

Propagandaspektakel: Der neue Reichstag wird in der Potsdamer Garnisonskirche feierlich eröffnet.

23. März 1933:

Der Reichstag beschließt das „Ermächtigungsgesetz“ und entmachtet sich selbst. Die SPD stimmt dagegen.

April 1933:

Die NSDAP ruft zum Boykott jüdischer Geschäfte und Einrichtungen auf. Die ersten Juden verlassen Deutschland.

2. Mai 1933:

Die Gewerkschaften werden verboten. Die einzig zugelassene Gewerkschaft ist die Deutsche Arbeitsfront (DAF).

10. Mai 1933:

Bücher unliebsamer Autoren werden in vielen Städten als dekadent, volksfremd, jüdisch und verräterisch abgestempelt und öffentlich verbrannt.

30. Juni 1934:

„Röhm-Putsch“: Hitler lässt die SA als innerparteiliche Konkurrenz zur SS beseitigen und deren Führer Ernst Röhm ermorden.

2. August 1934:

Paul von Hindenburg stirbt. Hitler wird Reichspräsident und erhält den Oberbefehl über die Wehrmacht. Er vereidigt die Reichswehr auf seine Person.

Schwarzer Tag für die Demokratie: Die „Machtergreifung" Hitlers am 30. Januar 1933

„Der 30. Januar 1933". Gemälde von Arthur Kampf (1939)

Die Nationalsozialisten feierten ihre Machtübernahme am Abend mit einem Fackelzug durch das Brandenburger Tor. Das Gemälde oben stammt von Arthur Kampf (1864–1950).

Am 30. Januar 1933 ernannte Reichspräsident Paul von Hindenburg Adolf Hitler zum Reichskanzler. Die Nationalsozialisten propagierten diesen, von ihnen lang ersehnten Tag, als „Tag der Machtergreifung": Erstmals waren sie an einer Reichsregierung beteiligt. Innerhalb kürzester Zeit etablierte die NSDAP eine autoritäre Regierung.

Nur einen Tag nach seinem Amtsantritt löste Hitler am 1. Februar den Reichstag auf. Neuwahlen wurden für den 5. März angesetzt. Der Reichstagsbrand vom 27. Februar 1933, war für die Nationalsozialisten ein willkommener Anlass, ihre Macht auszubauen und den demokratischen Rechtsstaat zu untergraben. Am 28. Februar 1933 wurden durch die „Verordnung des Reichspräsidenten zum Schutz von Volk und Staat" die wesentlichen demokratischen Grundrechte der Weimarer Verfassung außer Kraft gesetzt. Die Polizei wurde weitgehend der Kontrolle der Reichsregierung unterstellt.

Die sogenannte „Reichstagsbrandverordnung" gab der nun einsetzenden Welle der Verfolgungen politisch missliebiger Personen einen scheinlegalen Anstrich. Insbesondere Angehörige linker Gruppierungen wurden verhaftet oder in die Illegalität getrieben.

Wenig später entmachtete sich der neu gewählte Reichstag mit seiner Zustimmung zum sogenannten Ermächtigungsgesetz selbst. Dieses erlaubte Hitler und der Reichsregierung für eine Dauer von vier Jahren Gesetze – auch solche mit verfassungsänderndem Charakter – ohne Beteiligung des Reichstages oder Reichsrates zu erlassen. Ein weiterer Schritt auf dem Weg in einen nationalsozialistischen Führerstaat war getan.

Die Abgeordneten der KPD waren zu der Abstimmung schon nicht mehr zugelassen worden. Gegen die Stimmen der SPD stimmte die Mehrheit der bürgerlichen und rechten Parteien dem Ermächtigungsgesetz am 23. März 1933 zu. Damit hatte der Reichstag seine politische Bedeutung verloren.

Die SPD wurde kurze Zeit später, im Juni 1933, verboten. Die anderen Parteien lösten sich danach „freiwillig" auf. Somit war nur noch die NSDAP als Partei zugelassen und kandidierte allein bei den folgenden Wahlen.

Bereits im Februar 1933 waren der preußische Landtag und die kommunalen Vertretungskörperschaften in Preußen aufgelöst worden. Die übrigen Länderparlamente wurden durch zwei „Gleichschaltungsgesetze" und ein Gesetz über den Neuaufbau des Reiches bis Januar 1934 beseitigt.

Das „Ermächtigungsgesetz“

Am 23. März 1933 brachte Hitler im Reichstag das „Gesetz zur Behebung der Not von Volk und Staat“ ein, das sogenannte „Ermächtigungsgesetz“. Weil dies eine Verfassungsänderung bedeutete, benötigte Hitler eine Zweidrittelmehrheit im Reichstag. Alle 81 kommunistischen Reichstagsabgeordneten und 26 von 120 Abgeordneten der SPD waren zu diesem Zeitpunkt bereits verhaftet oder geflüchtet. Als die übrigen 538 Abgeordneten am 23. März zur entscheidenden Sitzung des Reichstages in der Berliner Kroll-Oper zusammenkamen, wurde ihnen sofort klar, dass Hitler seine Ziele gegebenenfalls auch mit blanker Gewalt durchsetzen würde. Dies veranlasste die bürgerlichen Parteien, dem Gesetz ihre Zustimmung zu geben, nachdem Hitler in seiner Regierungserklärung versprochen hatte, die Existenz des Reichstags, des Reichsrats und den Bestand der Länder nicht anzutasten. Nur die Abgeordneten der SPD stimmten geschlossen dagegen. Doch ihren 94 Nein-Stimmen standen 444 Ja-Stimmen gegenüber. Damit entmachtete sich der Reichstag selbst. Nach dem Reichstagsbrand war die Kroll-Oper provisorisch als Sitzungssaal des Reichstags hergerichtet worden. Überall vor der Oper, in den Gängen und im Sitzungssaal wimmelte es von SA-Leuten in ihren Braunhemden, den Hakenkreuzbinden und den langen, schwarzen Stiefeln. Sie waren von Hitler als „Ordnungsdienst“ eingesetzt. Die Abgeordneten aller Parteien mussten in den Sitzungssaal durch ein Spalier von SA-Männern, die in Sprechchören das Ermächtigungsgesetz fordern. Im Sitzungssaal herrschte ein ähnliches Bild. Die 288 nationalsozialistischen Abgeordneten waren in Uniform erschienen und grüßten mit „Heil Hitler“. Überall Hakenkreuzfahnen. Die Stimmung war gespannt. Von draußen hörte man das Knallen der Stiefel, das Strammstehen vieler NSDAP-Männer. Hitler kam. Auf dem Weg zum Rednerpult wurde er von den Abgeordneten seiner Partei gefeiert. „Heil Hitler“ dröhnte es lautstark durch die Kroll-Oper. Dann Stille. Hitler begann seine Regierungserklärung zum Ermächtigungsgesetz.

Um die Regierung in die Lage zu versetzen, die Aufgaben zu erfüllen, die innerhalb dieses allgemein gekennzeichneten Rahmens liegen, hat sie im Reichstag durch die beiden Parteien der Nationalsozialisten und der Deutschnationalen das Ermächtigungsgesetz einbringen lassen. Ein Teil der beabsichtigten Maßnahmen erfordert die verfassungsändernde Mehrheit ... Es würde dem Sinn der nationalen Erhebung widersprechen, wollte die Regierung sich für ihre Maßnahmen von Fall zu Fall die Genehmigung des Reichstags erhandeln und erbitten. Die Regierung wird dabei nicht von der Absicht getrieben, den Reichstag als solchen aufzuheben; im Gegenteil, sie behält sich auch in Zukunft vor, ihn von Zeit zu Zeit über ihre Maßnahmen zu unterrichten ... Weder die Existenz des Reichstags noch des Reichsrats soll durch dieses Gesetz bedroht sein. Die Stellung und die Rechte des Herrn Reichspräsidenten bleiben unberührt; die innere Übereinstimmung mit seinem Willen herbeizuführen, wird stets die oberste Aufgabe der Regierung sein ... Mögen Sie, meine Herren, nunmehr selbst die Entscheidung treffen über Frieden oder Krieg!

Der SPD-Abgeordnete Otto Wels warnte vor der Annahme des Ermächtigungsgesetzes:

Nach den Verfolgungen, die die Sozialdemokratische Partei in der letzten Zeit erfahren hat, wird billigerweise niemand von ihr verlangen oder erwarten können, dass sie für das hier eingebrachte Ermächtigungsgesetz stimmt. Die Wahlen vom 5. März haben den Regierungsparteien die Mehrheit gebracht und damit die Möglichkeit gegeben, nach dem Sinn der Verfassung zu regieren. Wo diese Möglichkeit besteht, besteht auch die Pflicht. Kritik ist heilsam und notwendig. Noch niemals, seit es den Deutschen Reichstag gibt, ist die Kontrolle der öffentlichen Angelegenheiten durch die gewählten Vertreter des Volkes in solchem Maße ausgeschaltet worden, wie es jetzt geschieht, und wie es durch das neue Ermächtigungsgesetz noch mehr geschehen soll. Eine solche Allmacht der Regierung muss sich umso schwerer auswirken, als auch die Presse jeder Bewegungsfreiheit entbehrt ... Wir deutschen Sozialdemokraten bekennen uns in dieser geschichtlichen Stunde feierlich zu den Grundsätzen der Menschlichkeit und der Gerechtigkeit, der Freiheit und des Sozialismus. Kein Ermächtigungsgesetz gibt Ihnen die Macht, Ideen, die ewig unzerstörbar sind, zu vernichten.

Diese mutige Rede von Otto Wels war die letzte freie Rede im deutschen Reichstag. Sie blieb allerdings erfolglos. Wilhelm Hoegner, der spätere bayerische Ministerpräsident, erlebte als junger SPD-Abgeordneter den 23. März 1933 folgendermaßen:

Wilde Sprechchöre empfingen und begleiteten uns: „Wir wollen das Ermächtigungsgesetz, sonst gibt es Feuer!“ Junge Burschen, Hakenkreuzabzeichen an der Brust, musterten uns frech, versperrten uns schier den Weg und riefen uns Schimpfworte wie „Zentrumsschwein“ oder „Marxistensau“ zu. Es war ein richtiges Spießrutenlaufen. In der Kroll-Oper wimmelte es von SA und SS. Unsere Plätze befanden sich, da kommunistische Abgeordnete nicht anwesend waren, auf der äußersten Linken. Als wir sie eingenommen hatten, stellten sich SA- und SS-Leute an den Eingängen und Wänden hinter uns im Halbkreis auf. Ihre Mienen ließen nichts Gutes erwarten ...

Stimmen und Ereignisse zur „Machtergreifung“

Propagandaminister Joseph Goebbels am 30. Januar 1933:
Es herrscht unbeschreiblicher Jubel. Hunderttausende und Hunderttausende ziehen im ewigen Gleichschritt an den Fenstern der Reichskanzlei vorbei. Das ist der Aufbruch der Nation! Deutschland ist erwacht! ... Die große Entscheidung ist gefallen. Deutschland steht vor seiner historischen Wende ... Wir gehen gleich wieder an die Arbeit. Der Reichstag wird aufgelöst ... Nun liegt die Etappe des Kampfes um die Macht hinter uns. Nun müssen wir weiterarbeiten, um die Macht zu behaupten ...

Erich von Ludendorff (General a. D.):
Sie, Herr Reichspräsident, haben durch die Ernennung Hitlers zum Reichskanzler unser heiliges deutsches Vaterland einem der größten Demagogen aller Zeiten ausgeliefert. Ich prophezeie Ihnen feierlich, dass dieser unselige Mann unser Reich in unfassbares Elend bringen wird. Kommende Geschlechter werden Sie wegen dieser Handlung in Ihrem Grab verfluchen.

New York Times vom 31. Januar 1933:
Es wäre sinnlos, wollte man versuchen, das tiefe Unbehagen zu verbergen, das die Nachricht aus Berlin bei allen Freunden Deutschlands hervorrufen muss. An die Spitze der deutschen Republik ist ein Mann gestellt worden, der sie öffentlich verhöhnt und geschworen hat, sie zu vernichten, sobald er die persönliche Diktatur errichtet hätte, die sich zum Ziel gesetzt zu haben er sich gerühmt hat.

Rundfunkrede von Hermann Göring am 1. März 1933:
Seit Anfang Februar entfalteten die kommunistischen Funktionäre an allen Orten regste Tätigkeit. Von der Polizei konnte festgestellt werden, dass neue Aktivität ... auf die Entfesselung eines Aufstandes hinzielte ... Am 27. Februar geht dann als erstes großes Fanal der Deutsche Reichstag in Flammen auf. Glauben Sie mir, wenn nicht noch am selben Abend mit dieser eisernen Energie durchgegriffen worden wäre, so wären wir heute in der Lage, noch über manchen anderen Brand und manche anderen Attentate sprechen zu können. Trotzdem bin ich der Meinung, dass die Gefahr keineswegs überwunden ist.

Die Bücherverbrennung am 10. Mai 1933 in Berlin:
Am 10. Mai 1933 ließ Joseph Goebbels vor der Berliner Staatsoper öffentlich Bücher von Schriftstellern und Philosophen verbrennen, die auf der sogenannten „schwarzen Liste“ standen. Damit wollten die Nationalsozialisten ein Zeichen für die „moralische Gesundung“ des deutschen Volkes setzen. Humanistisches, demokratisches, pazifistisches oder liberales Gedankengut wurde rundweg abgelehnt und radikal bekämpft.

Rundfunkübertragung (Auszug):
Hier ist der Deutschlandsender, hier sind alle deutschen Sender mit Ausnahme der Süddeutschen Sendergruppe. Wir befinden uns auf dem Opernplatz „Unter den Linden“ Berlins. Die deutsche Studentenschaft verbrennt zur Stunde auf einem riesigen Scheiterhaufen anlässlich der Aktion des Kampfausschusses wider den undeutschen Geist Schriften und Bücher der Unmoral und Zersetzung. Sie hören Feuersprüche der Studenten Berlins: Deutsche Studenten, wir haben unser Handeln gegen den undeutschen Geist gerichtet. Übergebt alles Undeutsche dem Feuer! Gegen Klassenkampf und Materialismus, für Volksgemeinschaft und idealistische Lebensauffassung. – Ich übergebe dem Feuer die Schriften von Karl Marx und Trotzki! Gegen Dekadenz und moralischen Verfall, für Zucht und Sitte in Familie und Staat. – Ich übergebe dem Feuer die Schriften von Heinrich Mann, Ernst Glaeser, Erich Kästner.

Die Sturmabteilung (SA) und der „Röhm-Putsch“

Während Ernst Röhm ab 1928 in Bolivien als Militärinstrukteur der Regierung arbeitet, wird die SA nach und nach zur Massenbewegung. Nach dem Putschversuch von 1923 ebenso wie die Partei verboten, ist die SA seit der Neugründung 1925 Teil der NSDAP und gilt den Obersten bald als mächtiges und bewährtes Mittel, die politische Agitation durch die „Eroberung der Straße“ zu unterstützen. Anfangs nur ein kleines Häuflein von 3600 Mitgliedern bringt es die SA bis 1930 auf eine Truppenstärke von 60 000 Mann. In 200 Ortsvereinen schließen sich vor allem junge Männer aus sozial schwächeren Schichten der Bewegung an. Bald ist die SA bei allen politischen Gegnern der NSDAP wegen ihrer gewalttätigen Übergriffe gefürchtet. Auch unterschwelliger Antisemitismus bei den Mitgliedern fällt in der völkisch-nationalistisch geprägten Kampftruppe auf einen idealen Nährboden und findet in entsprechenden Aktionen seinen Ausdruck. Zwei Wochen vor der Reichstagswahl, am 2. September 1930, übernimmt Hitler selbst das Amt des Obersten SA-Führers. Zum Obersten Stabschef – und damit zum eigentlich Verantwortlichen für die laufenden Tagesgeschäfte – ernennt er vier Monate später erneut Ernst Röhm, der Ende 1930 nach Deutschland und in die Partei zurückgekehrt ist. Bis Anfang 1933 steigt die Mitgliederzahl der SA auf rund 400 000. Durch den Zustrom vor allem radikaler Kräfte regt sich bereits jetzt Kritik aus den Reihen der SA an der vorgeblichen Legalitätspolitik Hitlers. Die Terrorwellen, mit denen die Sturmabteilung der NSDAP das Land überzieht, führen am 13. April 1932 sogar zum Verbot durch Reichskanzler Heinrich Brüning. Das Verbot wird jedoch bereits am 17. Juni von dessen Nachfolger Franz von Papen wieder aufgehoben. Genau einen Monat später erreichen die erneuten Gewaltaktionen im Vorfeld der Reichstagswahl vom 31. Juli 1932 mit dem „Altonaer Blutsonntag“ ihren grausamen Höhepunkt – 18 Menschen finden in einer stundenlangen Schießerei den Tod, als die SA durch die kommunistische Hochburg marschiert. Insgesamt sterben in den Wochen vor der Wahl etwa 300 Menschen bei ähnlichen Krawallen, über 1100 werden verletzt. Die Lage spitzt sich zu, auch innerhalb der Partei. Die Ernennung Hitlers zum Reichskanzler am 30. Januar 1933 schiebt eine direkte Konfrontation von SA-Führung und NSDAP-Größen nur auf. Die SA feiert Hitlers Machtergreifung mit gewaltigen Aufmärschen und Fackelzügen. Nach dem Reichstagsbrand vom 27. Februar 1933 mit Sonderrechten ausgestattet, kennt sie keine Grenzen mehr. Die Ausschreitungen gegen Andersdenkende und Juden nimmt im Reichstagswahlkampf vor dem 5. März 1933 ungekannte Ausmaße an. Die Verhafteten werden willkürlich gefoltert, die ersten Konzentrationslager in Dachau und Oranienburg sind fest in der Hand der SA. Im Jahr nach der Machtergreifung verzehnfacht sich die Zahl der Mitglieder der SA auf über vier Millionen.

Die SA ist enttäuscht über die kleine Rolle, die ihr offenbar nur noch zugedacht wird. Röhm, von Hitler zum bayerischen Staatsminister, zum Reichsminister – ohne Geschäftsbereich – ernannt, will die Reichswehr, für die SA-Führung Sinnbild des alten, überholten Machtgefüges, seiner Kampftruppe unterordnen. Mit der Forderung nach einer radikalen, sozialen Umgestaltung stößt Röhm jedoch nicht nur auf Widerstand bei konservativen Politikern und Reichswehr, sondern auch in den Reihen der NSDAP. Heinrich Himmler, dessen SS in direkter innerparteilicher Konkurrenz zur SA steht, und Luftfahrtminister Hermann Göring, betreiben gezielte Propaganda gegen ihn. Der Machtkampf zwischen SA und Reichswehr wird immer heftiger, die Forderungen der SA-Führung immer vehementer, sodass Hitler schließlich eine Entscheidung für die eine oder andere Seite treffen muss. Die Reichswehr durch das braune Volksheer der SA zu ersetzen, wäre ein zu deutlicher Verstoß gegen den Versailler Vertrag und die Stimmen, die gegen Röhm und die SA sprechen, mehren sich. Die Gerüchte über einen konkret bevorstehenden Putschversuch sind bereits gestreut. Hinzu kommt die immer wieder von den SS-Oberen betonte, jedoch längst bekannte Homosexualität Röhms, die schon bei seiner Ernennung zum Obersten Stabschef Anfang 1931 heftige Proteste hervorgerufen hat. Am 30. Juni 1934 entschließt sich Hitler schließlich zur „Reaktion“. Mit Unterstützung der Reichswehrführung und auf Befehl Hitlers verhaftet die SS die anlässlich einer Tagung im bayerischen Bad Wiessee versammelte SA-Führung. Im gesamten Land werden hochrangige SA-Mitglieder festgenommen und entweder an Ort und Stelle liquidiert oder später hingerichtet. Röhm selbst wird einen Tag später, am 1. Juli 1934, im Münchner Gefängnis Stadelheim erschossen. Man entledigt sich in dieser Nacht unzähliger politischer Gegner oder unliebsam gewordener Mitläufer – nach einigen Schätzungen lassen bis zu 1000 Menschen während der Niederschlagung des „Röhm-Putsches“ durch die SS ihr Leben. Die Reichswehr, zum Einsatz bereitgehalten, lässt man außen vor und ermordet zugleich zwei ihrer ehemaligen Führer, die Generäle von Bredow und von Schleicher sowie dessen Frau. Damit ist für Hitler die Krise gelöst – mit einem Rundumschlag räumt er all diejenigen aus dem Weg, die ihm zu gefährlich scheinen oder schon längst ein Dorn im Auge gewesen sind.

GE	Name: ____________________	Datum: ____________	

Deutschland wird NS-Staat (2)
Die NS-Ideologie

① Rassismus und Glaube an deutsche Überlegenheit

❶ Wissenschaftlich ______________ und menschenverachtende „____________________“.

❷ Glaube an „höher- und __________wertigere Menschenrassen“.

❸ Die Deutschen sind die „__________ und hochwertigste Rasse“. Entscheidend dafür ist die rassische Begründung der Volksgemeinschaft. Die deutsche Nation ist die Blutsgemeinschaft der sogenannten „__________“, deren Rasse rein erhalten werden muss. Daher bedarf es eines „____________________“. __________ mit Juden werden verboten und bestraft.

② Antisemitismus

❶ Hassgegner sind die ______________.
Sie gelten als ____________________.

❷ Die Juden als „minderwertigste Rasse“ müssen ____________________ werden.

③ Antibolschewismus und Ausdehnung nach Osten

❶ Kampf gegen den ____________________.

❷ Deutschland sei überbevölkert und „____________________“.

❸ Ausdehnung nach ______________.
____________________ der „minderwertigen Völker“.

„Der natürliche Siedlungsraum des deutschen Volkes ist das Gebiet östlich unserer Reichsgrenze bis zum Ural ... In diesem Raum werden wir siedeln, nach dem Gesetz, dass das fähigere Volk immer das Recht hat, die Scholle eines unfähigeren Volkes zu erobern und zu besitzen.“
(R. W. Darré, 1936; Reichsminister für Ernährung und Landwirtschaft)

④ „Führerprinzip“

❶ Hass auf die Weimarer Republik mit ihren Werten wie ______________, __________-__________ und freie ____________________.

❷ Forderung nach absolutem ______________ und bedingungsloser Unterwerfung unter den Willen des ______________.

❸ Alle müssen möglichst ______________ sein, jede Organisation sollte ______________ sein wie z. B. die __________, die ______________, der ____________________, die ____________________ und die ____________________.

❹ Uniformen schalten das ______________ aus und betonen Einheit und Gleichheit.

GE | Lösung

Deutschland wird NS-Staat (2)
Die NS-Ideologie

① **Rassismus und Glaube an deutsche Überlegenheit**

❶ Wissenschaftlich *unhaltbare* und menschenverachtende „*Rassenlehre*“.

❷ Glaube an „höher- und *minder*wertigere Menschenrassen“.

❸ Die Deutschen sind die „*reinste* und hochwertigste Rasse“. Entscheidend dafür ist die rassische Begründung der Volksgemeinschaft. Die deutsche Nation ist die Blutsgemeinschaft der sogenannten „*Arier*“, deren Rasse rein erhalten werden muss. Daher bedarf es eines „*Ariernachweises*“. *Ehen* mit Juden werden verboten und bestraft.

② **Antisemitismus**

❶ Hassgegner sind die *Juden*. Sie gelten als *Sündenböcke*.

❷ Die Juden als „minderwertigste Rasse“ müssen *ausgerottet* werden.

③ **Antibolschewismus und Ausdehnung nach Osten**

❶ Kampf gegen den *Kommunismus*.

❷ Deutschland sei überbevölkert und „*ohne Raum*“.

❸ Ausdehnung nach *Osten*. *Unterwerfung* der „minderwertigen Völker“.

„Der natürliche Siedlungsraum des deutschen Volkes ist das Gebiet östlich unserer Reichsgrenze bis zum Ural ... In diesem Raum werden wir siedeln, nach dem Gesetz, dass das fähigere Volk immer das Recht hat, die Scholle eines unfähigeren Volkes zu erobern und zu besitzen.“
(R. W. Darré, 1936; Reichsminister für Ernährung und Landwirtschaft)

④ **„Führerprinzip“**

❶ Hass auf die Weimarer Republik mit ihren Werten wie *Demokratie*, *Toleranz* und freie *Meinungsäußerung*.

❷ Forderung nach absolutem *Gehorsam* und bedingungsloser Unterwerfung unter den Willen des *Führers*.

❸ Alle müssen möglichst *organisiert* sein, jede Organisation sollte *uniformiert* sein wie z. B. die *Pimpfe*, die *Hitlerjugend (HJ)*, der *Bund Deutscher Mädel (BDM)*, die *Sturmabteilung (SA)* und die *Schutzstaffel (SS)*.

❹ Uniformen schalten das *Individuum* aus und betonen Einheit und Gleichheit.

Die „Gleichschaltung“ Deutschlands

Lerninhalte:

- Definition des Begriffs „Gleichschaltung“
- Wissen, was im Nationalsozialismus mit „Gleichschaltung“ gemeint war
- Wissen um die Organisation der NSDAP
- Herausfinden der Methoden, mit denen die „Gleichschaltung“ durchgesetzt wurde
- Herausfinden der Position der Kirche zur Zeit des Nationalsozialismus
- Definition des Begriffs „Propaganda“
- Wissen um die Manipulation der Bevölkerung durch Propaganda

Arbeitsmittel/Medien:

- Arbeitsblätter 1/2 mit Lösungen (Folien 6/7)
- Folie 1: Schwarzer Tag für die Demokratie: Die „Machtergreifung“ Hitlers am 30. Januar 1933
- Folie 2: „Gleichschaltung“
- Folie 3: Die Organisation der NSDAP
- Folie 4: Nationalsozialismus und Kirche
- Folie 5: Nationalsozialismus und Propaganda
- DVD 4602288: Propaganda im Dritten Reich (20 Minuten; farbig)

Den Begriff **„Gleichschaltung“** prägte der Reichsjustizminister Franz Gürtner (1881–1941) und umfasst den Prozess der Vereinheitlichung des gesamten gesellschaftlichen und politischen Lebens – also das öffentliche und das private Leben – in Deutschland.

Folie 3

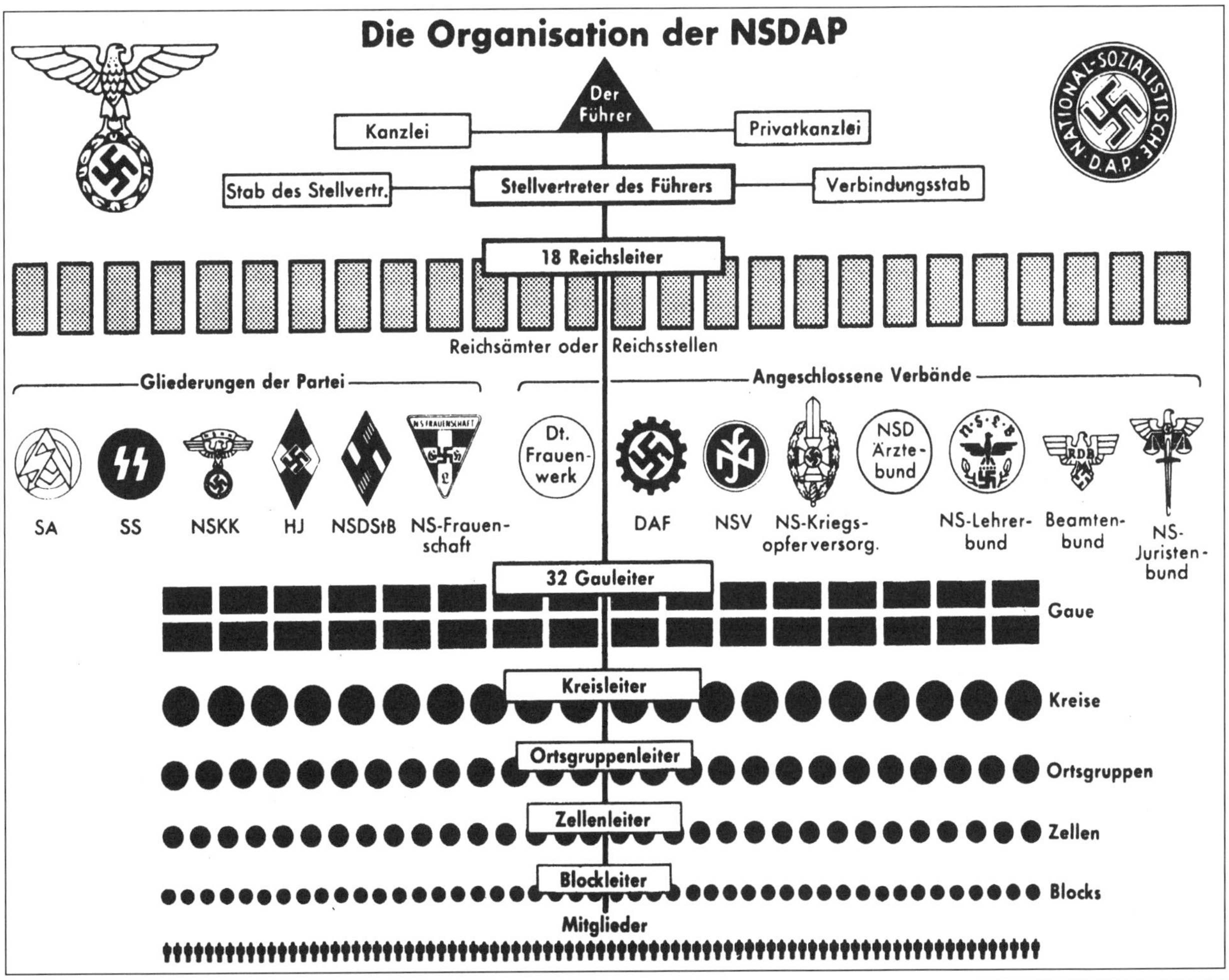

Verlaufsskizze (2 Unterrichtseinheiten + Film)

I. Motivation

Stummer Impuls Aussprache Zielangabe	Folie 1 (S. 50) Tafelbild	Bilder: Reichsparteitag in Nürnberg Massenaufmärsche, Gleichschritt, Einheitlichkeit **Die „Gleichschaltung" Deutschlands**

II. Begegnung/Erarbeitung

1. Teilziel:		„Gleichschaltung"
Aussprache		L: Was bedeutet „Gleichschaltung"?
Zusammenfassung	Tafelbild	Vereinheitlichung des gesamten gesellschaftlichen und politischen, des öffentlichen und privaten Lebens
Aussprache Impuls	Folie 2 (S. 49)	„Gleichschaltung"
Schüler lesen Kurze Aussprache		
	Stillarbeit	L: Schreibe eine kurze Zusammenfassung des Textes.
Vorlesen der Ergebnisse		
Impuls Aussprache	Folie 3 (S. 45)	Die Organisation der NSDAP
Impuls Schüler lesen Kurze Aussprache	Folie 4 (S. 51)	Nationalsozialismus und Kirche
Hausaufgabe	Arbeitsblatt 1 (S. 47)	Deutschland wird „gleichgeschaltet" (1)
Kontrolle	Folie 6 (S. 48)	
2. Teilziel:		Manipulation durch Propaganda
Aussprache		L: Was bedeutet der Begriff „Propaganda"?
Tondokumente		Archiv-Verlag: Hörproben (real audio) aus der CD „8. Mai 1945 – Kriegsende": • Adolf Hitler: Silversteransprache 1944 (1:12) • Sendung des NS-Propagandasenders „Sender Werwolf" vom 5. April 1945 (0:41) • Joseph Goebbels: Rundfunkansprache an die Bevölkerung Berlins vom 21. April 1945 (0:30)
Aussprache Zusammenfassung	Folie 5 (S. 52) Arbeitsblatt 2 (S. 53)	Deutschland wird „gleichgeschaltet" (2)
Kontrolle	Folie 7 (S. 54)	

III. Wertung

Aussprache		L: Wie unterscheiden sich Zusammenkünfte der heutigen Parteien von denen der NSDAP?
Hausaufgabe	Internet	L: Suche mindestens ein Beispiel zur „Gleichschaltung" in Politik, Kunst, Medien, Gewerkschaften und Verbänden.

IV. Zusammenfassung

Aussprache	DVD 4602288	Propaganda im Dritten Reich
Internet: hood.de/korinor.de	DVD (Amazon)	Leiser: Deutschland erwache „Hitlerjunge Quex" „Jud Süß" „Das Leben geht weiter"

GE	Name: ______________________	Datum: ____________	

Deutschland wird „gleichgeschaltet“ (1)
Die konsequente Ausschaltung jeder Opposition

① **Definition „Gleichschaltung“:**

____

____

____

____

② **Ausschaltung / „Gleichschaltung“ von**

❶ Reichstag:

____

❷ Länderparlamenten:

____

____

❸ Parteien:

____

____

❹ Gerichten:

____

❺ Gewerkschaften:

____

❻ Medien:

____

❼ Kultur:

____

❽ Kirchen:

____

____

❾ Verbänden:

____

- SA ______________________
- SS ______________________
- NSKK ______________________
- HJ ______________________
- BDM ______________________
- NSDStB ______________________
- DAF ______________________
- NSV ______________________
- NS-Frauenschaft, NS-Kriegsopferversorgung, NS-Beamtenbund, NS-Lehrerbund, NS-Deutscher Ärztebund, NSRB-Rechtswahrerbund, NS-Bund Deutscher Technik

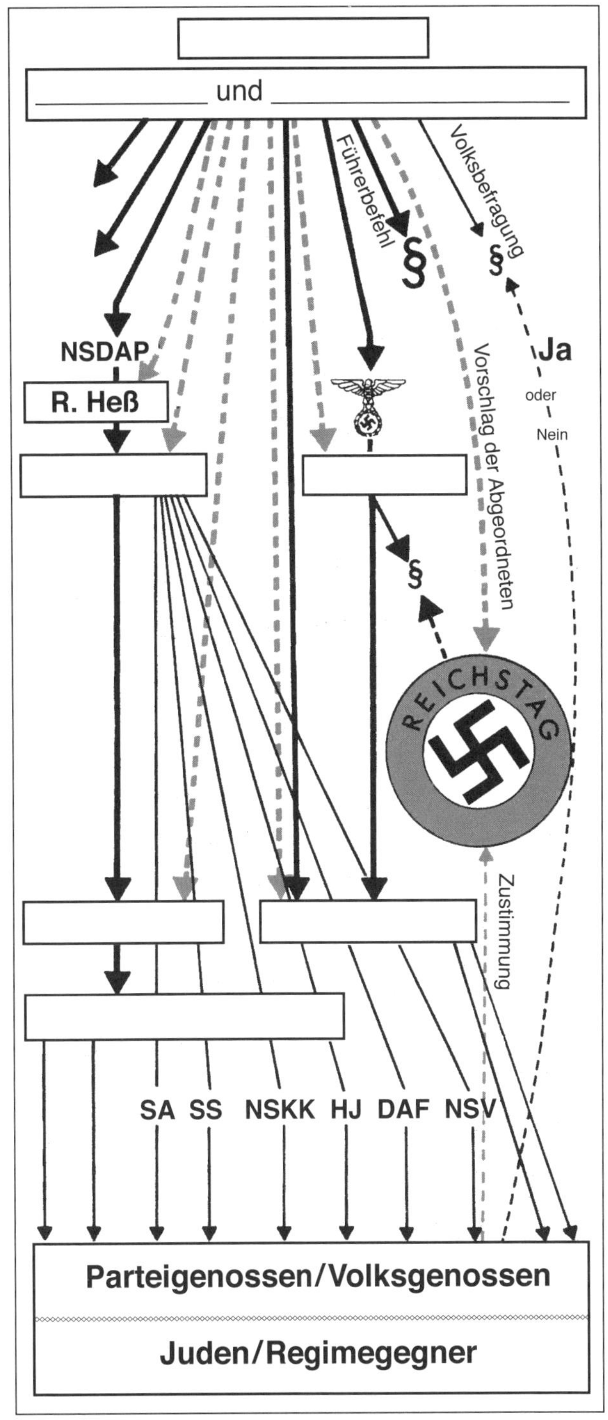

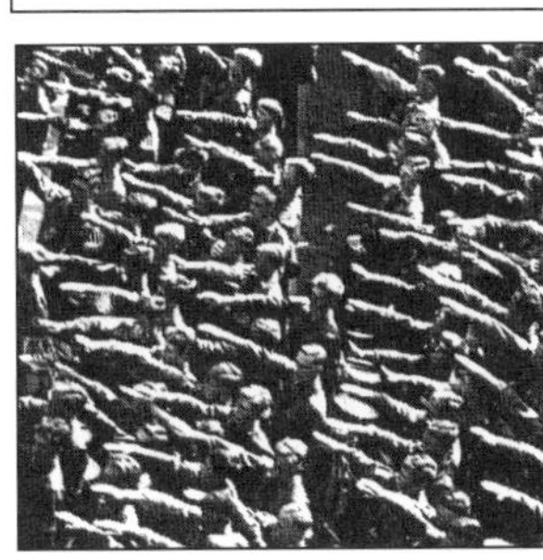

Setze oben richtig ein:
- Reichsstatthalter
- Minister
- Führer
- Reichsleiter
- Kreisleiter
- Gauleiter
- Adolf Hitler
- Reichskanzler

Hubert Albus: Von der NS-Diktatur bis 1946 • Bestell-Nr. 497 •

GE Lösung

Deutschland wird „gleichgeschaltet“ (1)
Die konsequente Ausschaltung jeder Opposition

① **Definition „Gleichschaltung“:**

Prozess der Vereinheitlichung des gesamten gesellschaftlichen und politischen Lebens – also das öffentliche und das private Leben – in Deutschland (Reichsjustizminister Franz Gürtner).

② **Ausschaltung / „Gleichschaltung“ von**

❶ Reichstag:

Die NSDAP ist einzige Partei, keine Opposition.

❷ Länderparlamenten:

Die Länderregierungen verlieren ihre Selbstständigkeit, der Reichsstatthalter übernimmt die Aufsicht.

❸ Parteien:

Ausschaltung der Parteien: Verbot der SPD, Selbstauflösung der anderen Parteien

❹ Gerichten:

Volksgerichtshöfe, Sondergerichte

❺ Gewerkschaften:

Zerschlagung der Gewerkschaften

❻ Medien:

Kontrolle durch Reichspropagandaministerium

❼ Kultur:

Kontrolle durch Reichskulturkammer

❽ Kirchen:

Duldung der Kirchen, Vermeidung von Konfrontation, NSDAP auf kirchenpolitisch neutralem Kurs

❾ Verbänden:

Es gibt nur noch NS-Verbände.

- SA — *Sturmabteilung*
- SS — *Schutzstaffel*
- NSKK — *Kraftfahrerkorps*
- HJ — *Hitlerjugend*
- BDM — *Bund Deutscher Mädel*
- NSDStB — *Deutscher Studentenbund*
- DAF — *Deutsche Arbeitsfront*
- NSV — *Volkswohlfahrt (Kraft durch Freude)*
- NS-Frauenschaft, NS-Kriegsopferversorgung, NS-Beamtenbund, NS-Lehrerbund, NS-Deutscher Ärztebund, NSRB-Rechtswahrerbund, NS-Bund Deutscher Technik

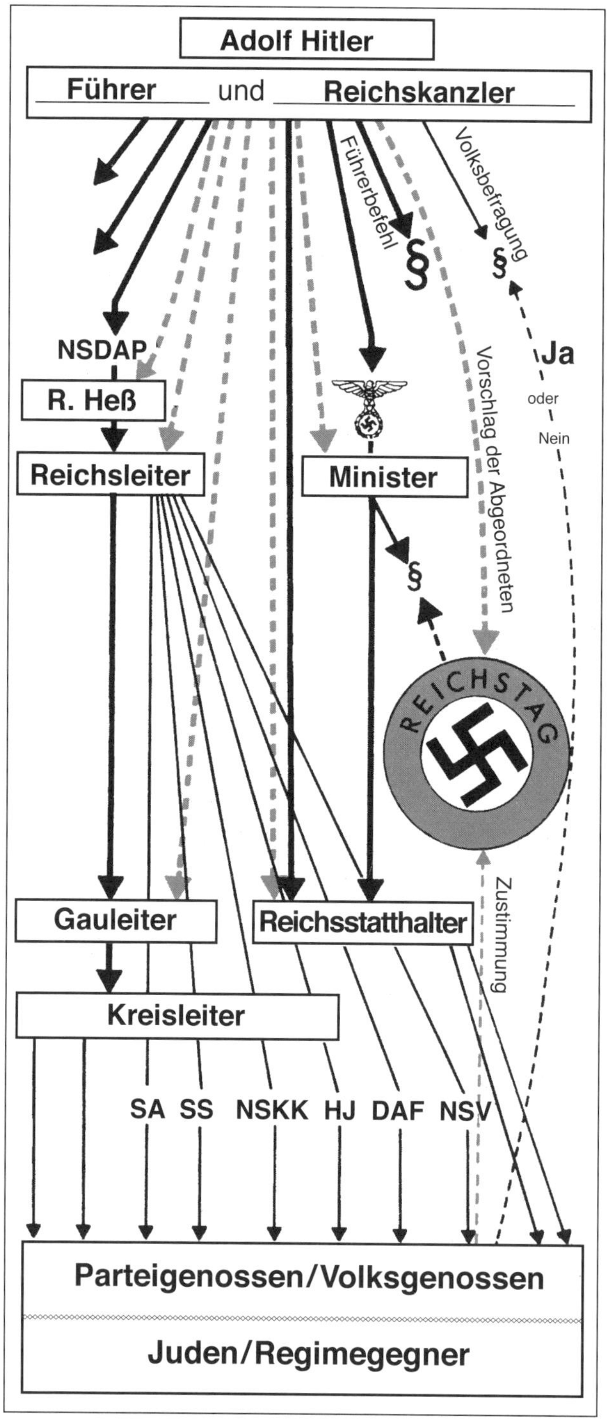

Setze oben richtig ein:
- Reichsstatthalter
- Minister
- Führer
- Reichsleiter
- Kreisleiter
- Gauleiter
- Adolf Hitler
- Reichskanzler

Hubert Albus: Von der NS-Diktatur bis 1946 • Bestell-Nr. 497 •

„Gleichschaltung“

Der Begriff „Gleichschaltung“ ist ein politisches Schlagwort zur Kennzeichnung der unmittelbar nach der nationalsozialistischen Machtergreifung 1933 umgesetzten Maßnahmen zur Durchdringung und Beherrschung aller Bereiche von Staat, Wirtschaft und Gesellschaft durch die NSDAP. Die scheinbar legale Grundlage, auf der die „Gleichschaltung“ vollzogen wurde, war das „Ermächtigungsgesetz“ vom 23./24. März 1933.
Einer der Eckpfeiler der „Gleichschaltung“ im nationalsozialistischen Deutschland war die **„Gleichschaltung“ der Länder:** Sie begann am Tag der Machtergreifung, dem 30. Januar 1933, mit der Übernahme des preußischen Innenministeriums durch Hermann Göring, setzte sich in den folgenden Tagen in einigen kleineren Ländern, in denen die NSDAP an die Regierung gelangte, fort und wurde schließlich am 31. März 1933 mit dem „Vorläufigen Gesetz zur Gleichschaltung der Länder“ mit dem Reich, kurz „Gleichschaltungsgesetz“, für alle Länder gesetzlich dekretiert. Das „Gleichschaltungsgesetz“ ordnete die Auflösung aller Länderparlamente und ihre Neubildung entsprechend dem Ergebnis der Reichstagswahl vom 5. März 1933 an; die NSDAP übernahm damit in allen Länderparlamenten als stärkste Partei die Führung. Das „Zweite Gesetz zur Gleichschaltung der Länder“ mit dem Reich vom 7. April 1933 band die nun NSDAP-geführten Länder noch enger an die Reichsregierung bzw. Adolf Hitler selbst an, und zwar durch das neu geschaffene Amt des Reichsstatthalters. Die Reichsstatthalter, in der Regel NSDAP-Gauleiter und von Hitler in den einzelnen Ländern eingesetzt, waren den Landesregierungen übergeordnet und für die Durchsetzung der von der Reichsregierung vorgegebenen Politik verantwortlich. Das Gesetz über den Neuaufbau des Reiches vom 30. Januar 1934 schloss den Prozess der „Gleichschaltung“ der Länder ab: Es löste die Länderparlamente auf, übertrug die Hoheitsrechte der Länder an das Reich und unterstellte die Landesregierungen direkt der Reichsregierung. Das Reich war nun zu einem zentral regierten Einheitsstaat geworden.
Ebenso rasch wie die Ländergleichschaltung wurde auch die **„Gleichschaltung“ der gesellschaftlichen Organisationen** vollzogen. Unmittelbar nach dem Reichstagsbrand am 27. Februar 1933 wurde die schon faktisch ausgeschaltete KPD verboten, am 22. Juni die SPD. Die bürgerlichen Parteien wie etwa die DNVP lösten sich selbst auf. Durch das Gesetz gegen die Neubildung von Parteien vom 14. Juli 1933 und das Gesetz zur Sicherung der Einheit von Staat und Partei vom 1. Dezember 1933 wurde die NSDAP zur einzigen zugelassenen Partei und Deutschland zum Einparteienstaat. Die „Gleichschaltung“ von Staat und Partei war damit formal verwirklicht.
Andere gesellschaftliche Organisationen wie etwa **Berufs- und Interessenverbände** wurden in die Struktur der NSDAP integriert und in „angeschlossene Verbände” der NSDAP umgewandelt. Zu den angeschlossenen Verbänden gehörten u. a. der NS-Juristenbund, der NS-Lehrerbund, der Reichsbund der deutschen Beamten sowie als größte Organisation die am 10. Mai 1933 gegründete Deutsche Arbeitsfront (DAF), in die die am 2. Mai 1933 zerschlagenen freien Gewerkschaften überführt worden waren. Das Gesetz zur Wiederherstellung des Berufsbeamtentums vom 7. April 1933 mit seinem sogenannten Arierparagrafen schuf die gesetzlichen Grundlagen zur Entfernung von sogenannten „nichtarischen”, d. h. vor allem jüdischen Beamten; aber auch liberal und demokratisch gesinnte Beamte wurden aus Verwaltung, Schulen, Hochschulen etc. entlassen und durch Nationalsozialisten ersetzt. Ebenfalls kurz nach der Machtergreifung wurden alle **Jugendverbände** in die Hitler-Jugend integriert und dem am 17. Juni 1933 zum Jugendführer des Deutschen Reiches erhobenen Baldur von Schirach untergeordnet; am 1. Dezember 1936 wurde die Hitler-Jugend per Gesetz zur Staatsjugend erklärt.
Eine weitere grundlegende Maßnahme im Rahmen der „Gleichschaltung“ war die **Errichtung des Ministeriums für Volksaufklärung und Propaganda** am 13. März 1933, das unter der Leitung von Joseph Goebbels die Propaganda im In- und Ausland kontrollierte und bestimmte und Presse, Rundfunk sowie alle Bereiche der Kunst überwachte und lenkte. Die Reichskulturkammer, auf der Grundlage des Reichskulturkammergesetzes vom 22. September 1933 geschaffen, vereinigte als Zwangsmitglieder alle im weitesten Sinn publizistisch und künstlerisch Tätigen und bildete so ein wirkungsvolles Instrument zur „Gleichschaltung“ des geistigen, kulturellen und künstlerischen Lebens. Die Kulturkammer unterstand direkt dem Propagandaministerium und gehörte der DAF an. Ihr Präsident war Reichspropagandaminister Joseph Goebbels.

Reichsparteitag Nürnberg

Nationalsozialismus und Kirche

Hitler, selbst Katholik, hielt die Kirche für einen politisch gefährlichen Gegner, vermied aber eine Konfrontation und hielt seine Partei auf einem kirchenpolitisch neutralen Kurs. Sein Ziel „mit Stumpf und Stiel, mit all seinen Wurzeln und Fasern das Christentum in Deutschland auszurotten" behielt er weiterhin im Auge.

Viel wichtiger für ihn war es das Zentrum auszuschalten, das viele katholische Wähler hatte und ein starker politischer Gegner war. Um diese Wähler zu bekommen, bot er Rom ein Reichskonkordat an, das in der Weimarer Republik nie zustande gekommen war. Dieses Konkordat wurde mit großer Eile abgeschlossen (Bild oben) und zog verschiedene Folgen nach sich:

Hitler erreichte eine Zerschlagung des politischen Katholizismus und das Zentrum löste sich am 5. Juli 1933 auf. Die katholische Kirche akzeptierte Hitler als Vertragspartner. Rom hoffte durch ein Konkordat den Fortbestand der Verbände sichern zu können, die sonst alle sofort aufgelöst worden wären. Durch die Garantie des katholischen Religionsunterrichtes und der Bekenntnisschulen wurden wichtige Wünsche erfüllt, die Hitlers Regierung viele Sympathien einbrachte. Rom unterschätzte allerdings die Gefährlichkeit des Hitlerregimes.

Den Angriffen der Nationalsozialisten stand leider nur ein schwacher Widerstandswille in der Kirche gegenüber, der sogar noch durch folgende Faktoren beeinflusst wurde: Hitler hatte auch in der Kirche Anhänger, die zum Beispiel noch immer voller Wut auf die Siegermächte und die gemachten Auflagen waren und Ergebenheitsadressen an Hitler und sein Regime schickten, auch nach den fehlgeschlagenen Attentaten am 8. November 1939 und 20. Juli 1944.

Viele befürchteten Nachteile für die Kirchenstrukturen bei einer totalen Konfrontation, da der NS-Staat keine Kompromisse einging. Die Katholiken hatten Angst, dass das Reichskonkordat, das die katholische Kirche halbwegs schützte, aufgelöst wird und folgten sogar den Weisungen der Gestapo zur Ergreifung verschiedener Maßnahmen gegen opponierende Pfarrer. Bayrische Lutheraner sahen in Hitler einen „frommen und getreuen Oberherrn", der ein „gutes Regime" mit „Zucht und Ehre" schaffen will.

Durch den NS-Terror wurden viele Pfarrer und Mitglieder der Bekennenden Kirche eingeschüchtert, sodass sie es nicht mehr wagten, sich gegen den Staat aufzulehnen.

Trotz dieser widrigen Voraussetzungen gab es auch viele Beispiele kirchlichen Widerstandes: Protestiert wurde von Kanzeln und mit Denkschriften, in denen auch geäußert wurde, dass es sich um „Machenschaften handelt, die von Anfang an kein anderes Ziel kannten als den Vernichtungskampf": Da Hitler während des Krieges Ruhe an der Heimatfront haben wollte, stoppte er die Euthanasie, die inzwischen schon 70 000 Menschen das Leben gekostet hatte. Meistens kam der Widerstand von Einzelpersonen, wie zum Beispiel von dem Jesuiten Alfred Delp (Bild Mitte), der zum Kreisauer Kreis gehörte, der über eine Neuordnung Deutschlands nach dem Krieg im christlichen Sinne diskutierte. Alfred Delp wurde nach dem fehlgeschlagenen Attentat auf Hitler am 20. Juli 1944 verurteilt und im Januar 1945 ermordet. Auch der evangelische Theologe Dietrich Bonhoeffer (Bild rechts) ging den Weg der Verschwörung und informierte Freunde im Ausland über den deutschen Widerstand und erkundigte sich über die Friedensziele der Alliierten, da er meinte, die Kirche habe „nicht nur die Opfer unter dem Rad zu verbinden, sondern dem Rad selbst in die Speichen zu fallen".

Nationalsozialismus und Propaganda

Der Begriff **„Propaganda“** kommt aus dem Lateinischen „propagare“ = erweitern, verbreiten und bezeichnet die schriftliche, mündliche oder anderweitige, neuerdings auch elektronische Verbreitung politischer, religiöser und anderer Überzeugungen, oft in Verbindung mit weiterer persönlicher Überzeugungsarbeit. Der Begriff „Propaganda“ hat einen negativen Unterton und wird oft mit den politischen Manipulationen autoritärer und totalitärer Regimes in Verbindung gebracht.

Adolf Hitler schreibt in „Mein Kampf“ über die Propaganda:
„Gerade darin liegt die Kunst der Propaganda, dass sie, die gefühlsmäßige Vorstellungswelt der großen Masse begreifend, in psychologischer richtiger Form den Weg zur Aufmerksamkeit und weiter zum Herzen der breiten Masse findet“.

Joseph Goebbels zur Propaganda 1928:
„Die Propaganda ist gut, die zum Erfolg führt, und die ist schlecht, die am gewünschten Erfolg vorbeigeht, selbst dann, wenn sie noch so geistreich ist; denn es ist nicht die Aufgabe einer Propaganda, geistreich zu sein; ihre Aufgabe ist es, zum Erfolg zu führen. Es kann also keiner sagen: Eure Propaganda ist zu roh, zu gemein. Das sind keine charakteristischen Merkmale für ihre Verschiedenartigkeit. Sie soll gar nicht anständig sein, sie soll nicht sanft oder demütig sein, sie soll zu einem Erfolg führen ... Eiskalt dem Gegner auf den Pelz rücken, ihn abtasten, auskundschaften, wo seine verwundbare Stelle ist, überlegsam und berechnend den Speer schärfen, ihn wohlgezielt in die lecke Blöße des Feindes hineinjagen ...“

Reichspropagandaminister Joseph Goebbels erläutert in seiner ersten Rede vor der Intendantenkonferenz am 25. März 1933 seine Ansichten über die Aufgabe des Rundfunks:
„Ich glaube, niemand wird bestreiten wollen, dass der große geistige Durchbruch, der sich am 30. Januar in Deutschland vollzogen hat, selbstverständlich auch seine Rückwirkungen auf dem Gebiete des Rundfunks haben muss. Das Volk hat ein Anrecht auf den Rundfunk, es hat ein Anrecht zu erfahren, wie es in Deutschland zugeht, was die Regierung tut, was die Minister, wie der geistige Querschnitt des Zeitalters ist, was in der Wirtschaft passiert, was im öffentlichen Leben, kurz und gut: Der Rundfunk hat die Pflicht, aktuell zu sein und darf dabei vor nichts zurückschrecken ... Der Rundfunk ist nicht dazu da, geistige Experimente auszuführen. Er ist auch nicht dazu da, dem Volke die Entwicklung selbst zu zeigen, sondern das Volk will Resultate sehen. Ich halte den Rundfunk für das allermodernste und für das allerwichtigste Massenbeeinflussungsinstrument, das es überhaupt gibt. Ich bin der Meinung, dass der Rundfunk überhaupt das Volk an allen öffentlichen Angelegenheiten teilnehmen lassen muss, dass es im Volksdasein überhaupt keinen großen Vorgang mehr geben wird, der sich auf zwei- bis dreihundert Menschen begrenzt, sondern dass daran eben das Volk in seiner Gesamtheit teilnimmt. Der Rundfunk muss der Regierung die fehlenden 48 Prozent zusammentrommeln, und haben wir sie dann, muss der Rundfunk die 100 Prozent halten, muss sie verteidigen, muss sie so innerlich durchtränken mit den geistigen Inhalten unserer Zeit, dass niemand mehr ausbrechen kann ... Wir werden die Arbeitsmethode, die wir beim Potsdamer Tag zum ersten Mal angewandt haben, weiter vervollkommnen, und ich bin der Überzeugung, in einem Jahr wird man den Rundfunk gar nicht mehr wiedererkennen ...“

GE	Name: ______________________	Datum: ______________	

Deutschland wird „gleichgeschaltet“ (2)

Propaganda im NS-Staat

① **Definition „Propaganda“:**

____

____

____

____

____

____

____

Zentrale Themen der NS-Propaganda waren **Rassismus** und **Antisemitismus**, die **Ideologie der Volksgemeinschaft** und des **kriegerischen Heldentums**, das **nationalsozialistische Frauenbild** sowie der bedingungslose **Führerkult** um Adolf Hitler als Diktator.
Wichtige Verbreitungsmittel der NS-Propaganda waren **Bücher** und **Zeitungen**, aber auch neue Medien wie **Rundfunk** und **Film**.
Eine herausragende Rolle spielten zudem **öffentliche Versammlungen** und **Aufmärsche**, der Schulunterricht sowie eigene Organisationen wie die Hitlerjugend oder der Bund Deutscher Mädel, aber auch materielle Begünstigungen gegenüber der Bevölkerung.

Eine wichtige Institution für die Verbreitung und Kontrolle nationalsozialistischer Propaganda war das von Propagandaminister Joseph Goebbels geleitete **Reichsministerium für Volksaufklärung und Propaganda**.

„Durch kluge und dauernde Anwendung von Propaganda kann einem Volke selbst der Himmel als Hölle vorgemacht werden und umgekehrt das elendste Leben als Paradies.“ (Adolf Hitler)

② **Kennzeichen der Propaganda des Dritten Reiches:**

❶ ____

❷ ____

❸ ____

❹ ____

❺ ____

❻ ____

❼ ____

❽ ____

❾ ____

❿ ____

Adolf Hitler im Mai 1933:

„Mit den Konfessionen, ob nun diese oder jene: das ist alles gleich. Das hat keine Zukunft mehr. Für die Deutschen jedenfalls nicht. Der Faschismus mag in Gottes Namen seinen Frieden mit der Kirche machen. Ich werde das auch tun. Warum nicht? Das wird mich nicht abhalten mit Stumpf und Stiel mit allen Wurzeln und Fasern das Christentum in Deutschland auszurotten. Eine deutsche Kirche, ein deutsches Christentum ist Krampf. Man ist entweder Christ oder Deutscher. Beides kann man nicht sein ...“

Hubert Albus: Von der NS-Diktatur bis 1946 • Bestell-Nr. 497 •

GE Lösung

Deutschland wird „gleichgeschaltet" (2)
Propaganda im NS-Staat

① **Definition „Propaganda":**

Propaganda bezeichnet einen absichtlichen und systematischen Versuch, Sichtweisen zu formen, Erkenntnisse zu manipulieren

und Verhalten zu steuern. Sie ist eine zur Beeinflussung, Manipulation und Herrschaftssicherung eingesetzte Technik. Entscheidend ist dabei die geschickte Auswahl und gegebenenfalls die Manipulation der Nachricht und nicht ihr Wahrheitscharakter.

Zentrale Themen der NS-Propaganda waren **Rassismus** und **Antisemitismus**, die **Ideologie der Volksgemeinschaft** und des **kriegerischen Heldentums**, das **nationalsozialistische Frauenbild** sowie der bedingungslose **Führerkult** um Adolf Hitler als Diktator.

Wichtige Verbreitungsmittel der NS-Propaganda waren **Bücher** und **Zeitungen**, aber auch neue Medien wie **Rundfunk** und **Film**.

Eine herausragende Rolle spielten zudem **öffentliche Versammlungen** und **Aufmärsche**, der Schulunterricht sowie eigene Organisationen wie die Hitlerjugend oder der Bund Deutscher Mädel, aber auch materielle Begünstigungen gegenüber der Bevölkerung.

Eine wichtige Institution für die Verbreitung und Kontrolle nationalsozialistischer Propaganda war das von Propagandaminister Joseph Goebbels geleitete **Reichsministerium für Volksaufklärung und Propaganda**.

„Durch kluge und dauernde Anwendung von Propaganda kann einem Volke selbst der Himmel als Hölle vorgemacht werden und umgekehrt das elendste Leben als Paradies." (Adolf Hitler)

② **Kennzeichen der Propaganda des Dritten Reiches:**

❶ *Allgegenwärtigkeit (Rundfunk, Massenkundgebungen)*
❷ *NS-Ideologie als Religionsersatz (Zeremonien, Kundgebungen)*
❸ *Übertreibung (exzessive Verwendung von Superlativen)*
❹ *Gefühlsbetontheit (Emotionen, starke Wertungen, Beschwörungen)*
❺ *Verharmlosung eigener Probleme (Verluste, Niederlagen)*
❻ *Permanente Wiederholungen (einprägsame, leicht fassbare Thesen)*
❼ *Pseudowissenschaftlichkeit (NS-Programm wirkt glaubwürdiger)*
❽ *Formalismen (Schlagwörter, Slogans, stereotype Wendungen, Verallgemeinerungen)*
❾ *Volkstümlichkeit (Ausnützen und Umdeuten bestehender Traditionen und Strukturen)*
❿ *Radikalität (Einheitliches Feindbild „Jude", Primitivität, Appell an niedere Instinkte)*

Adolf Hitler im Mai 1933:

„Mit den Konfessionen, ob nun diese oder jene: das ist alles gleich. Das hat keine Zukunft mehr. Für die Deutschen jedenfalls nicht. Der Faschismus mag in Gottes Namen seinen Frieden mit der Kirche machen. Ich werde das auch tun. Warum nicht? Das wird mich nicht abhalten mit Stumpf und Stiel mit allen Wurzeln und Fasern das Christentum in Deutschland auszurotten. Eine deutsche Kirche, ein deutsches Christentum ist Krampf. Man ist entweder Christ oder Deutscher. Beides kann man nicht sein ..."

Hitlers Kampf um die Jugend

Lerninhalte:

- Wissen um die Inhalte der NS-Erziehung
- Wissen um die NS-Erziehungsziele
- Kenntnis der wichtigsten NS-Jugendorganisationen
- Wissen und Beurteilen der Methoden zur Erreichung dieser Erziehungsziele
- Vergleich Jugend in der NS-Zeit und Jugend heute

Arbeitsmittel/Medien:

- Arbeitsblatt mit Lösung (Folie 5)
- Bild für die Tafel: Propagandaplakat zur NS-Erziehung
- Folien 1/2: Zitate von Adolf Hitler zur NS-Erziehung/Rolle der deutschen Frau
- Folie 3: Bilder zur Erziehung in der NS-Diktatur (HJ/BDM)
- Folie 4: Lied/Bild (Unsre Fahne flattert uns voran)
- 4231733 Video: Jugend im NS-Staat: 1. Einen neuen Menschen schaffen (24 Minuten; 2005)
- 4231734 Video: Jugend im NS-Staat: 2. Treue bis ins Grab (26 Minuten; 2005)
- DVD: Hitlerjunge Salomon (ab 12 Jahre; 108 Minuten; 1990)

Salomon Perel, oder Sally, wie ihn seine Freunde nennen, verlebt eine glückliche Kindheit. Doch diese bricht ganz unverhofft zusammen, als er eines Tages zum Direktor seiner Schule bestellt wird, der ihm einen Zettel in die Hand drückt und sagt: „Und jetzt raus. Juden haben an unserer Schule nichts mehr zu suchen." Seine abenteuerliche Odyssee führt ihn zunächst in das polnische Lodz, wo er in den Wirren der Besetzung von seiner Familie getrennt wird. Alleine schlägt sich Sally nach Russland durch, wo er von einer deutschen Patrouille aufgegriffen wird. Geistesgegenwärtig rettet er sich mit der Behauptung, ein von den Bolschewiken verschleppter „Volksdeutscher" zu sein, vor dem sicheren Tod. Unter dem Namen Joseph Periel tritt er in den Dienst der Wehrmacht ein, wo er schon bald zum Günstling der Vorgesetzten und Musterschüler der Hitlerjugend-Akademie wird. Bis zum Kriegsende hält er das Versteckspiel durch.

Folie 4

Unsre Fahne flattert uns voran

Vorwärts, vorwärts, schmettern die hellen Fanfaren,
Vorwärts, vorwärts; Jugend kennt keine Gefahren.
Deutschland, du wirst leuchtend steh'n,
Mögen wir auch untergeh'n.
Unsre Fahne flattert uns voran,
In die Zukunft zieh'n wir Mann für Mann.
Wir marschieren für Hitler durch Nacht und durch Not
Mit der Fahne der Jugend für Freiheit und Brot.
Unsre Fahne flattert uns voran,
Unsre Fahne ist die neue Zeit,
Unsre Fahne führt uns in die Ewigkeit,
Ja, die Fahne ist mehr als der Tod.

Hubert Albus: Von der NS-Diktatur bis 1946 • Bestell-Nr. 497 •

Verlaufsskizze (2 Unterrichtseinheiten + 2 Filme)

I. Motivation

Stummer Impuls	Tafelbild Bild (S. 62)	Werbeplakat Jugend dient dem Führer
Aussprache Zielangabe	Tafelbild	**Hitlers Kampf um die Jugend**

II. Begegnung/Erarbeitung

L liest vor Aussprache		Gesetz vom 1. Dezember 1936 über die Hitler-Jugend (§ 1 / § 2)
		L: Was bedeutet das Wort „Dienst"?
Aussprache Stummer Impuls Aussprache	Folie 3 (S. 61)	Bilder zur HJ und zum BDM
	Tafelbild	Stundenplan eines Jungen bzw. Mädchens aus der HJ/BDM
Aussprache		

Zeit	Montag	Dienstag	Mittwoch	Donnerstag	Freitag	Samstag	Sonntag
1							
2							Aufmarsch, Appell
3							
4							
5							
6							
7							
8			Gruppen-nachmittag	gemeinsamer Sport- und Spielnachmittag			
9						Gelände-übung	
10							
11	Schulungs-abend						

	Videofilme	1. Einen neuen Menschen schaffen 2. Treue bis ins Grab
Aussprache Stummer Impuls Aussprache Zusammenfassung	Folie 4 (S. 55)	Unsre Fahne flattert uns voran
	Arbeitsblatt (S. 57)	Hitlers Kampf um die Jugend
Kontrolle Stummer Impuls Ausflugstagesplan	Folie 5 (S. 58) Tafelbild	
Aussprache		

6.30 Uhr Wecken
6.35 Uhr Geländelauf
7.00 Uhr Waschen, Anziehen, Zeltordnung
7.25 Uhr Zeltprüfung
7.30 Uhr Flagge hissen
7.45 Uhr Frühstück
8.30 Uhr Vortrag zur Kultur und Weltanschauung
Vortrag zur Biologie des Waldes
9.30 Uhr Geländesport
11.00 Uhr Luftgewehrschießen, Waffenlehre
12.00 Uhr Mittagessen, anschl. Mittagsruhe
14.30 Uhr Fährtenlauf
15.30 Uhr Kuchen
16.00 Uhr Luftgewehrschießen, Waffenlehre
17.00 Uhr Baden
18.50 Uhr Flagge einholen
19.00 Uhr Abendessen, anschl. Lagerfeuer

III. Wertung

Stummer Impuls	Folien 1/2 (S. 59/60)	Reden zur NS-Erziehung
Aussprache		
Aussprache		L: Möchtest du in so einer Jugendorganisation wie die HJ sein?

IV. Zusammenfassung

Aussprache Diskussion	DVD	Hitlerjunge Salomon

GE	Name: ____________________	Datum: ____________

Hitlers Kampf um die Jugend

Beurteile das Gesetz vom 1. Dezember 1936 über die Hitler-Jugend.

§ 1 Die gesamte deutsche Jugend innerhalb des Reichsgebiets ist in der Hitler-Jugend zusammengefasst.

§ 2 Die gesamte deutsche Jugend ist außer in Elternhaus und Schule in der Hitler-Jugend körperlich, geistig und sittlich im Geiste des Nationalsozialismus zum Dienst am Volk und zur Volksgemeinschaft zu erziehen.

❶ Alle Jugendlichen vom 10. bis zum 18. Lebensjahr waren verpflichtet, ihren „Dienst" in den Jugendorganisationen zu leisten.

Jungen: ____________________

Mädchen: ____________________

❷ Mit welchen ideologischen Leitbildern versuchte das NS-Regime die Jugend für sich zu gewinnen?

____

❸ Beurteile das Mädchen und den Jungen auf den Werbeplakaten.

____

❹ Welche Ziele verfolgte die NS-Erziehung?

____

❺ Finde Aktionen der Hitlerjugend heraus.

____

❻ Suche Gründe, warum sich viele Jugendliche zur Hitlerjugend hingezogen fühlten.

____

❼ Suche Gründe, warum rund ein Drittel aller Jugendlichen die Hitlerjugend ablehnte.

____

GE | Lösung

Hitlers Kampf um die Jugend

Beurteile das Gesetz vom 1. Dezember 1936 über die Hitler-Jugend.

§ 1 Die gesamte deutsche Jugend innerhalb des Reichsgebiets ist in der Hitler-Jugend zusammengefasst.

§ 2 Die gesamte deutsche Jugend ist außer in Elternhaus und Schule in der Hitler-Jugend körperlich, geistig und sittlich im Geiste des Nationalsozialismus zum Dienst am Volk und zur Volksgemeinschaft zu erziehen.

❶ Alle Jugendlichen vom 10. bis zum 18. Lebensjahr waren verpflichtet, ihren „Dienst" in den Jugendorganisationen zu leisten.

Jungen:

Deutsches Jungvolk DJ (10–14), anschließend Hitlerjugend (HJ)

Mädchen:

Jungmädelbund (10–14), dann Bund Deutscher Mädel (BDM)

❷ Mit welchen ideologischen Leitbildern versuchte das NS-Regime die Jugend für sich zu gewinnen?

Führergefolgschaft („Führer befiehl, wir folgen dir!"); Volksgemeinschaft („Du bist nichts, dein Volk ist alles!"); rassische Überlegenheit („Herrenmenschen"); Heimat („Blut und Boden")

❸ Beurteile das Mädchen und den Jungen auf den Werbeplakaten.

Beide entsprechen dem nordisch-germanischen Ideal, sind blond, blauäugig und athletisch. Der Blick ist nach vorne gerichtet in eine scheinbar vielversprechende nationalsozialistische Zukunft.

❹ Welche Ziele verfolgte die NS-Erziehung?

Die Militarisierung der Jugend stand im Vordergrund, denn schon frühzeitig wurde sie auf den Krieg vorbereitet. Dazu gehörten ein durchtrainierter Körper, Gehorsam, Gemeinschaftssinn, Verzicht auf eigenes Urteil, Unterordnung, Mut und Zähigkeit. Das Mädchen war als zukünftige Hausfrau und Mutter „Hüterin der Rasse", Erzieherin und „Gebärmaschine".

❺ Finde Aktionen der Hitlerjugend heraus.

Für Jungen gab es vormilitärische Übungen (Waffenlehre, Schießen, Marschieren), Uniformierung, Gemeinschaftsveranstaltungen (Zeltlager, Ausflüge, Lagerfeuer, Heimabende mit Liedern und Wettkämpfen) und eine harte, körperliche Schulung (Gymnastik, Geländeläufe).

❻ Suche Gründe, warum sich viele Jugendliche zur Hitlerjugend hingezogen fühlten.

Gemeinschaftsgefühl; soziale Gleichbehandlung; viele gut organisierte Aktivitäten; keine Langeweile

❼ Suche Gründe, warum rund ein Drittel aller Jugendlichen die Hitlerjugend ablehnte.

Keine Selbstbestimmung mehr; die Familie fehlt; andere Hobbys sind in der HJ unerwünscht; Zeitdruck

Reden zur NS-Erziehung

Hitlers Griff nach der Jugend

Rede vom 4. Dezember 1938:

Diese Jugend, die lernt ja nichts anderes als deutsch denken, deutsch handeln! Und wenn diese Knaben mit zehn Jahren in unsere Organisation hineinkommen und dort oft zum ersten Mal überhaupt eine frische Luft bekommen und fühlen, dann kommen sie vier Jahre später vom Jungvolk in die Hitlerjugend, und dort behalten wir sie wieder vier Jahre. Und dann geben wir sie erst recht nicht wieder zurück in die Hände unserer alten Klassen- und Standeserzeuger [Lachen], sondern dann nehmen wir sie sofort in die Partei, in die Arbeitsfront, in die SA oder in die SS, in das NSKK usw. Und wenn sie dort zwei Jahre oder eineinhalb Jahre sind und noch nicht ganze Nationalsozialisten geworden sein sollten [Lachen], dann kommen sie in den Arbeitsdienst und werden dort wieder sechs und sieben Monate geschliffen, alles mit einem Symbol, dem deutschen Spaten [Beifall]. Und was dann nach sechs oder sieben Monaten noch an Klassenbewusstsein oder Standesdünkel da oder da noch vorhanden sein sollte, das übernimmt dann die Wehrmacht zur weiteren Behandlung auf zwei Jahre [Beifall], und wenn sie nach zwei, drei oder vier Jahren zurückkehren, dann nehmen wir sie, damit sie auf keinen Fall rückfällig werden, sofort wieder in die SA, SS usw., und sie werden nicht mehr frei ihr ganzes Leben.

Lautarchiv des Deutschen Rundfunks, Nr. C 1326

Goebbels über die ideologische Erziehung

Rede auf dem Berliner Gautag vom 17. Januar 1936:

Heute steckt in Jung und Alt, in Hoch und Niedrig, in Arm und Reich der besessene Wille, die deutsche Nation wieder zu einem Weltvolk emporzuführen. Jedermann bei uns ist davon überzeugt: Wir müssen an der Beherrschung der Welt teilnehmen. Wir müssen deshalb ein Herrenvolk werden, und deshalb müssen wir unser Volk zum Herrenvolk erziehen. Das muss beim kleinsten Pimpf anfangen, der schon in dieser Herrenmoral erzogen werden muss.

Hitler über die Jugenderziehung

Meine Pädagogik ist hart. Das Schwache muss weggehämmert werden. In meinen Ordensburgen wird eine Jugend heranwachsen, vor der sich die Welt erschrecken wird. Eine gewalttätige, herrische, unerschrockene, grausame Jugend will ich. Jugend muss das alles sein. Schmerzen muss sie ertragen. Es darf nichts Schwaches und Zärtliches an ihr sein. Das freie, herrliche Raubtier muss erst wieder aus ihren Augen blitzen. Stark und schön will ich meine Jugend. Ich werde sie in allen Leibesübungen ausbilden lassen. Ich will eine athletische Jugend. Das ist das Erste und Wichtigste. So merze ich die Tausende von Jahren der menschlichen Domestikation aus. So habe ich das reine, edle Material der Natur vor mir. So kann ich das Neue schaffen. Ich will keine intellektuelle Erziehung. Mit Wissen verderbe ich mir die Jugend. Am liebsten ließe ich sie nur das lernen, was sie ihrem Spieltriebe folgend sich freiwillig aneignen. Aber Beherrschung müssen sie lernen. Sie sollen mir in den schwierigsten Proben die Todesfurcht besiegen lernen. Das ist die Stufe der heroischen Jugend.

Hitler über die Bestimmung der deutschen Frau

Das Wort von der Frauen-Emanzipation ist ein nur vom jüdischen Intellekt erfundenes Wort ... Wenn man sagt, die Welt des Mannes ist der Staat, die Welt des Mannes ist sein Ringen, die Einsatzbereitschaft für die Gemeinschaft, so könnte man vielleicht sagen, dass die Welt der Frau eine kleinere sei. Denn ihre Welt ist ihr Mann, ihre Familie, ihre Kinder und ihr Haus ... Was der Mann an Opfern bringt im Ringen seines Volkes, bringt die Frau an Opfern im Ringen um die Erhaltung dieses Volkes in den einzelnen Zellen. Was der Mann einsetzt an Heldenmut auf dem Schlachtfeld, setzt die Frau ein in ewig geduldiger Hingabe, in ewig geduldigem Leiden und Ertragen. Jedes Kind, das sie zur Welt bringt, ist eine Schlacht, die sie besteht für Sein oder Nichtsein ihres Volkes.

Hitler über die Rolle der deutschen Frau

Das ist das Wunderbare an der Natur und Vorsehung, dass kein Konflikt der beiden Geschlechter unter- und nebeneinander möglich ist, solange jeder Teil die ihm von Natur vorgezeichnete Aufgabe erfüllt. Das Wort von der Frauen-Emanzipation ist ein nur vom jüdischen Intellekt erfundenes Wort, und der Inhalt ist von demselben Geist geprägt. Die deutsche Frau brauchte sich in den wirklich guten Zeiten des deutschen Lebens nicht zu emanzipieren. Sie hat genau das besessen, was die Natur ihr zwangsläufig als Gut zur Verwaltung und Bewahrung gegeben hat, genauso wie der Mann in seiner guten Zeit sich nie zu fürchten brauchte, dass er aus seiner Stellung gegenüber der Frau verdrängt werde. Gerade von der Frau wurde ihm sein Platz am wenigsten streitig gemacht. Nur wenn er selbst nicht sicher war in der Kenntnis seiner Aufgabe, begann der ewige Instinkt der Selbst- und Volkserhaltung in der Frau zu revoltieren. Dann begann aus dieser Revolte eine Umstellung, die nicht naturgemäß war, und sie dauerte so lange, bis wieder beide Geschlechter zurückkehrten zu dem, was eine ewig weise Vorsehung ihnen zugewiesen hat. Wenn man sagt, die Welt des Mannes ist der Staat, die Welt des Mannes ist sein Ringen, die Einsatzbereitschaft für die Gemeinschaft, so könnte man vielleicht sagen, dass die Welt der Frau eine kleinere sei. Denn ihre Welt ist ihr Mann, ihre Familie, ihre Kinder und ihr Haus. Wo wäre aber die größere Welt, wenn niemand die kleine Welt betreuen wollte? Wie könnte die größere Welt bestehen, wenn niemand wäre, der die Sorgen um die kleinere Welt zu seinem Lebensinhalt machen würde? Nein: Die große Welt baut sich auf dieser kleinen Welt auf. Diese große Welt kann nicht bestehen, wenn die kleine Welt nicht fest ist. Die Vorsehung hat der Frau die Sorgen um diese ihre eigenste Welt zugewiesen, aus der sich erst die Welt des Mannes bilden und aufbauen kann. Diese beiden Welten stehen sich daher nie entgegen. Sie ergänzen sich gegenseitig, sie gehören zusammen, wie Mann und Weib zusammengehören.

So war die Frau zu allen Zeiten die Gehilfin des Mannes und damit seine treueste Freundin, und der Mann war zu allen Zeiten der Hüter seines Weibes und damit ihr bester Freund. Und beide sahen in dieser Führung des Lebens die gemeinsame Grundlage für den Bestand dessen, was sie lieben und für dessen Forterhaltung.

Die Frau ist egoistisch in der Erhaltung ihrer kleinen Welt, damit der Mann in die Lage kommt, die größere zu bewahren, und der Mann ist egoistisch in der Erhaltung dieser größeren Welt, denn sie ist untrennbar mit der anderen verbunden. Wir wehren uns dagegen, dass ein Intellektualismus verdorbenster Art das auseinanderreißen will, was Gott zusammengefügt hat.

Die Frau ist, weil sie von der ursächlichen Wurzel ausgeht, auch das stabilste Element in der Erhaltung eines Volkes. Sie hat am Ende den untrüglichsten Sinn für alles das, was notwendig ist, damit eine Rasse nicht vergeht, weil ja ihre Kinder vor allem in erster Linie von all dem Leid betroffen werden.

Umsetzung der NS-Ideologie im Erziehungswesen

Nationalsozialistische Propaganda und der Führerkult stellten ein ständig präsentes Element der Schul- und Unterrichtswirklichkeit und darüber hinaus der Hitlerjugend dar. Bilder von Hitler, Hitlergruß, Hakenkreuze, Fahnen, Fahnenappelle begleiteten den Schulalltag regelmäßig. Während die sozialen Unterschiede durch die Ideologie der „Volksgemeinschaft" angenähert werden sollten und alle „arischen" Deutschen „Volksgenossen" waren, wurde Hass gegen vermeintlich minderwertige Menschengruppen geschürt.

Schon kurz nach der „Machtergreifung" 1933 wurden im Zuge der Gleichschaltung alle jüdischen Lehrkräfte und ein Drittel der Lehrerinnen entlassen. Die verbliebenen Lehrer wurden „aufgefordert", dem NS-Lehrerbund beizutreten. Manche Pädagogen versuchten innerhalb des Schulsystems ihre Distanz zum nationalsozialistischen Gedankengut zu wahren. Dennoch traten 97 % der Lehrer in den NS-Lehrerbund ein, 33 % waren zudem Mitglieder der NSDAP.

Auch Du
gehörst dem Führer

Alle 10jährigen zu uns

Jugend dient dem Führer
ALLE ZEHNJÄHRIGEN IN DIE HJ.

Die NS-Wirtschaftspolitik

Lerninhalte:

- Wissen um die Arbeitsbeschaffungsmaßnahmen des NS-Regimes
- Kenntnis des Zusammenhangs von Aufschwung und Staatsverschuldung
- Kennenlernen der Finanzierungstricks von Hjalmar Schacht (Mefowechsel)
- Wissen, dass Aufrüstung und Krieg das Ziel der ganzen NS-Wirtschaftspolitik war
- Kritische Beurteilung des Textes von Sebastian Haffner
- Kritische Stellungnahme zu Hitlers wirtschaftlichen Erfolgen

Arbeitsmittel/Medien:

- Arbeitsblatt mit Lösung (Folie 3)
- Bild für die Tafel: Reichsautobahnen in Deutschland
- Informationsblätter (4): Hitlers wirtschaftliche Erfolge
- Folie 1: Bilder/Grafiken zu den wirtschaftlichen Erfolgen
- Folie 2: Rüstungsausgaben von 1932 bis 1938

Massenarbeitslosigkeit

Folie 2

Rüstungsausgaben

Haushaltsjahr	Rüstungsausgaben	Volkseinkommen	Rüstungsausgaben
1932	0,5 Mrd. RM	45,2 Mrd. RM	1,3 %
1933	0,7 Mrd. RM	46,5 Mrd. RM	1,5 %
1934	4,1 Mrd. RM	52,8 Mrd. RM	7,8 %
1935	5,5 Mrd. RM	59,1 Mrd. RM	9,3 %
1936	10,3 Mrd. RM	65,8 Mrd. RM	15,7 %
1937	11,0 Mrd. RM	73,8 Mrd. RM	15,0 %
1938	17,2 Mrd. RM	82,1 Mrd. RM	21,0 %

Verlaufsskizze (2 Unterrichtseinheiten)

I. Motivation

Stummer Impuls Aussprache	Tafelbild (S. 71)	Bild: Reichsautobahnen in Deutschland
Zielangabe	Tafelbild	**Die NS-Wirtschaftspolitik**

II. Begegnung/Erarbeitung

Stummer Impuls	Tafel	Massenarbeitslosigkeit L: Mit welchen Mitteln konnte Hitler sie beseitigen?
Aussprache Ergebnis	Folie 1 (S. 72) Tafel	• Reichsarbeitsdienst (RAD): Alle Männer ab 18 Jahren ➪ Arbeit im Straßenbau und in der Landwirtschaft • Verdrängung der Frau aus akademischen Berufen, Platz für Männer • Arbeitsplätze in der Rüstungsindustrie
Aussprache Zusammenfassung	Tafelbild	L: Die Mefo-Wechsel waren die wichtigste Finanzierungsquelle. 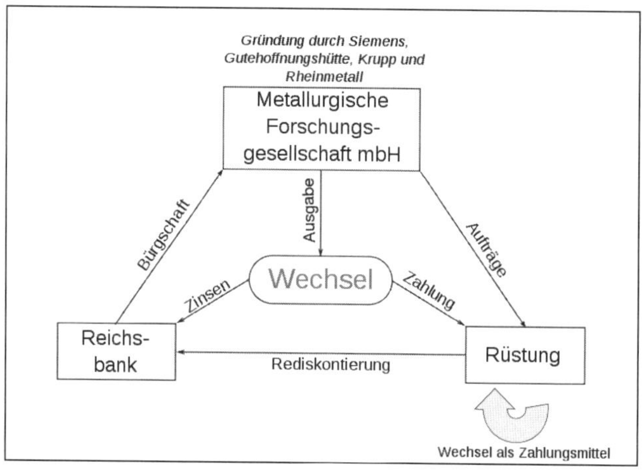
Stummer Impuls Aussprache	Folie 2 (S. 63)	Rüstungsausgaben

III. Wertung

Schüler erlesen	4 Infoblätter (S. 67-70)	Sebastian Haffner: Hitlers wirtschaftliche Erfolge (Text) L: Welche Leistungen vollbrachte Hitler nach Meinung von Sebastian Haffner? Warum war es für den Normalbürger damals so schwer, Hitlers wahre Ziele zu erkennen? Hitler – der Retter aus schlimmster Not? Gab es ein „Wirtschaftswunder“ des Deutschen Reiches?
Aussprache Diskussion Ergebnis	Tafelbild	Der Aufschwung der Wirtschaft lässt sich auch ohne Hitlers Leistung erklären: • Überwindung der Weltwirtschaftskrise • Beenden der Reparationsleistungen an das Ausland • Bereitschaft der Unternehmer zu Investitionen • Arbeitsbeschaffungsmaßnahmen ohne Rücksicht auf die Staatsverschuldung • Investitionen im Dienste der Aufrüstung • Lebensstandard der Bevölkerung war sekundär

IV. Zusammenfassung

Kontrolle	Arbeitsblatt (S. 65) Folie 3 (S. 66)	Die NS-Wirtschaftspolitik

GE	Name: ______________________	Datum: ______________	

Die NS-Wirtschaftspolitik

Inwiefern war die politische und wirtschaftliche Ausgangslage für die Nationalsozialisten bei der Machtübernahme nicht gerade rosig?

____

❶ Sozialpolitik:

Bekämpfung der Massenarbeitslosigkeit, Unterstützung der Volksgemeinschaft

① Arbeitsmarkt ist vorwiegend ______________ vorbehalten

② Förderung des ______________ Wohnungsbaus

③ Förderung der _______-______________ (Abschaffung der Kfz-Steuer)

④ Spenden- und Hilfsprogramme („Winterhilfswerk der Deutschen Nation)

⑤ KdF („______________________________") im November 1933

❷ Außen-/Innenpolitik:

Aufrüstung zur Eroberung von Lebensraum im Osten

① Wiedereinführung der allgemeinen ______________ im März 1935 (zwei Jahre)

② Staatliches Arbeitsbeschaffungsprogramm in Form des ______________-______________ im Juni 1935 (sechs Monate)

③ Ausbau der Verkehrsinfrastruktur (______________, ______________, ______________)

❸ Finanzpolitik:

Finanzierung durch massive Staatsverschuldung (bis 1939 ca. 30 Milliarden RM)

① Preis- und ______________stopp

② Mefo-Wechsel als Nebenwährung:

____

____

____

____

③ Produktionssteigerung in der ______________________ („Erzeugungsschlacht")

Bewertung der NS-Wirtschaftspolitik

Sebastian Haffner spricht von einem „nationalsozialistischen Wirtschaftswunder", wobei diese Beurteilung aus einer sehr isolierten Betrachtungsweise resultiert.

Aspekte, die bei einer Beurteilung mit einbezogen werden müssen:

____

____

GE | Lösung

Die NS-Wirtschaftspolitik

Inwiefern war die politische und wirtschaftliche Ausgangslage für die Nationalsozialisten bei der Machtübernahme nicht gerade rosig?

Massenarbeitslosigkeit und politische Radikalisierung

❶ Sozialpolitik:

Bekämpfung der Massenarbeitslosigkeit, Unterstützung der Volksgemeinschaft

① Arbeitsmarkt ist vorwiegend *Männern* vorbehalten

② Förderung des *privaten* Wohnungsbaus

③ Förderung der *Kfz* - *Industrie* (Abschaffung der Kfz-Steuer)

④ Spenden- und Hilfsprogramme („Winterhilfswerk der Deutschen Nation)

⑤ KdF („*Kraft durch Freude*") im November 1933

❷ Außen-/Innenpolitik:

Aufrüstung zur Eroberung von Lebensraum im Osten

① Wiedereinführung der allgemeinen *Wehrpflicht* im März 1935 (zwei Jahre)

② Staatliches Arbeitsbeschaffungsprogramm in Form des *Reichsarbeits* - *dienstes* im Juni 1935 (sechs Monate)

③ Ausbau der Verkehrsinfrastruktur (*Reichsautobahnen*, *Flugplätze*, *Kasernen*)

❸ Finanzpolitik:

Finanzierung durch massive Staatsverschuldung (bis 1939 ca. 30 Milliarden RM)

① Preis- und *Lohn* stopp

② Mefo-Wechsel als Nebenwährung:

Der Mefo-Wechsel (Metallurgische Forschungsgesellschaft mbH) war ein 1934 von Hjalmar Schacht entworfenes Kreditierungsmittel für Reichsausgaben. Das Reich finanzierte die Staatsausgaben für die Aufrüstung, indem es nicht in Banknoten bezahlte, sondern Wechsel annahm, die von der Rüstungsindustrie ausgestellt wurden.

③ Produktionssteigerung in der *Landwirtschaft* („Erzeugungsschlacht")

Bewertung der NS-Wirtschaftspolitik

Sebastian Haffner spricht von einem „nationalsozialistischen Wirtschaftswunder", wobei diese Beurteilung aus einer sehr isolierten Betrachtungsweise resultiert.

Aspekte, die bei einer Beurteilung mit einbezogen werden müssen:

einseitige Investitionspolitik, sozialpolitische Ungerechtigkeiten (Arbeitereinkommen stagniert), Lebensstandard von 1928 wird nicht mehr erreicht, NS-Politik ist auf kurzfristige Erfolge aus

Hitlers wirtschaftliche Erfolge

Unter diesen positiven Leistungen Hitlers muss an erster Stelle, alles andere in den Schatten stellend, sein Wirtschaftswunder genannt werden. Den Ausdruck gab es damals noch nicht; er ist erst für die überraschend schnelle Wiederaufbau- und Wiederankurbelungsleistung der Ära Erhard nach dem Zweiten Weltkrieg geprägt worden. Aber er passt noch viel besser auf das, was im Deutschland der mittleren 30er-Jahre unter Hitler vor sich ging. Viel tiefer und stärker war damals der Eindruck, dass ein wirkliches Wunder vollbracht wurde; und dass der Mann, der es vollbrachte, also Hitler, ein Wundertäter war. Im Januar 1933, als Hitler Reichskanzler wurde, gab es in Deutschland sechs Millionen Arbeitslose. Drei kurze Jahre später, 1936, herrschte Vollbeschäftigung. Aus schreiender Not und Massenelend war allgemein ein bescheiden-behaglicher Wohlstand geworden. Fast ebenso wichtig: An die Stelle von Ratlosigkeit und Hoffnungslosigkeit waren Zuversicht und Selbstvertrauen getreten. Und noch wunderbarer: Der Übergang von Depression zu Wirtschaftsblüte war ohne Inflation erreicht worden, bei völlig stabilen Löhnen und Preisen. Das ist später nicht einmal Ludwig Erhard gelungen.

Man kann sich die dankbare Verblüffung, mit der die Deutschen auf dieses Wunder reagierten und die insbesondere die deutsche Arbeiterschaft nach 1933 in hellen Haufen von der SPD und KPD zu Hitler umschwenken ließ, gar nicht groß genug vorstellen. Sie beherrschte in den Jahren 1936 bis 1938 die deutsche Massenstimmung absolut und verwies jeden, der Hitler immer noch ablehnte, in die Rolle eines querulantischen Nörglers. „Der Mann mag seine Fehler haben, aber er hat uns wieder Arbeit und Brot gegeben“ – das war in diesen Jahren die millionenfache Stimme der ehemaligen SPD- und KPD-Wähler, die noch 1933 die große Masse der Hitlergegner gebildet hatten.

War das deutsche Wirtschaftswunder der 30er-Jahre wirklich eine Leistung Hitlers? Man wird die Frage trotz denkbarer Einwände wohl bejahen müssen. Es ist vollkommen richtig: Hitler war wirtschaftlich und wirtschaftspolitisch ein Laie; die einzelnen Einfälle, mit denen das Wirtschaftswunder in Gang gesetzt wurde, stammten größtenteils nicht von ihm, und besonders das halsbrecherische Finanzierungskunststück, von dem alles abhing, war eindeutig das Werk eines anderen Mannes: seines „Finanzzauberers“ Hjalmar Schacht. Aber es war Hitler, der Schacht holte – erst an die Spitze der Reichsbank, dann auch des Wirtschaftsministeriums – und ihn machen ließ. Und es war Hitler, der all die Ankurbelungspläne, die schon vor ihm existiert hatten, aber vor ihm eben aus allen möglichen, hauptsächlich finanziellen Bedenken gestrandet waren, aus den Schubladen holen und ins Werk setzen ließ – von den Steuergutscheinen bis zu den Mefowechseln, vom Arbeitsdienst bis zu den Autobahnen. Er war kein Wirtschaftspolitiker, nein, und er hatte sich nie träumen lassen, dass er auf dem Umweg über eine Wirtschaftskrise und mit der Aufgabe, eine Massenarbeitslosigkeit zu beseitigen, zur Macht kommen würde. Die Aufgabe war ganz und gar nicht auf ihn zugeschnitten; in seinen Plänen und politischen Gedankengebäuden hatte das Wirtschaftliche bis 1933 kaum eine Rolle gespielt. Aber er besaß genug politischen Instinkt, um zu begreifen, dass es jetzt für den Augenblick die Hauptrolle spielte, und, überraschenderweise, auch genug wirtschaftspolitischen Instinkt, um, im Gegensatz etwa zu dem unseligen Brüning, zu erfassen, dass Expansion in diesem Augenblick wichtiger war als budgetäre und monetäre Stabilität.

Außerdem besaß er freilich auch, im Gegensatz zu seinen Vorgängern, die Macht, mindestens den Schein monetärer Stabilität mit Gewalt zu erzwingen. Denn auch diese Schattenseite des Hitlerschen Wirtschaftswunders darf nicht übersehen werden: Da es sich inmitten einer fortdauernden Weltdepression abspielte und Deutschland zu einer Wohlstandsinsel machte, erforderte es die Abschottung der deutschen Wirtschaft gegen die Außenwelt, und da seine Finanzierung der Tendenz nach unvermeidlich inflationär war, erforderte es von oben auferlegte Zwangslöhne und -preise. Für ein diktatorisches Regime, mit den Konzentrationslagern im Hintergrund, war beides möglich: Hitler brauchte weder auf Unternehmerverbände noch auf Gewerkschaften Rücksicht zu nehmen, er konnte beide in der „Deutschen Arbeitsfront“ zusammenzwingen und damit lahmlegen, und er konnte jeden Unternehmer, der ungenehmigte Auslandsgeschäfte machte oder die Preise seiner Ware erhöhte, ebenso ins KZ sperren wie jeden Arbeiter, der Lohnerhöhungen verlangte oder gar dafür zu streiken drohte. Auch insofern muss man das Wirtschaftswunder der Dreißigerjahre das Werk Hitlers nennen, und insofern waren sogar diejenigen in gewissem Sinne nur konsequent, die um des Wirtschaftswunders willen auch die Konzentrationslager in Kauf nahmen.

Das Wirtschaftswunder war Hitlers populärste Leistung, aber nicht seine einzige. Mindestens ebenso sensationell, und ebenso unerwartet, war die ebenfalls in den ersten sechs Jahren seiner Herrschaft erfolgreich durchgeführte Wiederbewaffnung und Aufrüstung Deutschlands. Als Hitler Reichskanzler wurde, hatte Deutschland ein 100000-Mann-Heer ohne moderne Waffen, und keine Luftwaffe. 1938 war es die stärkste Militär- und Luftmacht Europas. Eine unglaubliche Leistung! Auch sie wäre zwar nicht ohne gewisse Vorarbeiten der Weimarer Zeit möglich gewesen, und auch sie war im Einzelnen natürlich nicht Hitler'sche Detailarbeit, sondern eine Gewaltleistung des militärischen Establishments. Aber Hitler gab den Befehl und die Inspiration; noch weniger als das Wirtschaftswunder ist das militärische Wunder ohne Hitlers entscheidenden Anstoß denkbar, und noch mehr als das Wirtschaftswunder, das eine Improvisation Hitlers war, entsprang es seinen lang gehegten Plänen und Vorsätzen. Dass es sich in Hitlers Hand später nicht zum Segen für Deutschland ausgewirkt hat, ist eine Sache für sich. Eine Leistung bleibt es deswegen doch, und ebenso wie das Wirtschaftswunder eine Leistung, die vorher niemand Hitler zugetraut hätte. Dass er sie gegen alle Erwartung zustande brachte, erregte Staunen und Bewunderung, bei einigen wenigen vielleicht auch eine gewisse Bangigkeit (was hatte er mit dieser hektischen Rüstung vor?), bei den meisten aber Genugtuung und nationalen Stolz. Im Militärischen wie im Wirtschaftlichen hatte Hitler sich als ein Wundertäter erwiesen, dem nur noch verbohrte Rechthaberei Dank und Gefolgschaft verweigern konnte.

Zwei Aspekte der Hitler'schen Aufrüstungspolitik sollen hier kurz gestreift werden, ein dritter verlangt ein paar Worte mehr.

① Es ist oft behauptet worden, Hitlers Wirtschaftswunder und sein militärisches Wunder seien im Grunde dasselbe gewesen, die Arbeitsbeschaffung sei ganz oder doch im Wesentlichen durch die Aufrüstung erfolgt. Das stimmt nicht. Gewiss schaffte die allgemeine Wehrpflicht einige hunderttausend potentiell Arbeitslose von der Straße, und die Massenproduktion von Panzern, Kanonen und Flugzeugen setzte einige hunderttausend Metallarbeiter in Lohn und Brot. Aber die große Mehrheit der sechs Millionen Arbeitslosen, die Hitler vorgefunden hatte, fand ihre Wiederbeschäftigung in ganz normalen zivilen Industrien. Göring, der in seinem Leben viel prahlerischen Unsinn schwätzte, hat damals das irreführende Schlagwort in Umlauf gesetzt: „Kanonen statt Butter". In Wirklichkeit produzierte das Dritte Reich Kanonen und Butter und noch vieles andere mehr.

② Die Aufrüstung hatte auch eine wichtige außenpolitische Seite: Sie bedeutete zugleich die Außerkraftsetzung entscheidender Teile des Versailler Friedensvertrages, also einen politischen Triumph über Frankreich und England, und eine radikale Veränderung der europäischen Machtverhältnisse.

③ In dieser Leistung steckt aber noch ein ganz persönlicher Beitrag Hitlers, der eine kurze Betrachtung verdient. Wir sagten oben, dass die gewaltige Detailarbeit der Aufrüstung nicht Sache Hitlers war, sondern des Kriegsministeriums und der Generalität. Davon ist eine Ausnahme zu machen. In einer bestimmten Detailfrage, die sich später im Kriegsverlauf als überaus wichtig erweisen sollte, griff Hitler selbst ein und legte die Organisation der neuen Wehrmacht, und damit ihre zukünftige Operationsweise, von sich aus fest: Er fällte, gegen die noch überwiegende Mehrheit der Fachmilitärs, die Entscheidung für die Schaffung integrierter, selbstständig operierender Panzerdivisionen und Panzerarmeen. Diese neuartigen Heeresformationen, die 1938 nur die deutsche Armee besaß, erwiesen sich in den ersten beiden Kriegsjahren als feldzugentscheidende Waffe und wurden später von allen anderen Armeen nachgeahmt. Ihre Schaffung ist Hitlers persönliches Verdienst und stellt seine größte Leistung auf militärischem Gebiet dar – eine größere als seine umstrittene Feldherrntätigkeit im Kriege ...

Aber sie zahlte sich später aus – in seinem militärischen Triumph über Frankreich 1940, der vorübergehend selbst die letzten und standhaftesten seiner deutschen Gegner an sich selbst irre werden ließ. Schon vorher aber, schon 1938, war es Hitler gelungen, die große Mehrheit der Mehrheit, die 1933 noch gegen ihn gestimmt hatte, für sich zu gewinnen, und das war vielleicht die größte Leistung von allen. Es ist eine Leistung, die heute für die überlebenden Älteren beschämend, für die nachgeborenen Jüngeren unverständlich ist. Heute liegt den Älteren das „Wie konnten wir?", den Jüngeren das „Wie konntet ihr?" leicht auf der Zunge. Damals erforderte es aber ganz außerordentlichen Scharfblick und Tiefblick, in Hitlers Leistungen und Erfolgen schon die verborgenen Wurzeln der künftigen Katastrophe zu erkennen, und ganz außerordentliche Charakterstärke, sich der Wirkung dieser Leistungen und Erfolge zu entziehen.

Hitlers bellende und geifernde Reden, die heute, wieder angehört, Ekel oder Lachreiz erzeugen, hatten damals oft einen Tatsachenhintergrund, der dem Hörer innerlich die Widerrede verschlug. Es war dieser Tatsachenhintergrund, der wirkte, nicht das Bellen und Geifern. Hier ist ein Auszug aus Hitlers Rede vom 28. April 1939:
„Ich habe das Chaos in Deutschland überwunden, die Ordnung wiederhergestellt, die Produktion auf allen Gebieten unserer nationalen Wirtschaft ungeheuer gehoben ... Es ist mir gelungen, die uns allen so zu Herzen gehenden sieben Millionen Erwerbslosen restlos wieder in nützliche Produktionen einzubauen ... Ich habe das deutsche Volk nicht nur politisch geeint, sondern auch militärisch aufgerüstet, und ich habe weiter versucht, jenen Vertrag Blatt um Blatt zu beseitigen, der in seinen 448 Artikeln die gemeinste Vergewaltigung enthält, die jemals Völkern und Menschen zugemutet worden ist. Ich habe die uns 1919 geraubten Provinzen dem Reich wieder zurückgegeben, ich habe Millionen von uns weggerissenen, tiefunglücklichen Deutschen wieder in die Heimat geführt, ich habe die tausendjährige historische Einheit des deutschen Lebensraumes wiederhergestellt, und ich habe mich bemüht, dieses alles zu tun, ohne Blut zu vergießen und ohne meinem Volk oder anderen daher das Leid des Krieges zuzufügen. Ich habe dies als ein noch vor 21 Jahren unbekannter Arbeiter und Soldat meines Volkes, aus meiner eigenen Kraft geschaffen ..."
Ekelhafte Selbstbeweihräucherung. Lachhafter Stil („die uns allen so zu Herzen gehenden sieben Millionen Erwerbslosen"). Aber, zum Teufel, es stimmte ja alles – oder fast alles. Wer sich an die paar Dinge klammerte, die vielleicht doch nicht stimmten (das Chaos überwunden – ohne Verfassung? Die Ordnung wiederhergestellt – mit Konzentrationslagern?), kam sich selbst manchmal wie ein kleinlich mängelsuchender Rechthaber vor. Der Rest – was konnte man im April 1939 dagegen vorbringen? Die Wirtschaft blühte ja wirklich wieder, die Arbeitslosen hatten wirklich wieder Arbeit (es waren nicht sieben Millionen gewesen, sondern sechs, aber gut), die Aufrüstung war Wirklichkeit, der Versailler Vertrag war wirklich totes Papier geworden (und wer hätte das 1933 für möglich gehalten!), das Saarland und das Memelgebiet gehörten wirklich wieder zum Reich, ebenso die Österreicher und Sudetendeutschen, und sie freuten sich wirklich darüber – ihren Jubelschrei hatte man noch im Ohr. Krieg hatte es wunderbarerweise deswegen wirklich nicht gegeben, und auch dass Hitler vor zwanzig Jahren wirklich ein Unbekannter gewesen war, konnte niemand bestreiten (allerdings kein Arbeiter, aber gut). Hatte er alles aus eigener Kraft geschaffen? Natürlich hatte er Helfer und Mitwirkende gehabt, aber konnte man im Ernst behaupten, es wäre alles auch ohne ihn gegangen? Konnte man also Hitler noch ablehnen, ohne alles, was er geleistet hatte, abzulehnen, und waren gegen diese Leistungen seine unangenehmen Züge und seine Übeltaten nicht nur Schönheitsfehler?
Was sich alte Hitlergegner, gebildete und geschmackvolle Bürger, selbst gläubige Christen oder Marxisten, in den mittleren und späteren dreißiger Jahren angesichts von Hitlers unleugbaren Leistungen und nicht abreißenden Wundertaten fragten – fragen mussten –, war: Könnte es sein, dass meine eigenen Maßstäbe falsch sind? Stimmt vielleicht alles nicht, was ich gelernt und woran ich geglaubt habe? Bin ich nicht durch das, was hier vor meinen Augen geschieht, widerlegt? Wenn die Welt – die wirtschaftliche Welt, die politische Welt, die moralische Welt – wirklich so wäre, wie ich immer geglaubt habe, dann müsste doch ein solcher Mann auf die schleunigste und lächerlichste Weise Schiffbruch machen, ja, er könnte doch überhaupt nie so weit gekommen sein, wie er gekommen ist! Er ist aber in weniger als zwanzig Jahren aus dem völligen Nichts zur Zentralfigur der Welt geworden, und alles gelingt ihm, auch das scheinbar Unmögliche, alles, alles! Beweist das nichts? Zwingt mich das nicht zu einer Generalrevision aller meiner Begriffe, auch der ästhetischen, auch der moralischen? Muss ich nicht mindestens zugeben, dass ich mich in meinen Erwartungen und Vorhersagen getäuscht habe, und mit Kritik sehr zurückhaltend, mit meinem Urteil sehr vorsichtig werden?
Durchaus begreiflich und sogar sympathisch, dieser Selbstzweifel. Aber von dort bis zum ersten, noch halb widerwilligen „Heil Hitler" war es nicht weit. Die so durch den Augenschein Hitler'scher Leistungen Bekehrten oder Halbbekehrten wurden im Allgemeinen keine Nationalsozialisten; aber sie wurden Hitleranhänger, Führergläubige. Und das waren auf den Höhepunkten der allgemeinen Führergläubigkeit wohl sicher mehr als neunzig Prozent aller Deutschen.
Eine ungeheure Leistung, so fast das ganze Volk hinter sich zu vereinigen, und in weniger als zehn Jahren vollbracht!
Und vollbracht, im Wesentlichen, nicht durch Demagogie, sondern – durch Leistung. Solange Hit-

ler nur seine Demagogie, seine hypnotische Beredsamkeit, seine Berauschungs- und Benebelungskünste als Massenregisseur zur Verfügung gehabt hatte – in den zwanziger Jahren –, hatte er kaum je mehr als fünf Prozent der Deutschen damit zu Anhängern gemacht; bei den Reichstagswahlen von 1928 waren es 2,5 Prozent. Die nächsten vierzig Prozent trieb ihm in den Jahren 1930 bis 1933 die wirtschaftliche Not zu – und das völlige, hilflose Versagen aller anderen Regierungen und Parteien angesichts dieser Not. Die letzten, entscheidenden fünfzig Prozent aber gewann er nach 1933 hauptsächlich durch Leistungen. Wer, etwa im Jahre 1938, in Kreisen, in denen das noch möglich war, ein kritisches Wort über Hitler sagte, bekam unweigerlich früher oder später, manchmal nach halber Zustimmung („das mit den Juden gefällt mir auch nicht“), die Antwort zu hören: „Aber was hat der Mann alles geleistet!“ Nicht etwa: „Aber wie mitreißend kann er reden!“, auch nicht: „Aber wie war es wieder herrlich auf dem letzten Parteitag!“, nicht einmal: „Aber was hat er für Erfolge!“ Nein: „Was hat der Mann alles geleistet!“ Und was konnte man im Jahre 1938, oder auch noch im Frühjahr 1939, darauf eigentlich erwidern? Es gab noch eine zweite stehende Redensart, die Hitlers neu gewonnene Anhänger damals ständig im Munde führten. Sie lautete: „Wenn das der Führer wüsste!“, und sie deutete an, dass Führergläubigkeit und Bekehrung zum Nationalsozialismus eben zweierlei blieben. Was den Menschen am Nationalsozialismus nicht gefiel – und es gab immer noch viele Menschen, denen vieles nicht gefiel –, davon suchten sie instinktiv Hitler zu entlasten. Objektiv natürlich mit Unrecht. Hitler war genauso für die zerstörerischen Maßnahmen seines Regimes verantwortlich wie für die aufbauenden ...

Der Leser wird überhaupt (vielleicht mit Befremden) gemerkt haben, dass wir in diesem Kapitel, das von den Leistungen Hitlers handelt, mit Werturteilen sehr zurückgehalten haben. Das liegt in der Sache. Leistungen sind als solche moralisch neutral. Sie können nur gut oder schlecht sein, nicht gut oder böse. Hitler hat vieles Böse getan, und wir werden, in späteren Kapiteln, mehr als genug Gelegenheit haben, ihn moralisch zu verdammen. Aber man soll ihn nicht aus den falschen Gründen verdammen – ein Fehler, der sich seinerzeit schwer gerächt hat und der auch heute noch oft begangen wird. „Macht mir den Teufel nur nicht klein!“ Die Versuchung war immer groß, Hitler, der ja seine mesquinen und lächerlichen Seiten hatte, zu unterschätzen; sie ist es heute, da er gescheitert ist, erst recht. Man sollte ihr nicht zu schnell nachgeben.

Gewiss zögert man mit Recht, ihn einen „großen Mann“ zu nennen. „Gar nicht groß sind die bloßen kräftigen Ruinierer“, sagt Jacob Burckhardt, und als ein kräftiger Ruinierer hat sich Hitler ja erwiesen. Aber ohne jeden Zweifel hat er sich auch, und nicht nur im Ruinieren, als eine Leistungskanone größten Kalibers erwiesen. Ohne seine durchaus ungewöhnliche Leistungskraft wäre zwar die Katastrophe, die er zustande brachte, weniger gewaltig ausgefallen. Aber man darf nicht außer acht lassen, dass sein Weg in den Abgrund über hohe Gipfel führte.

Joachim Fest stellt in der Einleitung zu seiner Hitlerbiografie ein interessantes Gedankenexperiment an. Er schreibt: „Wenn Hitler Ende 1938 einem Attentat zum Opfer gefallen wäre, würden nur wenige zögern, ihn einen der größten Staatsmänner der Deutschen, vielleicht den Vollender ihrer Geschichte, zu nennen. Die aggressiven Reden und „Mein Kampf“, der Antisemitismus und das Weltherrschaftskonzept wären vermutlich als Fantasiewerk früher Jahre in die Vergessenheit geraten. Sechseinhalb Jahre trennten Hitler von diesem Ruhm.“ „Sechs Jahre“, wie Fest an anderer Stelle seines Buches schreibt, „mit grotesken Irrtümern, Fehlern über Fehlern, Verbrechen, Kämpfen, Vernichtungswahn und Tod.“ Nun meint Fest gewiss nicht, dass die Irrtümer, Fehler und Verbrechen Hitlers erst in seinen letzten sechs Jahren begannen; gerade Fest hat in seinem Buch hervorragend herausgearbeitet, wie tief ihre Wurzeln bis in Hitlers Frühzeit zurückreichen. Andererseits hat Fest vollkommen recht damit, dass sie sich erst in der zweiten Hälfte seiner Herrschaft voll auswirkten oder entfalteten, in der ersten aber durch unerwartete und von Hitler selbst nur vorbereitend gemeinte Leistungen und Erfolge überdeckt waren. Auch damit hat Fest recht, dass der Herbst und Winter 1938/39 den Scheitelpunkt der Hitler'schen Laufbahn darstellte: Bis dahin war es ständig aufwärts mit ihm gegangen; von nun an bereiteten sich – bereitete er selbst – Abstieg und Absturz vor. Sicher hätten die meisten Deutschen, wenn er damals einem Attentat (oder auch einem Unfall oder einem Herzinfarkt) zum Opfer gefallen wäre, geglaubt, einen ihrer größten Männer an ihm verloren zu haben. Aber hätten sie damit recht gehabt, und würde man heute über einen 1938 verstorbenen Hitler rückblickend noch so denken? Wir meinen: Nein; und das aus zwei Gründen ...

Aus: Sebastian Haffner: „Anmerkungen zu Hitler“ Copyright © 1978,1998 by Kindler Verlag GmbH, München

REICHSAUTOBAHNEN
IN DEUTSCHLAND

Die nationalsozialistische Wirtschaftspolitik

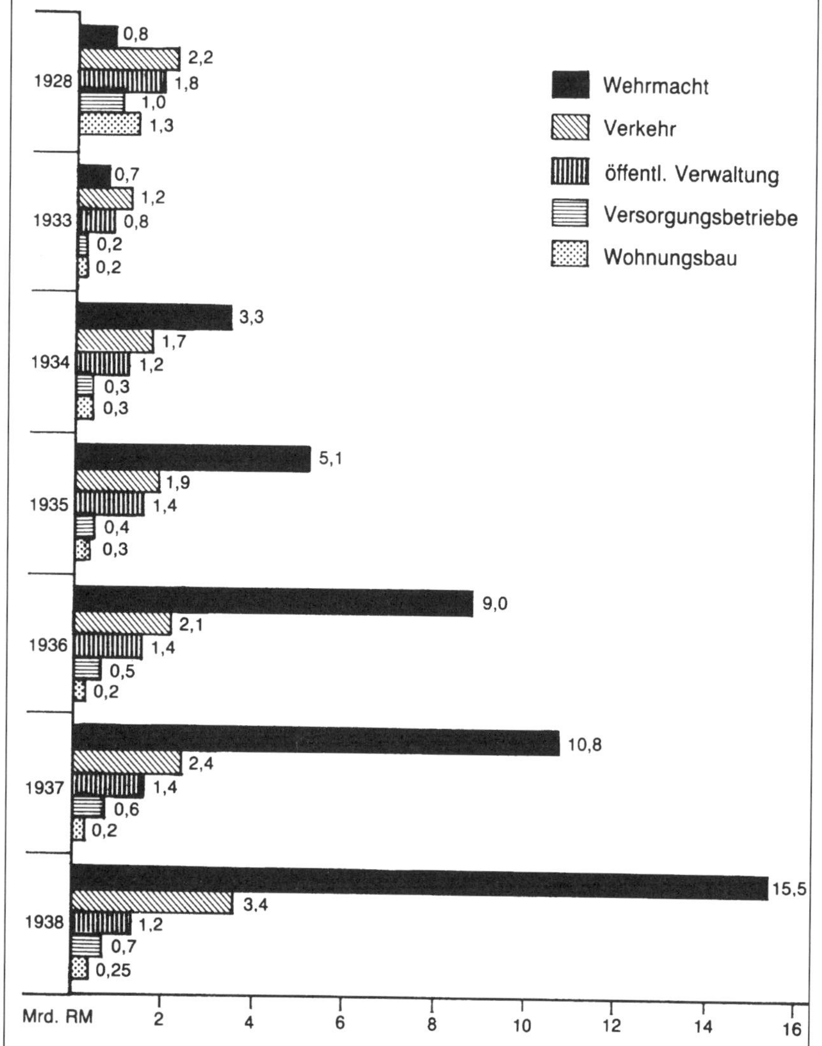

Hjalmar Schacht

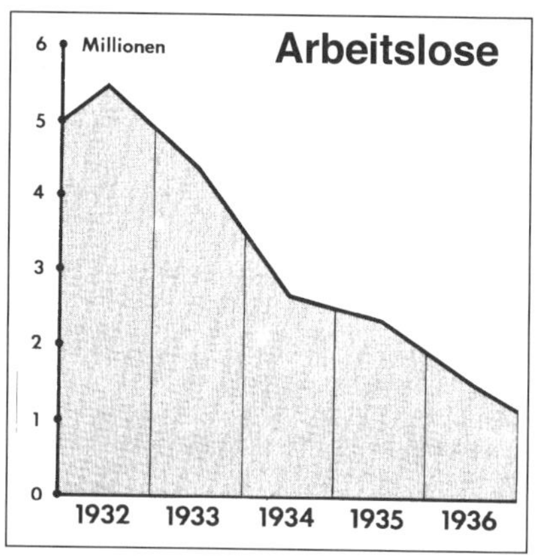

Der Beginn der Judenverfolgung

Lerninhalte:

- Kennenlernen der Nürnberger Gesetze
- Wissen um die Stellung der Juden im Deutschen Reich
- Kritische Beurteilung der Zeitschrift „Der Stürmer“ von Julius Streicher
- Wissen um die Vorgänge am 9. November 1938 (Reichspogromnacht)
- Kenntnis der Folgen der sogenannten „Reichskristallnacht“
- Wissen um die Emigrationswelle jüdischer Intelligenz von 1933 bis 1945

Arbeitsmittel/Medien:

- Arbeitsblatt mit Lösung (Folie 3)
- Bild 1 für die Tafel: Titelblatt „Der Stürmer“
- Bild 2 für die Tafel: Boykott jüdischer Geschäfte
- Bild 3 für die Tafel: Reichspogrom (Brennende Synagoge)
- Infoblätter 1/2: Ausgrenzung und Verfolgung der jüdischen Bevölkerung
- Folie 1: Der Untermensch
- Folie 2: Die Nürnberger Gesetze (Auszug)
- Video 4201149: Reichskristallnacht (1988; 21 Minuten; farbig)
- DVD 4658296: Judenverfolgung im NS-Staat, Teil 1 (2009; 16 Minuten; farbig)
- DVD 4610601: Rassenschande (2003: 23 Minuten; farbig)

Der Beginn der Judenverfolgung

Der Stürmer
Deutsches Wochenblatt zum Kampfe um die Wahrheit
Meister der Lüge
Die Juden sind unser Unglück!

Bild des Juden im „Stürmer“:
- Schmarotzer
- Untermensch
- Verschwörer
- Sündenbock

⇩

Hetzpropaganda

Nürnberger Gesetze (15. September 1935)

⇩

Wirtschaftliche Benachteiligung (Boykott von Geschäften)

⇩

„Reichskristallnacht“ (9. November 1938)
- Zerstörung von Synagogen
- Plünderung von Geschäften
- Enteignungen
- Verhaftungen
- Totschlag
- Mord

➪ Arisierung (Zwangsenteignung) ➪ „Judenreservate“

Verlaufsskizze

I. Motivation

Stummer Impuls Aussprache Lehrerinfo Aussprache	Tafelbild (S. 80)	Bild 1: Titelseite „Der Stürmer“ Herausgeber Julius Streicher Hetzkampagnen gegen die Juden
Ergebnis	Tafelanschrift (S. 73)	Bild des Juden im „Stürmer“: • Schmarotzer • Untermensch • Verschwörer • Sündenbock
Zielangabe	Tafelanschrift	**Der Beginn der Judenverfolgung**

II. Begegnung/Erarbeitung

Stummer Impuls Aussprache	Folie 1 (S. 79)	Der Untermensch
Stummer Impuls Aussprache	Folie 2 (S. 79)	Die Nürnberger Gesetze
Arbeitsauftrag	Infoblätter 1/2 (S. 75/76)	Ausgrenzung und Verfolgung der jüdischen Bevölkerung
Gruppenarbeit		L: Finde die zunehmenden Ausgrenzungen der Juden heraus. Achte dabei auf bestimmte historische Ereignisse.
Zusammenfassung	Tafelbild (S. 81) Tafelbild (S. 82)	Bild 2: SA verwehrt Zutritt zu jüdischen Geschäften Bild 3: Brennende Synagoge („Reichskristallnacht“)
Gruppenarbeit Lehrerinformation	Tafelanschrift	„Kristallnacht“ ist eine Wortschöpfung aus dem Volksmund von 1938. Wahrscheinlich stammt sie aus Berlin und spielt auf die zertrümmerten Scheiben vieler Fenster an, deren Scherben die Straßen bedeckten.
Zusammenfassung Aussprache	Videofilm	Reichskristallnacht

III. Wertung

Stummer Impuls Aussprache Ergebnis	Tafelanschrift	„Arisierung“ „Arisierung“ nannten die Nationalsozialisten die schrittweise erfolgte Enteignung der Juden im Deutschen Reich.
Stummer Impuls Aussprache	Tafelanschrift	Emigration ins Exil – Gründe? Insgesamt emigrierten 450000 bis 600000 Menschen jüdischer Herkunft aus dem von Deutschland beherrschten Mitteleuropa. Sie wurden von 80 Staaten weltweit aufgenommen.
Leitfragen		① Berühmte Emigranten?
Aussprache		Albert Einstein, Thomas Mann, Heinrich Mann, Oskar Maria Graf, Anna Seghers, Bertolt Brecht, Marlene Dietrich, Billy Wilder u. a. ② Auswanderungsverbot für Juden ab Oktober 1941. Gründe?
Aussprache	Tafelanschrift	„Diese Vergangenheit nicht zu kennen heißt, sich selbst nicht zu begreifen.“ (Raul Hilberg)

IV. Sicherung

Zusammenfassung	Arbeitsblatt (S. 77)	Der Beginn der Judenverfolgung
Kontrolle	Folie 3 (S. 78)	

V. Zusammenfassung/Vertiefung

Aussprache	DVD	Judenverfolgung im NS-Staat, Teil 1
	Jugendroman	Carlo Ross: ... aber Steine reden nicht Pogrom in Hagen (Westfalen) von 1938 bis 1941

Ausgrenzung und Verfolgung der jüdischen Bevölkerung

Mit der Ernennung Adolf Hitlers zum Reichskanzler am 30. Januar 1933 fanden alle jüdischen Emanzipationsbestrebungen in Deutschland ihr Ende. Die Nationalsozialisten konzentrierten sich nach ihrer Machtübernahme im abgestimmten Zusammenspiel von Terror und Propaganda zwar zunächst auf die Ausschaltung der politischen Opposition, doch ihre Politik zielte von Anfang an auf die rasche Ausgrenzung der Juden aus allen Gesellschafts- und Lebensbereichen im Deutschen Reich. Sie hofften anfangs, die „Judenfrage" durch „freiwillige" jüdische Auswanderung und Vertreibung zu lösen. Insgesamt wurden im NS-Regime etwa 2000 antijüdische Gesetze oder Ergänzungsverordnungen erlassen.

Die erste Welle staatlichen Terrors gegen Juden setzte im Frühjahr 1933 ein. Ende März begann unter großem Propagandaaufwand die Vorbereitung einer Boykottaktion gegen jüdische Geschäfte, Warenhäuser, Anwaltskanzleien und Arztpraxen. Während des „Geschäftsboykotts" vom 1. April entlud sich der von der NSDAP seit Jahren geschürte Hass auf Juden. Zugleich machte die Aktion deutlich, dass die jüdische Bevölkerung in ihrer Gesamtheit von der NS-Führung nicht als Teil des deutschen Volks betrachtet wurde. Doch die meisten der rund 525000 Juden in Deutschland waren zu diesem Zeitpunkt noch der Auffassung, die antisemitischen Ausschreitungen und Übergriffe wären Teil der Jahrhunderte langen Verfolgung und würden sich nach der „nationalen Siegeseuphorie" der Nationalsozialisten wieder legen.

Dass der Boykott am 1. April den Übergang zur staatlich gelenkten Verfolgung und Vertreibung markierte, zeigte sich jedoch in den folgenden Wochen. Mit dem „Gesetz zur Wiederherstellung des Berufsbeamtentums" vom 7. April, durch das Beamte „nicht arischer Abstammung" in den Ruhestand versetzt wurden, fand die rassistische Ideologie der Nationalsozialisten erstmals Eingang in ein Reichsgesetz. In schneller Folge wurde der „Arierparagraf" auf andere Berufsgruppen übertragen und ermöglichte den „legalen" Ausschluss von Juden aus dem öffentlichen Dienst, den freien Berufen sowie aus Universitäten und Schulen. Am 10. Mai 1933 folgte die Bücherverbrennung. Als Höhepunkt der Kampagne „Wider den undeutschen Geist" verbrannten Studenten in vielen deutschen Universitätsstädten „undeutsches Schrifttum". Das Gesetz zur Reichskulturkammer vom 22. September machte schließlich jede Betätigung von Juden an nichtjüdischen Kultureinrichtungen unmöglich. Diese erste Welle massiver Ausgrenzung und Unterdrückung nach der Machtübernahme 1933 veranlasste vor allem politisch verfolgte und jüngere Juden zur Auswanderung. Die meisten blieben jedoch trotz Verfolgung, Repressalien und antijüdischer Propaganda in Deutschland. Nach dem Ausschluss aus vielen Bereichen des öffentlichen und privaten Lebens begannen jüdische Organisationen im Herbst 1933 mit dem Aufbau einer jüdischen Selbsthilfe.

Einen radikalen Einschnitt in das Leben jüdischer Menschen brachten die Nürnberger Gesetze von 1935, die Juden zu Menschen minderen Rechts stempelten. Um die „Reinhaltung" der „arischen Rasse" für alle Zukunft zu sichern, stellten die Gesetze Eheschließungen sowie den als „Rassenschande" bewerteten außerehelichen Geschlechtsverkehr zwischen Nichtjuden und Juden unter Strafe. Abhängig gemacht wurde die Zugehörigkeit zur „jüdischen Rasse" von der Konfession der Großeltern. Die Nürnberger Gesetze definierten Menschen als „Volljude" oder „Halbjude", von denen sich viele zeit ihres Lebens nicht als Juden empfunden hatten. Auch sie wurden nun Teil der ausgegrenzten jüdischen Gemeinschaft und Opfer von Rassentheorien, die ein grundlegendes Element nationalsozialistischer Weltanschauung bildeten. Ideologisch orientierten sich die Nationalsozialisten an einer bereits im 19. Jahrhundert aufkommenden, aber wissenschaftlich unhaltbaren völkischen Rassedefinition. Juden galten aus nationalsozialistischer Sicht als die Angehörigen der bedrohlichen „Gegenrasse" und als Verschwörer sowohl hinter dem westlichen Kapitalismus als auch hinter dem sowjetischen Kommunismus. Die NS-Propaganda schilderte immer wieder, wie das „internationale Judentum" die Weltherrschaft an sich reißen wolle, was gleichbedeutend sei mit dem Untergang des deutschen Volkes.

Nach dem „Anschluss“ Österreichs im März 1938 erreichte der nationalsozialistische Antisemitismus eine neue Qualität. Innerhalb kürzester Zeit wurden alle antijüdischen Bestimmungen des „Altreichs“ auf Österreich – nunmehr als Ostmark bezeichnet – übertragen. Besonders forciert wurden in Österreich Auswanderung und Vertreibung. Dafür zuständig war Adolf Eichmann, der in Wien die „Zentralstelle für jüdische Auswanderung“ organisierte. Die Erfahrungen, die Eichmann in Wien bei der Vertreibung der Juden sammelte, wurden nur wenig später im ganzen Deutschen Reich umgesetzt. Um den Druck auf die jüdische Bevölkerung zu verstärken und deren Bereitschaft zur Auswanderung zu steigern, wurden im Frühsommer 1938 in Berlin die Geschäfte jüdischer Inhaber beschmiert und im Zuge der Aktion „Arbeitsscheu Reich“ gegen „Asoziale“ und „Kriminelle“ zahlreiche Juden willkürlich verhaftet.

Mit der Abschiebung von 17000 als „polnischstämmig“ bezeichneten Juden nach Polen erreichte die antijüdische Politik im Oktober 1938 nochmals eine Verschärfung. Von den Deutschen aus dem Land getrieben und von den Polen nicht ins Land gelassen, irrten die Abgeschobenen im deutsch-polnischen Grenzgebiet umher, bevor sie auf polnischer Seite primitivste Unterkunft fanden. Der 17-jährige Jude Herschel Grünspan (Bild links), dessen Familie unter den Abgeschobenen war, verübte am 7. November 1938 in Paris einen Mordanschlag auf den deutschen Diplomaten Ernst vom Rath. Sein Tod zwei Tage später lieferte Goebbels den Vorwand für einen „spontanen Sühneakt“. In der Pogromnacht vom 9. zum 10. November ermordeten Nationalsozialisten etwa 100 Juden, steckten Hunderte von Synagogen in Brand und demolierten Tausende jüdischer Geschäfte und Wohnungen. Um den Druck zur Auswanderung zu erhöhen, wurden rund 30 000 jüdische Männer in Konzentrationslager verschleppt und nur wieder freigelassen, wenn ihre Angehörigen eine baldige Ausreise zusicherten. Dem wegen der zerstörten Schaufensterscheiben und Synagogen auch „Reichskristallnacht“ genannten Pogrom folgte eine Fülle antijüdischer Maßnahmen, mit denen die Juden endgültig jeglicher Existenzgrundlage beraubt wurden.

Die jüdische Bevölkerung musste für die in der Pogromnacht entstandenen Schäden selbst aufkommen und wurde zudem zu einer „Sühneleistung“ von zunächst einer Milliarde Reichsmark verpflichtet. Damit war das Stadium des staatlich angeordneten, offenen Raubs von jüdischem Besitz erreicht: Die „Verordnung zur Ausschaltung der Juden aus dem Wirtschaftsleben“ vom 12. November 1938 „legalisierte“ die uneingeschränkte „Arisierung der Wirtschaft“. Sie verbot Juden den Betrieb von Einzelhandelsgeschäften und Handwerksbetrieben sowie das Feilbieten von Waren aller Art. Alle jüdischen Kapitalvermögen wurden eingezogen, Grundeigentum, Wertpapiere und Schmuck zwangsveräußert. Die Einführung einer besonderen Kennkarte mit aufgedrucktem „J“ und der Zwangsvornamen „Sara“ bzw. „Israel“ wurde für alle Juden angeordnet. Ihnen wurde der Besuch von Bibliotheken, Kinos, Theatern, Museen und Schwimmbädern verboten. Ab dem 15. November 1938 durften jüdische Schüler keine „deutschen“ Schulen mehr besuchen. Immer mehr Parkbänke erhielten die Aufschrift „Nur für Arier“, und immer öfter war an privaten Restaurants und Geschäften der Satz „Juden unerwünscht“ zu lesen. Im Dezember 1938 wurde Juden schließlich das Autofahren und der Besitz von Kraftfahrzeugen verboten. Der Zweite Weltkrieg verschärfte in Deutschland die Lage und die Lebensbedingungen der Juden und anderer Menschen wie Sinti und Roma durch ihnen auferlegte Bestimmungen und Verbote noch einmal.

Im Schatten der Kriegsereignisse begann im Herbst 1939 zudem die als „Euthanasie“ bezeichnete Ermordung unheilbar Kranker und Behinderter. Die „Euthanasie“-Spezialisten wurden noch vor Beginn des Kriegs gegen die Sowjetunion im Sommer 1941 zusammengezogen, um sich auf eine neue Aufgabe im Osten vorzubereiten: die systematische Ermordung der jüdischen Bevölkerung.

© www.dhm.de/lemo/html/nazi/antisemitismus/ausgrenzung/index.html

GE Name: ______________________ Datum: ______________

Der Beginn der Judenverfolgung

❶ Die zehn Bilder zeigen die zunehmende Ausgrenzung der Juden. Erkläre genauer.

❷ Was bedeutet der Begriff „Pogrom“?

❸ Juden mussten vor allem durch die Zeitschrift „Der Stürmer“ eine Hetzkampagne über sich ergehen lassen. Inwiefern?

❹ Was regelten die sogenannten Nürnberger Gesetze vom 15. September 1935?

❺ Was geschah in der sogenannten „Reichskristallnacht“ vom 9. November 1938?

❻ Was zeigt das Bild links?

GE | Lösung

Der Beginn der Judenverfolgung

❶ Die zehn Bilder zeigen die zunehmende Ausgrenzung der Juden. Erkläre genauer.

① Juden werden in der Schule diskriminiert ② Bücherverbrennung unliebsamer, vor allem jüdischer Autoren am 10. Mai 1933 ③ Boykott jüdischer Geschäfte ④ Nürnberger Rassengesetze vom 15. September 1935, die Juden von Reichsbürgern („Ariern") unterscheiden ⑤ Schikanen gegenüber Juden ⑥ Bänke nur für Arier, nicht für Juden ⑦ Reichspogrom vom 9. November 1938 ⑧ Berufsverbot für jüdische Ärzte; zugleich besteht die Verpflichtung, zusätzlich den Vornamen „Sara" bzw. Israel" zu tragen ⑨ Juden werden aus Städten und Gemeinden ausgewiesen. ⑩ Beginnende Deportation; viele Juden emigrieren; Verhaftungswellen; Zwangsarbeit, Ausgehverbot, Sperrzonen, „Judenhäuser"

❷ Was bedeutet der Begriff „Pogrom"?

Gewaltsame, auch organisierte Massenausschreitung gegen Minderheiten.

❸ Juden mussten vor allem durch die Zeitschrift „Der Stürmer" eine Hetzkampagne über sich ergehen lassen. Inwiefern?

Juden wurden als Sündenböcke, Schmarotzer, Untermenschen und Verschwörer hingestellt. Der Jude galt als personifizierter Teufel.

❹ Was regelten die sogenannten Nürnberger Gesetze vom 15. September 1935?

Sie regelten einerseits den Status eines Reichsbürgers, andererseits den „Schutz des deutschen Blutes und der deutschen Ehre" (Juden dürfen keine Nichtjuden heiraten).

❺ Was geschah in der sogenannten „Reichskristallnacht" vom 9. November 1938?

Zerstörung von Synagogen, Vernichtung jüdischen Eigentums (Häuser und Geschäfte) im Wert von rund 100 Millionen Reichsmark; 26000 Juden kamen ins KZ

❻ Was zeigt das Bild links?

Eingangstor des Vernichtungslagers Auschwitz

Die Nürnberger Gesetze vom 15. September 1935

Gesetz zum Schutze des deutschen Blutes und der deutschen Ehre vom 15. September 1935

Durchdrungen von der Erkenntnis, dass die Reinheit des deutschen Blutes die Voraussetzung für den Fortbestand des deutschen Volkes ist, und beseelt von dem unbeugsamen Willen, die deutsche Nation für alle Zukunft zu sichern, hat der Reichstag einstimmig das folgende Gesetz beschlossen, das hiermit verkündet wird.

§ 1 1. Eheschließungen zwischen Juden und Staatsangehörigen deutschen oder artverwandten Blutes sind verboten. Trotzdem geschlossene Ehen sind nichtig, auch wenn sie zur Umgehung dieses Gesetzes im Auslande geschlossen sind.
2. Die Nichtigkeitsklage kann nur der Staatsanwalt erheben.

§ 2 Außerehelicher Verkehr zwischen Juden und Staatsangehörigen deutschen oder artverwandten Blutes ist verboten.

§ 3 Juden dürfen weibliche Staatsangehörige deutschen oder artverwandten Blutes unter 45 Jahren nicht in ihrem Haushalt beschäftigen.

§ 4 1. Juden ist das Hissen der Reichs- und Nationalflagge und das Zeigen der Reichsfarben verboten.
2. Dagegen ist ihnen das Zeigen der jüdischen Farben gestattet. Die Ausübung dieser Befugnis steht unter staatlichem Schutz.

§ 5 1. Wer dem Verbot des § 1 zuwiderhandelt, wird mit Zuchthaus bestraft.
2. Der Mann, der dem Verbot des § 2 zuwiderhandelt, wird mit Gefängnis oder mit Zuchthaus bestraft.
3. Wer den Bestimmungen der § 3 oder § 4 zuwiderhandelt, wird mit Gefängnis bis zu einem Jahr und mit Geldstrafe oder mit einer dieser Strafen bestraft.

§ 6 Der Reichsminister des Innern erlässt im Einvernehmen mit dem Stellvertreter des Führers und dem Reichsminister der Justiz die zur Durchführung und Ergänzung des Gesetzes erforderlichen Rechts- und Verwaltungsvorschriften.

§ 7 Das Gesetz tritt am Tage nach der Verkündung, § 3 jedoch erst am 1. Januar 1936 in Kraft.

Der Untermensch (SS-Hauptamt, 157b)

In Walther Hofers (Der Nationalsozialismus, Dokumente 1933–1945, S. Fischer Verlag, Frankfurt/Main) viel benutzter Quellensammlung über den Nationalsozialismus findet sich ein anstößiger, ekelerregender Text.

So wie die Nacht aufsteht gegen den Tag, wie sich Licht und Schatten ewig feind sind – so ist der größte Feind des erdebeherrschenden Menschen der Mensch selbst. Der Untermensch – jene biologisch scheinbar völlig gleichgeartete Naturschöpfung mit Händen, Füßen und einer Art von Gehirn, mit Augen und Mund, ist doch eine ganz andere, eine furchtbare Kreatur, ist nur ein Wurf zum Menschen hin, mit menschenähnlichen Gesichtszügen – geistig, seelisch jedoch tiefer stehend als jedes Tier. Im Inneren dieses Menschen ein grausames Chaos wilder, hemmungsloser Leidenschaften: namenloser Zerstörungswille, primitivste Begierde, unverhüllteste Gemeinheit, Untermensch – sonst nichts! Denn es ist nicht alles gleich, was Menschenantlitz trägt. – Wehe dem, der das vergisst! Was diese Erde an großen Werken, Gedanken und Künsten besitzt – der Mensch hat es erdacht, geschaffen und vollendet, er sann und erfand, für ihn gab es nur ein Ziel: sich hinaufzuarbeiten in ein höheres Dasein, das Unzulängliche zu gestalten, das Unzureichende durch Besseres zu ersetzen. So wuchs die Kultur. So wurde der Pflug, das Werkzeug, das Haus. So wurde der Mensch gesellig, so wurde Familie, so wurde Volk, so wurde Staat. So wurde der Mensch gut und groß. So stieg er weit über alle Lebewesen empor. So wurde er Gottes Nächster! Aber auch der Untermensch lebte. Er hasste das Werk des anderen. Er wütete dagegen, heimlich als Dieb, öffentlich als Lästerer – als Mörder. Er gesellte sich zu seinesgleichen. Die Bestie rief die Bestie. Nie wahrte der Untermensch Frieden, nie gab er Ruhe. Denn er brauchte das Halbdunkle, das Chaos. Er scheute das Licht des kulturellen Fortschritts. Er brauchte zur Selbsterhaltung den Sumpf, die Hölle, nicht aber die Sonne. – Und diese Unterwelt der Untermenschen fand ihren Führer: – den ewigen Juden!

Der Stürmer

Deutsches Wochenblatt zum Kampfe um die Wahrheit

HERAUSGEBER: JULIUS STREICHER

Nummer 48	[illegible]	Nürnberg, im November 1939	[illegible]	18. Jahr 1939

Meister der Lüge

Juden im französischen Rundfunk

Neben der Presse übt heute der Rundfunk einen entscheidenden Einfluß auf die „öffentliche Meinung" aus. In allen großen Völkern hören heute Millionen von Frauen und Männern die Stimmen aus dem Aether. Eine besonders wichtige Stellung nimmt der Rundfunk im Kriege ein. Meldungen von hoher Wichtigkeit können binnen kürzester Zeit selbst bis in die entlegensten Dörfer hinausgegeben und von den Massen gehört werden.

Vor der Machtergreifung durch Adolf Hitler befand sich der deutsche Rundfunk stark unter jüdischem Einfluß. Heute aber sind die Juden restlos daraus entfernt. Die Gestaltung der Sendefolge, die Auswahl der Musikstücke, Vorträge, Hörspiele und die Festlegung des täglichen Nachrichtendienstes, alles wird heute in Deutschland nur von Deutschen gemacht. Der Jude hat keine Möglichkeit mehr über den deutschen Rundfunk sein zersetzendes Gift ins Volk hineinzutragen.

Wie ist das aber in anderen Ländern? Wie ist das z. B. in Frankreich? Wir bringen im nachfolgen-

Aus dem Inhalt

Die Drückeberger
Churchill Halbjude?
Sonderbericht aus Polen:
Kulturleben in Warschau
Wenn Juden beten

Auslandssender

Emigrierter Judenhaß
Spritzt in alle Welt sein Gift,
Stetig, ohne Unterlaß,
Bis auch ihn sein Schicksal trifft.

Die Juden sind unser Unglück!

Deutsche!
Wehrt Euch!
Kauft nicht bei Juden!

Der Völkermord

Lerninhalte:

- Wissen um die zunehmenden Repressalien gegenüber Juden
- Wissen um die Beschlüsse der Wannsee-Konferenz vom 20. Januar 1942
- Kenntnis der zahlreichen Konzentrations- und Vernichtungslager
- Wissen um die schrecklichen Vorgänge in den Vernichtungslagern am Beispiel Auschwitz
- Kenntnis inhumaner medizinischer Versuche in den Konzentrationslagern

Arbeitsmittel/Medien:

- Arbeitsblatt mit Lösung (Folie 5)
- Bild für die Tafel: Einfahrt zum Konzentrationslager Auschwitz-Birkenau
- Informationsblätter 1/2/3: Der Völkermord – die Massenvernichtung der Juden
- Folie 1: Arisierung/Emigration
- Folie 2: Die Wannsee-Konferenz/Karte Konzentrationslager
- Folie 3: Medizinische Versuche in Konzentrationslagern
- Folie 4: Die nationalsozialistische Judenpolitik von 1933 bis 1945
- Video 4246924: Dachau (1998; 9 Minuten; farbig)
- Video 4200075: Völkermord (1979; 45 Min.; farbig)
- DVD 4658297: Judenverfolgung im NS-Staat, Teil 2 (2009; 16 Minuten; farbig)
- DVD 4656632: Der Nationalsozialismus III – Holocaust/2. Weltkrieg (2007; 20 Minuten; farbig)

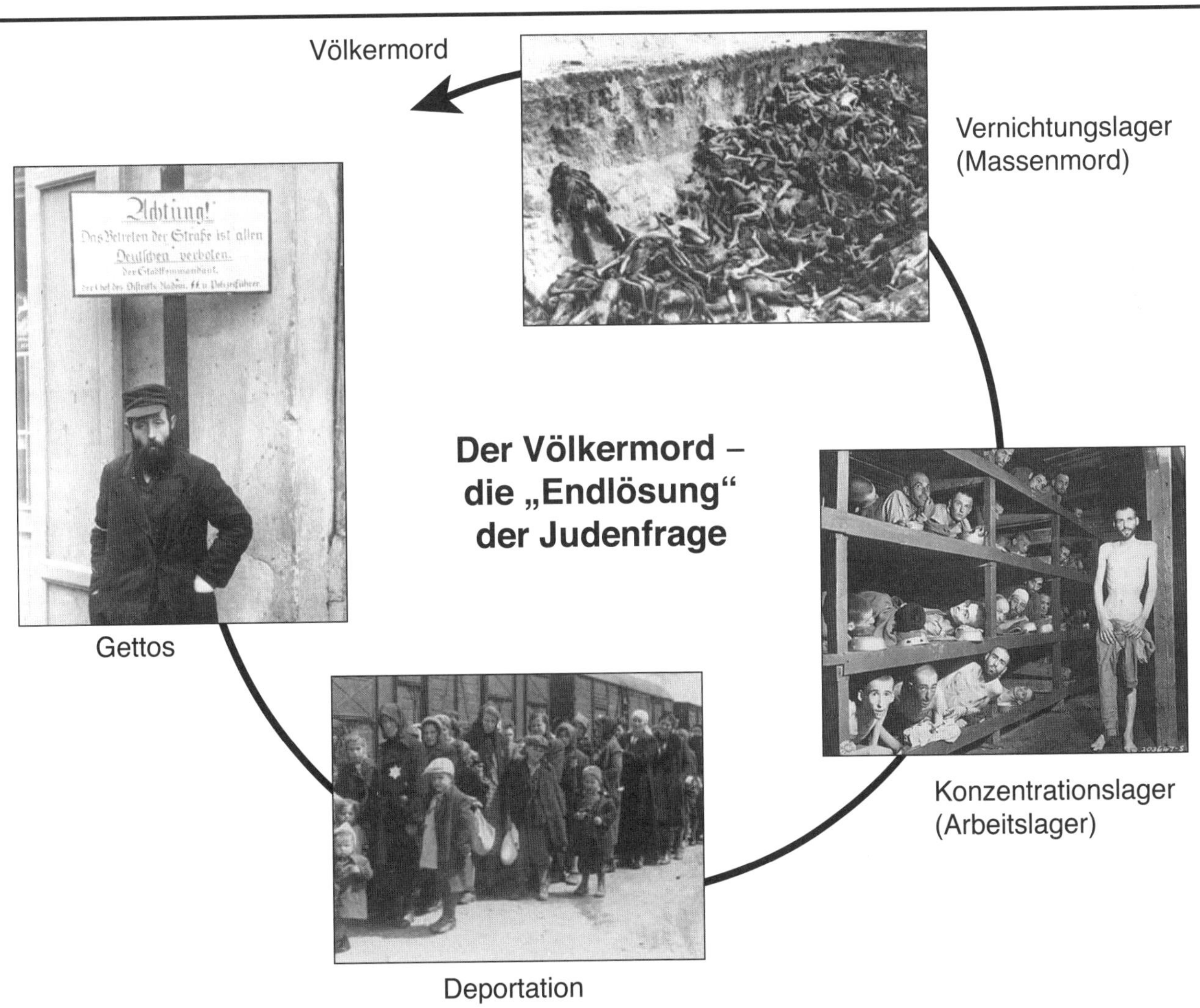

Verlaufsskizze (2 Unterrichtseinheiten + 3 Filme + Besuch eines Konzentrationslagers)

I. Motivation

Stummer Impuls Aussprache	Folie 1 (S. 85)	Arisierung/Emigration/Karte
Stummer Impuls Aussprache	Tafelbild (S. 93)	Bild: Tor zum Konzentrationslager Auschwitz-Birkenau
Zielangabe	Tafelanschrift	**Der Völkermord – die „Endlösung" der Judenfrage**

II. Begegnung/Erarbeitung

Stummer Impuls Aussprache	Tafelanschrift	Wannsee
Stummer Impuls Aussprache	Folie 2 (S. 89)	Die Wannsee-Konferenz (www.ghwk.de) Ausgrenzung und Verfolgung der jüdischen Bevölkerung
	Folie 2 (S. 89)	Karte der Konzentrationslager
Aussprache mit Lehrerinformation	Folie 3 (S. 94) Infoblätter 1/2/3 (S. 90/91/92)	Medizinische Versuche in Konzentrationslagern Der Völkermord – die Massenvernichtung der Juden
Arbeitsauftrag Gruppenarbeit Zusammenfassung		L: Beurteile die beispiellose Unmenschlichkeit der Massenvernichtung in Auschwitz.
Stummer Impuls	Tafelanschrift	Gettos ➪ Deportation ➪ Konzentrationslager (Arbeitslager) ➪ Vernichtungslager (Massenmord) ➪ Völkermord
Aussprache Zusammenfassung	DVD (Ausschnitt)	Nationalsozialismus III – Holocaust und 2. Weltkrieg

III. Wertung

Leitfragen/Diskussion		① Der Widerstand im Warschauer Getto hat für die Juden bis heute eine besondere Bedeutung. Warum? ② Beurteile das Holocaust-Denkmal. Lies dazu die Eröffnungsrede von Wolfgang Thierse (SPD) nach. (www.bundestag.de/aktuell/presse/2005/pz_0505101.html 

IV. Sicherung

Zusammenfassung	Arbeitsblatt (S. 87)	Der Völkermord
Kontrolle	Folie 5 (S. 88)	
Zusammenfassung	Folie 4 (S. 86) Videofilm Videofilm	Die nationalsozialistische Judenpolitik von 1933 bis 1945 Dachau Völkermord

V. Vertiefung

Aussprache	DVD	Judenverfolgung im NS-Staat, Teil 2
	Jugendromane/ Romane	Hans Peter Richter: Damals war es Friedrich Judith Kerr: Als Hitler das rosa Kaninchen stahl Carlo Ross: Im Vorhof der Hölle Das Tagebuch der Anne Frank Bernhard Schlink: Der Vorleser Anna Seghers: Das siebte Kreuz
	Spielfilm(e)	Schindlers Liste/Der Pianist
Planung/Realisierung	Besuch	Konzentrationslager

„Arisierung“

1938: Alle Juden müssen den Vornamen Sara oder Israel tragen. Jüdische Rechtsanwälte dürfen ihren Beruf nicht mehr ausüben, jüdische Ärzte nicht mehr praktizieren. Die Reisepässe der Juden werden mit „J“ gezeichnet. Wohnbeschränkungen für Juden werden eingeführt. Judenkinder dürfen die öffentlichen Schulen nicht mehr besuchen.
1939: Der Mieterschutz für Juden wird aufgehoben. Juden müssen abends um 20 Uhr zu Hause sein. Juden müssen alle Radiogeräte abliefern.
1940: Juden erhalten grundsätzlich keine Kleidung. Jüdische Kinder werden von ihren Mitschülern verächtlich gemacht. Alle Juden müssen sichtbar einen Judenstern tragen.
1941: Zum Verlassen der Wohnung und zur Benutzung öffentlicher Verkehrsmittel bedürfen die Juden nun einer besonderen Erlaubnis.
1942: Juden dürfen keine Haustiere mehr halten. Juden müssen alle entbehrlichen Kleidungsstücke abliefern. Der Schulunterricht für jüdische Kinder wird eingestellt.

Emigration

Für die jüdische Bevölkerung im nationalsozialistischen Deutschland ab 1933 war die Emigration die einzige Möglichkeit, „Entrechtung, geistiger und psychischer Erniedrigung und Bedrohung von Leib und Leben“ zu entgehen. Durch planmäßig vorbereitete Auswanderung oder durch Flucht entkamen zwischen 280000 und 330000 der 525000 Juden, die im Januar 1933 im Deutschen Reich lebten, der Ermordung in den Konzentrationslagern. Außerdem emigrierten 150000 österreichische Juden nach dem „Anschluss“ ihres Landes im Jahr 1938. Hinzu kamen 33000 Juden aus der Tschechoslowakei, die nach dem Münchner Abkommen 1938 ihre Heimat verließen.
Die Juden waren emotional und geistig in Deutschland eingebunden. Das erschwerte ihnen die mehrheitliche und rechtzeitige Flucht. Weitere Gründe lagen in ihrer systematischen ökonomischen Auszehrung durch den Nationalsozialismus und den politischen und wirtschaftlichen Verhältnissen in den potenziellen Aufnahmeländern. Angesichts der Weltwirtschaftskrise zeigte kein Land Interesse an mittellosen Immigranten, die in der Mehrzahl auf soziale Unterstützung angewiesen waren.

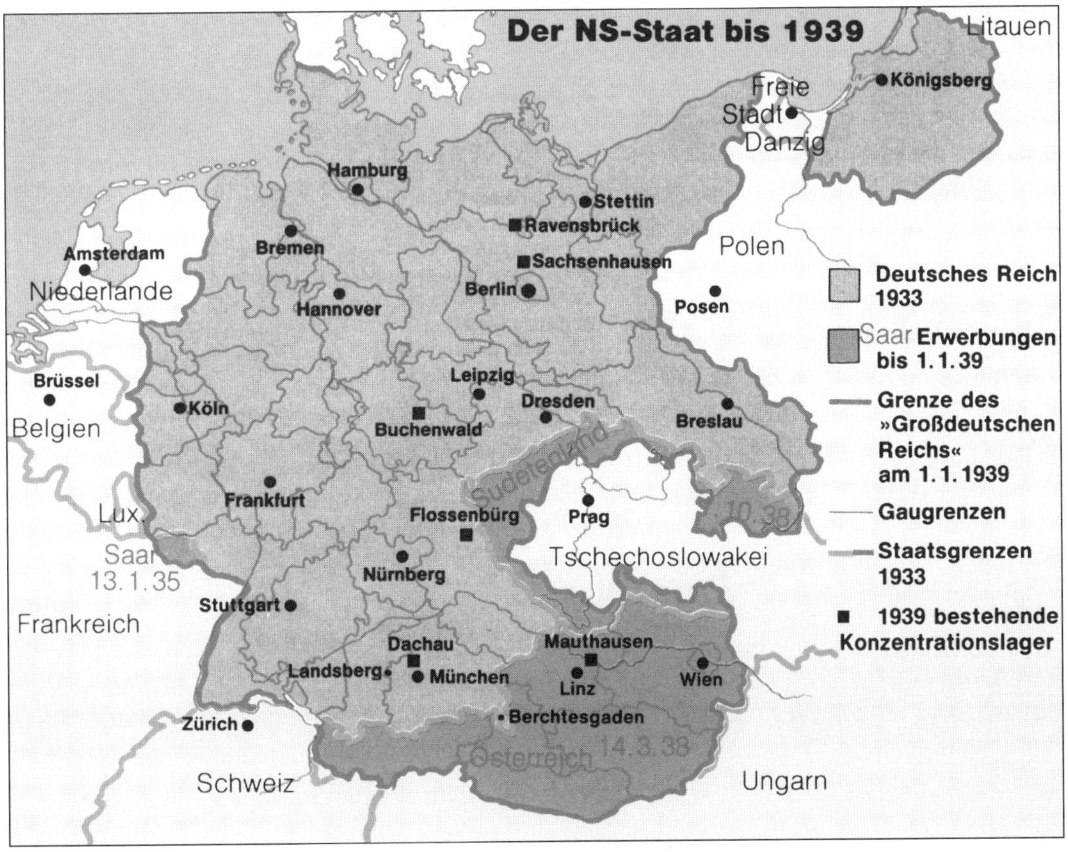

Die nationalsozialistische Judenpolitik von 1933 bis 1945

1933 bis 1935

Der „ friedliche Terror“ – Wechsel von Politik und Terror
1. April 1933: Boykott-Tag
7. April 1933: Gesetz „Zur Wiederherstellung des Berufsbeamtentums“
Allmähliche Ausschaltung der Juden aus allen Gebieten des öffentlichen Lebens aufgrund von Verordnungen und Gesetzen

1935 bis 1938

Diffamierung der deutschen Juden und ihre Deklassierung durch Koordination aller staatlichen Maßnahmen
15. September 1935: „Nürnberger Gesetze“ Juden → Staatsangehörige → Reichsbürger ⇨ Juden ohne volle politische Rechte
14. November 1935: Definition des „Juden“ in der „Durchführungsverordnung“ („Arierparagraf“)
• Verbot von Mischehen im Gesetz zum Schutz des deutschen Blutes und der deutschen Ehre
• Entlassung aller Juden aus dem öffentlichen Dienst
• Einführung des „Arierparagrafen“ in fast allen Berufen (Ahnenpass)
1937: Beginn der Zwangsarisierung der Wirtschaft unter Drohungen und Erpressung

1938 bis 1941

Systematische Einschränkung des Lebensbereichs der Juden auf gesetzlicher Grundlage
• Die totale Ausschaltung der Juden aus dem deutschen Wirtschaftsleben
• Rapide Verminderung des jüdischen Bevölkerungsanteils durch Auswanderungsdruck
1938: Schlag gegen die jüdischen Gemeinden
• Pflicht zur Anmeldung des Vermögens für Juden, wenn es 5000 Reichsmark überstieg
• Berufsverbot für jüdische Ärzte und Rechtsanwälte
• Zwang zum Vornamen „Sara“ bzw. „Israel“
Juni/Oktober 1938: Erste große Verhaftungswelle gegen „vorbestrafte“ oder „arbeitsscheue“ Juden, sogenannte „Polenaktion“. Ausweisung früher in Polen beheimateter Juden, auch wenn sie nach 1919 Deutsche geworden waren (ca. 17 000 Juden)
7. November 1938: Attentat von Herschel Grünspan in Paris auf den deutschen Gesandtschaftsrat Ernst vom Rath ⇨ Anlass zur radikalen Ausschaltung der Juden
9./10. November 1938 (Novemberpogrome; „Reichskristallnacht“):
1. Phase: Pogrom mit der Zerstörung von Synagogen, Häusern, Geschäften, was einen Schaden von mehreren 100 Millionen Reichsmark verursacht ⇨ Vernichtung jüdischen Eigentums
2. Phase: parallel dazu eine Verhaftungswelle (über 26 000 Menschen kommen in KZs)
3. Phase: Ausschaltung aus der Wirtschaft
• Enteignungen; „Bußzahlungen“ von einer Milliarde Reichsmark
• Zwangsdeponierung von Wertgegenständen
• Zwangsverkauf von Schmuck, Gold, Kunstgegenständen
• Einführung erhöhter Steuersätze für Juden
Alle jüdischen Organisationen werden verboten. Es folgt das Verbot für jüdische Kinder, nichtjüdische Schulen zu besuchen. Das öffentliche Leben des deutschen Judentums kommt völlig zum Erliegen.
1939: Zwang zur Massenflucht
• Seit Kriegsbeginn: Zwangsarbeit in Rüstungsbetrieben
• Beschränkungen: Verbot von Radio, Ausgehverbot, Sperrzonen, „Judenhäuser“
1939/1940: Erste Deportation von Juden nach Ostpolen (Heydrich); „Madagaskar-Plan“ der SS (Zwangsansiedlung)
1941: Verbot der jüdischen Auswanderung; „Judenstern“

1942 bis 1945

Holocaust – Die sogenannte „Endlösung der Judenfrage“
31. Juli 1941: Entschluss zum Massenmord (Göring an Heydrich)
20. Januar 1942: „Wannseekonferenz“ als Ausgangspunkt der Ausrottungspolitik ⇨ Logistik der Endlösung wird geplant; „Säuberung“ von West nach Ost (erfasst rund 15 Millionen Menschen); Arbeitseinsatz und Massenvernichtung in Lagern im Osten (Mindestschätzung: insgesamt 6 Millionen Menschen)

Das Geschehen von 1933 bis 1941 spielte sich in aller Öffentlichkeit ab. Erst die sogenannte „Endlösung“ ab 1942 geschah unter Geheimhaltung.

Hubert Albus: Von der NS-Diktatur bis 1946 • Bestell-Nr. 497 •
© Oldenbourg Schulbuchverlag GmbH, München

GE	Name:	Datum:	

Der Völkermord

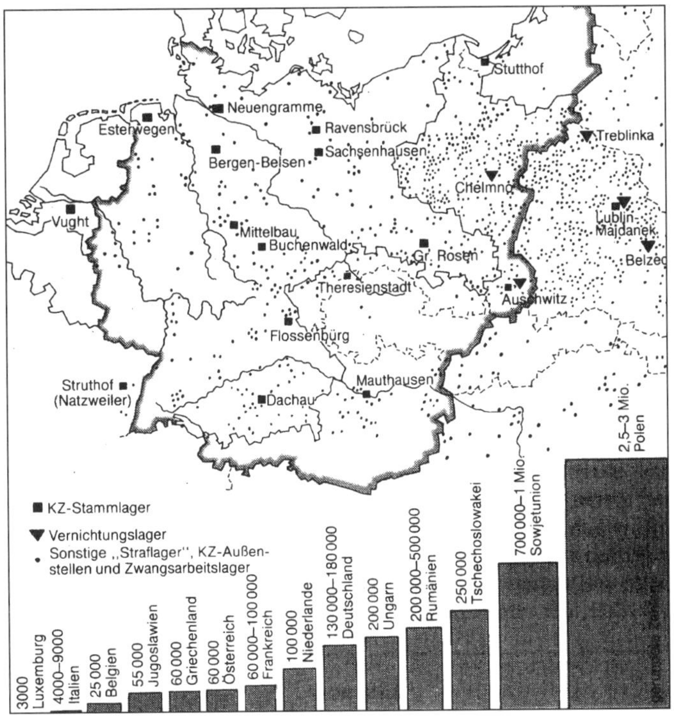

❶ Was beschloss die Wannseekonferenz am 20. Januar 1942?

____

____

____

____

____

____

❷ Was bedeutet das Wort „Holocaust"?

____

____

❸ In Polen wurden zu diesem Zweck Vernichtungslager errichtet. Welche?

____

____

❹ In vielen Konzentrationslagern wurden auch medizinische Experimente an Häftlingen vorgenommen. Beschreibe kurz die Art der Experimente.

____

____

____

____

____

____

____

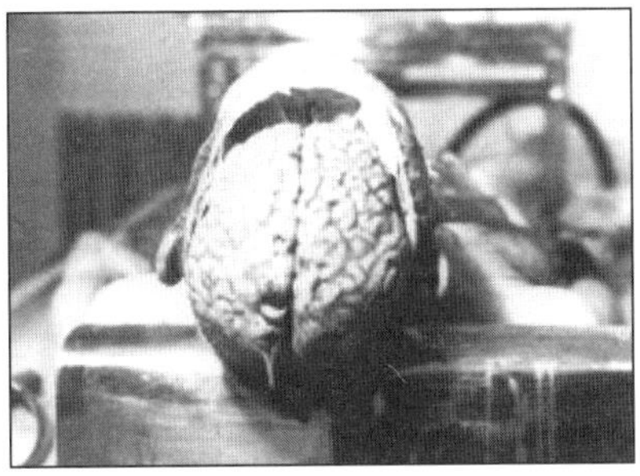

❺ Wie lautet die schreckliche Bilanz der Vernichtungslager?

____

____

(Auschwitz ca. 2000000; Majdanek ca. 1380000; Treblinka ca. 800000; Belzec ca. 600000; Chelmno ca. 340000 und Sobibór ca. 250000 Opfer)

❻ Beurteile einen Ausspruch des amerikanischen Philosophen George Santayana: „Die sich des Vergangenen nicht erinnern, sind dazu verurteilt, es noch einmal zu erleben."

____

____

____

❼ Was erwiderst du Holocaustgegnern, die die Massenvernichtung der Juden leugnen?

____

____

Hubert Albus: Von der NS-Diktatur bis 1946 • Bestell-Nr. 497 •

Der Völkermord

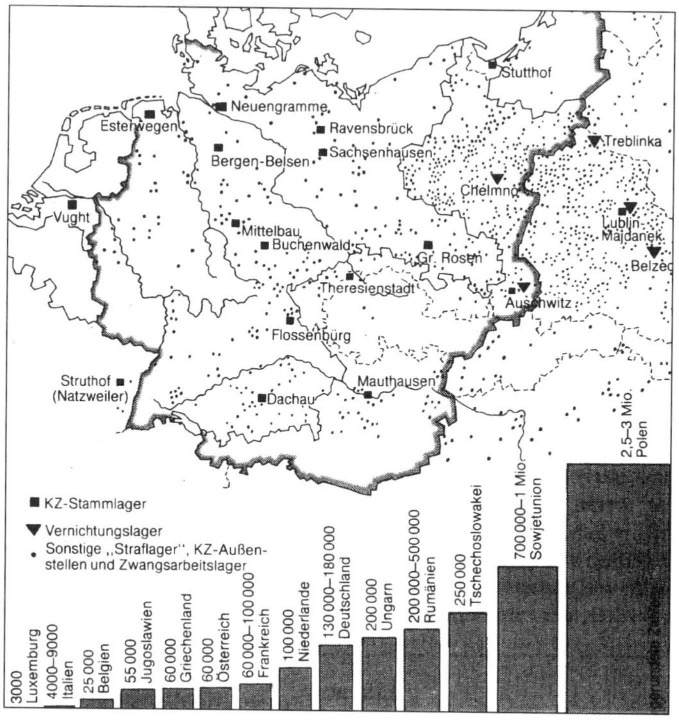

❶ Was beschloss die Wannseekonferenz am 20. Januar 1942?

Es wurde die Vernichtung von ca. 15 Millionen Juden geplant. Am 5. Oktober 1942 wurden alle Juden aus den Konzentrationslagern nach Auschwitz deportiert, um die „Endlösung" zu realisieren.

❷ Was bedeutet das Wort „Holocaust"?

Völkermord an den Juden zur Zeit des NS-Regimes

❸ In Polen wurden zu diesem Zweck Vernichtungslager errichtet. Welche?

Auschwitz, Belzec, Majdanek, Sobibór, Treblinka, Chelmno

❹ In vielen Konzentrationslagern wurden auch medizinische Experimente an Häftlingen vorgenommen. Beschreibe kurz die Art der Experimente.

Versuche mit Krankheitserregern, Überdruck, Unterkühlung, Blutgerinnungsmitteln, Sulfonamiden endeten oft tödlich genauso wie das Entfernen von Organen, Knochen und Nerven, Verbrennungen mit Phosphor, Injektionen mit Benzin, Stromschläge und das Testen neuer Medikamente.

❺ Wie lautet die schreckliche Bilanz der Vernichtungslager?

Es wurden rund 6 Millionen Juden und etwa 500 000 Menschen nicht jüdischen Glaubens ermordet.

(Auschwitz ca. 2 000 000; Majdanek ca. 1 380 000; Treblinka ca. 800 000; Belzec ca. 600 000; Chelmno ca. 340 000 und Sobibór ca. 250 000 Opfer)

❻ Beurteile einen Ausspruch des amerikanischen Philosophen George Santayana: „Die sich des Vergangenen nicht erinnern, sind dazu verurteilt, es noch einmal zu erleben." *Das Nichtwegsehen, wenn Menschen beleidigt, belästigt oder gar bedroht werden, ist die Voraussetzung, um gegen Gewalt, Rassismus und Rechtsextremismus zu bestehen.*

❼ Was erwiderst du Holocaustgegnern, die die Massenvernichtung der Juden leugnen?

Es gibt eine Vielzahl von Augenzeugen, die die schrecklichen Ereignisse dieser Zeit zweifelsfrei dokumentiert haben.

Die Wannsee-Konferenz

Am 31. Juli 1941 richtete der Stellvertreter Adolf Hitlers, Reichfeldmarschall Hermann Göring, ein Schreiben an den SS-Obergruppenführer sowie Chef der Sicherheitspolizei und des Sicherheitsdienstes Reinhard Heydrich. Darin forderte er ihn auf, in kurzer Frist einen „Gesamtentwurf über die organisatorischen, sachlichen und materiellen Voraussetzungen zur Durchführung der angestrebten Endlösung der Judenfrage vorzulegen“. Im November lud Heydrich vierzehn hochrangige Funktionäre aus Partei- und Staatsapparat für den 20. Januar 1942 an den Wannsee. Auf dieser – wie es in dem Einladungsschreiben heißt – „Besprechung mit anschließendem Frühstück“ wurde Heydrichs „Gesamtentwurf“ diskutiert und von der Runde als verbindlich angenommen.

Das Protokoll der Konferenz im Gästehaus der SS, Am Großen Wannsee 56-58, wurde dreißigfach ausgefertigt. Die einzige je aufgefundene 16. Ausfertigung entdeckten Ermittler des US-Anklägers Robert Kempner 1947 in den Akten des Unterstaatssekretärs Martin Luther. Ein Faksimile dieses als „Geheime Reichssache“ gekennzeichneten Dokuments findet sich neben den erwähnten Schreiben Görings und Heydrichs im Anhang zu Rosemans Buch. Norbert Kampe notiert in seinen dem Dokumententeil vorangestellten Anmerkungen treffend: Aus dem Text des Protokolls geht „ungeachtet aller Tarnfloskeln und gespreizter bürokratischer Sprache eindeutig hervor, dass nach den bereits durchgeführten diversen Deportationen und Mordaktionen nun die systematische Ermordung aller Juden das Ziel der vereinten Anstrengungen reichsdeutscher Judenpolitik“ sein sollte.

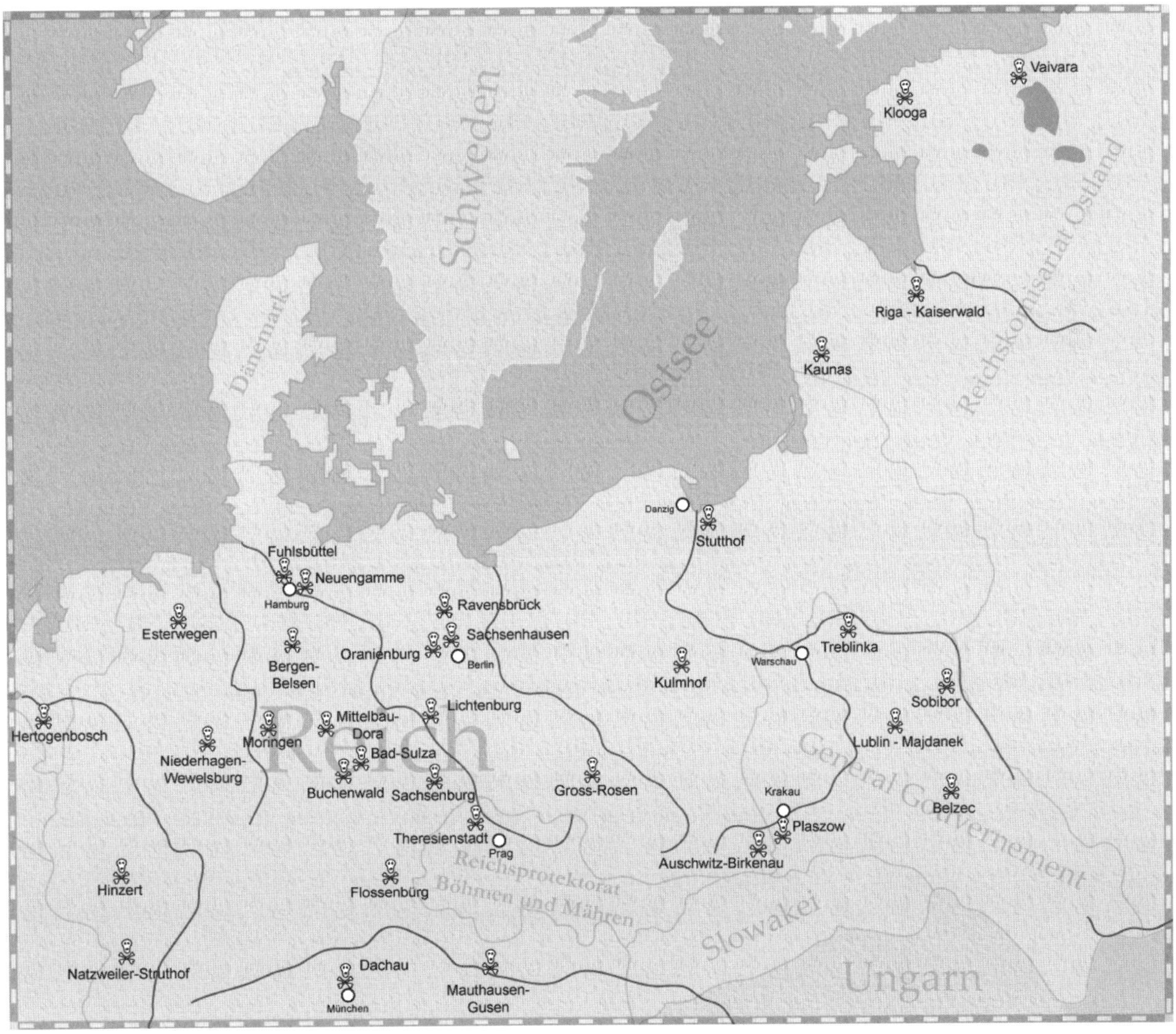

Der Völkermord – die Massenvernichtung der Juden

Im Rahmen der nationalsozialistischen Verfolgungs- und Vernichtungspolitik erfüllte das Lager Auschwitz-Birkenau eine doppelte Funktion: Einerseits diente es als Konzentrationslager für aus politischen oder „rassischen“ Gründen inhaftierte Einzelpersonen oder Personengruppen und andererseits als eine zentrale Stätte zur Vernichtung der europäischen Juden. Prinzipiell waren alle Häftlinge des Konzentrationslagers in ihrer Existenz Verhältnissen unterworfen, die jederzeit ihren Tod herbeiführen konnten oder sogar direkt auf ihre physische Vernichtung abzielten. Ganz bewusst schufen die Verantwortlichen der SS im Lager einen Zustand, in dem die Gefangenen massenhaft an den entsetzlichen Lebensbedingungen, an Hunger und an Krankheiten elendig krepieren mussten; andauernd war das Leben der Häftlinge bedroht durch die absolute Willkür, den brutalen Terror und die alltäglichen Blut- und Mordtaten ihrer Aufseher und Peiniger, wobei häufig bloß Zufälle über Leben oder Tod eines Gefangenen entschieden; durch die qualvolle und erniedriegende Zwangsarbeit wurden Häftlinge systematisch zugrunde gerichtet („Vernichtung durch Arbeit“). Unzählige Gefangene wurden außerdem ganz gezielt durch Giftinjektionen, Erschießungen oder in den Gaskammern ermordet. Je weiter unten jemand seinen Platz in der Hierarchie zugewiesen bekam, welche gemäß der nationalsozialistischen Ideologie jeweils den angeblichen „Wert“ oder „Unwert“ eines Menschenlebens festlegte (und das zwangsweise auch auf das Kollektiv der KZ-Häftlinge übertragen worden war), desto mehr wurde von der SS sein Tod als zweckmäßig empfunden und sogar gewünscht. Gegenüber der Gruppe der Juden – und ähnlich auch gegenüber der Gruppe der Sinti und Roma, den sogenannten „Zigeunern“ – betrieb man hingegen ein ganz systematisch organisiertes und planmäßig durchgeführtes Programm zu ihrer gänzlichen Ausrottung und Vernichtung.

Auf der Suche nach einer effektiven Methode für den Massenmord begann die SS etwa seit Spätsommer 1941 mit Experimenten zur Tötung durch Giftgas. Dabei konnte sie bereits auf Erfahrungen von 1939/40 zurückgreifen, als im Zuge der sogenannten „Euthanasie“ in einigen Heil- und Pflegeanstalten Kranke und Behinderte durch Kohlenmonoxid in Gaskammern ermordet worden waren. Diese Mordtechnik wurde jetzt für die systematische Vernichtung der Juden übernommen. In den eroberten Gebieten Polens und der Sowjetunion kamen mehrere mobile, mit speziellen Gaswagen ausgerüstete Mordkommandos zum Einsatz, wobei die Auspuffgase der Lastwagen direkt in einen hermetisch verschlossenen Kastenaufbau geleitet und die darin eingesperrten Menschen auf diese Weise getötet wurden. Gleichzeitig wurde im ehemaligen Polen mit der Errichtung mehrerer Vernichtungslager mit Gaskammern begonnen, regelrechten „Todesfabriken“, die entweder allein zu diesem Zweck entstanden, wie in Chelmno (dort allerdings unter Einsatz von Gaswagen), in Belzec, Sobibór und Treblinka, oder im Falle von Majdanek und Auschwitz-Birkenau an schon bestehende Konzentrationslager angeschlossen wurden.

Im Stammlager Auschwitz wurden im August/September 1941 erste „Probevergasungen“ an sowjetischen Kriegsgefangenen durchgeführt, zunächst versuchsweise in einer Gefängniszelle im Keller von Block 11 und dann im Krematoriumsgebäude („Krematorium I“). Hierzu verwendete man das Mittel „Zyklon B“, das eigentlich der Schädlingsbekämpfung diente. Es handelte sich dabei um ein Blausäure-Kristall, das sich bei einer Temperatur von etwa 26 Grad Celsius in ein hochgiftiges Gas verwandelt und sich gegenüber den Motorabgasen als effektiveres Mordmittel erwies. Sofort begannen nun auch Massenvergasungen von Juden, die in immer neuen Eisenbahntransporten in das Lager gebracht wurden. Ihre Leichen wurden nach der Vergasung in den Öfen des Krematoriums verbrannt.

Um die Kapazitäten der Mordmaschinerie zu erweitern, wurden im Laufe der folgenden Monate im Lagerteil Birkenau in zwei umgebauten Bauernhäusern provisorisch weitere Gaskammern eingerichtet. In diesen, auch als „Bunker“ bezeichneten Mordstätten konnten Gruppen von bis zu 800 beziehungsweise 1200 Personen gleichzeitig umgebracht werden. Da die „Bunker“ kein eigenes Krematorium besaßen, mussten die Leichen der Opfer in großen Gruben und auf Scheiterhaufen unter freiem Himmel verbrannt werden.

Im Sommer 1942 schließlich wurde in Auschwitz-Birkenau mit dem Bau von vier großen Krematoriumsgebäuden begonnen, die nach ihrer Fertigstellung im Sommer 1943 in Betrieb gingen. Jedes dieser Bauwerke war ausgestattet mit je einem Auskleideraum, einer Gaskammer für etwa 2000 Personen und mehreren hochmodernen Öfen zur Leichenverbrennung.

In zwei der Gebäuden („Krematorium II“ und „III“) waren die Auskleideräume und Gaskammern unterirdisch angelegt, während die Verbrennungsöfen im Stockwerk darüber lagen; der Transport der Leichen erfolgte über einen Lastenaufzug. Die zwei anderen, kleineren Gebäude („Krematorium IV“ und „V“) waren ebenerdig. Mit den vier neuen Krematorien und Gaskammern verfügte das Lager Auschwitz-Birkenau jetzt über eine umfangreiche Anlage zur Massenvernichtung. Sie war ausgelegt auf die Einäscherung von fast 4500 Leichen am Tag, in der Regel jedoch wurden diese Zahlen noch weit überschritten. In Zeiten, in denen die Krematorien durch das endlose Morden in ausgedehnten Tages- und Nachtschichten überlastet waren, verbrannte man außerdem einen Teil der Leichen in großen Gruben unter freiem Himmel. Auf dem Höhepunkt des Tötungsbetriebs wurden zusätzlich auch die älteren, kleineren Vernichtungsstätten, die provisorischen „Bunker“, vorübergehend wieder aktiviert.

Die zahlreichen, bald alltäglichen Mordaktionen gegen Juden liefen fast immer nach dem gleichen Schema ab. Bei der Ankunft eines Deportationszuges an der Eisenbahnrampe wurde er von bewaffneten Wachposten umstellt, die Türen der fest verschlossenen Waggons wurden nun geöffnet und die irritierten und verschreckten Menschen herausgetrieben. Für die „Selektion“ mussten sie sich dann auf der Rampe in zwei Reihen aufstellen, Männer auf der einen und Frauen und Kinder auf der anderen Seite. Nacheinander mussten sie einzeln vortreten, damit ein SS-Arzt nach einem nur flüchtigen Blick ihre „Arbeitsfähigkeit“ beurteilte und sie dann mit einer Handbewegung entweder nach rechts oder nach links schickte. Dass der Arzt in jenem Moment und je nach Bedarf über ihr Leben oder ihren Tod entschied, konnten die Menschen dabei nicht wissen. Die als „arbeitsunfähig“ aussortierten Personen – das waren oft 70–80 Prozent eines Transports (nicht nur alte oder schwache Menschen, sondern auch Frauen mit Kleinkindern und überhaupt alle, die man nicht als Arbeitskräfte benötigte) – wurden zu den Gaskammern geführt. Solange die Bahnrampen außerhalb des Lagerbereichs lagen, brachte man die für den Tod bestimmten Juden in Kolonnen zu Fuß oder mit Lastwagen zu den Mordstätten. Seit Mai 1944 führte dann ein Gleis bis in das Lager Birkenau hinein und direkt bis an die Tore der Gaskammern.

Um die meist völlig ahnungslosen und verängstigten Menschen ruhig zu halten, wurde ihnen erzählt, sie würden zur Desinfektion in Duschräume gebracht und danach zur Zwangsarbeit geschickt. Der Versuch, die Opfer in die Irre zu führen, wurde bis zuletzt aufrechterhalten: An den Gebäuden mit den Gaskammern hingen Aufschriften, die auf ein „Bad“ und eine „Desinfektion“ hinwiesen. In den Auskleideräumen gab es Sitzbänke, über denen an der Wand nummerierte Kleiderhaken angebracht waren; dort wurde den Leuten gesagt, sie sollten sich ihre Nummer gut merken, um hinterher ihre Kleider schnell wiederzufinden. Und noch in den Gaskammern selbst waren Armaturen angeblicher Wasserrohre und Duschbrausen installiert. Wer die Täuschungsmanöver dennoch durchschaute und deshalb Aufregung oder Hektik zu verbreiten drohte, wurde möglichst unauffällig abgedrängt und abseits der anderen erschossen.

In den Auskleideräumen der Vernichtungsanlagen (oder im Falle der kleineren, provisorischen Gaskammern auch im Freien) befahl man den Menschen, sich für das angebliche Duschen nackt auszuziehen. Anschließend wurden sie in die Gaskammern getrieben und die Türen luftdicht verschlossen. Drinnen stand die Menge dichtgedrängt und splitternackt, unruhig wegen der verriegelten Türen und in angstvoller Erwartung des Kommenden, sicherlich häufig ihren bevorstehenden Tod schon vorausahnend. Durch kleine Öffnungsklappen in den Decken oder Außenwänden der Gaskammern warfen SS-Angehörige jetzt das „Zyklon-B“ hinein, das schnell zu giftigem Gas verdampfte. Für die eingeschlossenen Personen begann nun ein qualvoller Todeskampf. Zuerst starben diejenigen, die nahe der Einwurfstellen des Giftgases standen. Vor Entsetzen fingen viele der Menschen an zu schreien; sofort drängten alle in Richtung der verschlossenen Türen, trampelten sich in ihrer hilflosen Panik gegenseitig nieder, kletterten übereinander. Aber jeder Versuch, dem sich vom Boden ausbreitenden Gas zu entgehen, war aussichtslos. Der Vernichtungsprozess wurde von einem SS-Arzt beaufsichtigt, der durch ein kleines Guckloch in der Tür von außen die Vorgänge im Inneren der Gaskammer beobachten konnte. Schon nach wenigen Minuten verwandelten sich die Schreie der Sterbenden in ein schweres Röcheln und verstummten schließlich ganz. Auf qualvolle Weise waren innerhalb von nur etwa 20 Minuten Hunderte oder Tausende von Menschen ermordet worden.

Auf furchtbare Art wurden auch bestimmte Gruppen von Gefangenen dazu gezwungen, bei der Durchführung des Massenmordes zu helfen. Dafür wurden spezielle „Sonderkommandos" aus jüdischen Häftlingen gebildet, die von den anderen Lagerhäftlingen räumlich streng isoliert blieben. Während SS-Angehörige „lediglich" die mit den Transporten im Lager ankommenden Menschen bewachten, sie zu den Krematorien brachten und dann das Mordmittel „Zyklon B" in die Gaskammern einwarfen, hatten diese jüdischen „Sonderkommandos" unter der Aufsicht der SS die grauenvollsten Aufgaben des Vernichtungsvorgangs auszuführen.

In den Auskleideräumen der Krematorien mussten die Häftlinge des „Sonderkommandos" den Menschen beim Ausziehen behilflich sein, von denen sie wussten, dass diese schon in wenigen Minuten ermordet würden. Wenn alle Personen in die Gaskammern geführt waren, sammelten sie deren Kleider zusammen und schnürten sie zu Bündeln. Nach der Vergasung wurden die Gaskammern entlüftet und dann die Türen geöffnet. Die „Sonderkommandos" wurden nun gezwungen, die Leichen der Ermordeten herauszuziehen und zu den Verbrennungsöfen zu schaffen. In den Gaskammern bot sich ihnen ein schreckliches Bild dar: die Körper der Opfer waren nach ihrem verzweifelten Todeskampf ineinander verkeilt und teilweise mit Blut, Kot und Erbrochenem verschmutzt; ihre Gesichter hatten sich grausig verzerrt und ihre Haut eine unnatürliche rosa Färbung angenommen. Die Leichen wurden nacheinander herausgeholt. Weil die SS den Toten nach ihrem Leben auch noch das allerletzte Verwertbare rauben wollte, mussten die „Sonderkommandos" den Ermordeten alle Schmuckstücke abnehmen und ihnen die Goldzähne ausbrechen; den Frauen wurden ihre langen Haare abgeschnitten, damit diese später in Fabriken zu Filzstoffen verarbeitet werden konnten. Auch die Verbrennungsöfen der Krematorien wurden von Mitgliedern des „Sonderkommandos" bedient, wobei in jedem Ofen mehrere Leichen gleichzeitig verbrannt wurden. Nachdem die Häftlinge noch selbst die letzten Knochenstücke zerkleinert hatten, schüttete man die Asche der Opfer in nahegelegene Flüsse oder andere Gewässer, im Winter streute man damit manchmal die vereisten Wege des Lagers.

Man sollte das Verhalten der Angehörigen der „Sonderkommandos" in ihrer Funktion als „Helfer" im Vernichtungsprozess nicht leichtfertig moralisch verurteilen. Ihre Situation war noch sehr viel extremer als die ihrer Mithäftlinge. Sie hatten keine andere Wahl und schwebten selbst in ständiger Todesgefahr. Weil die „Sonderkommando"-Häftlinge unmittelbare Augenzeugen des verbrecherischen Massenmordes waren, wurden sie allesamt in regelmäßigen Abständen getötet. Nur einige wenige von ihnen überlebten eher zufällig und durch außergewöhnliche Umstände das Kriegsende. Durch die grauenvollen Tätigkeiten, zu denen sie gezwungen wurden, befanden sie sich in einem unauflösbaren Dilemma und mussten dabei schwerste seelische Konflikte durchleben. Einerseits wurden sie unfreiwillig zu Komplizen der SS, indem sie sich an der massenhaften Ermordung ihrer jüdischen Brüder und Schwestern beteiligen mussten; andererseits hing ihr eigenes Leben davon ab, dass die Todesmaschinerie weiterlief und man sie für die Verrichtung der „schmutzigen" Arbeit benötigte. Viele von ihnen versuchten gerade deshalb, sich im Rahmen ihrer geringen Möglichkeiten zur Wehr zu setzen und organisierten oder beteiligten sich an Formen des Widerstandes. Mitglieder der „Sonderkommandos" sammelten Beweismittel der Vernichtung, fertigten im Geheimen Zeichnungen oder schriftliche Berichte an und vergruben sie in der Erde, um sie für die Nachwelt zu sichern; auch gelang ihnen trotz ihrer Isolation die heimliche Kontaktaufnahme zur Widerstandsbewegung im Lager. Anfang Oktober 1944 führten sie sogar einen bewaffneten Aufstand durch und konnten dabei eine der Mordstätten („Krematorium IV") zerstören.

www.kiga-berlin.org

Medizinische Versuche in Konzentrationslagern

Die Versuche wurden hauptsächlich in Dachau, Buchenwald, Natzweiler, Ravensbrück, Mauthausen, Sachsenhausen und Auschwitz als Teil der „Endlösung" durchgeführt und können in drei Gruppen eingeteilt werden: Versuche, die dem Militär dienten, Versuche, die die arische Rassenüberlegenheit manifestieren sollten, und Versuche, die die Neugier der Ärzte befriedigen und führenden Pharmaindustrien und medizinischen Instituten beim Testen ihrer Medikamente dienen sollten. Die meisten Opfer überlebten diese Experimente nicht, und die wenigen Überlebenden trugen bleibende Schäden davon.

Tausende von Opfern wurden mit Krankheitserregern infiziert (Typhus, Malaria, Hepatitis, Tuberkulose). Sie wurden zwangssterilisiert. Sie wurden auf persönlichen Wunsche Heinrich Himmlers hohem Luftdruck ausgesetzt. Sie wurden in eisigen Bädern unterkühlt, bis der Tod eintrat. Sie mussten Salzwasser trinken. Sie wurden verwundet und verbluteten, um Blutgerinnungsmittel zu testen. Sie mussten mutwillig infizierte Wunden und Abszesse ertragen. Ihnen wurden operativ Knochen, Muskeln und Nerven entfernt, was zu unvorstellbaren Schmerzen führte. Sie wurden mit Phosphor verbrannt und schutzlos Senf- und Phosgengas sowie Sulfonamiden ausgesetzt. Sie wurden vergiftet, um Gegengifte zu testen. Ihnen wurden ohne Narkose Teile der Leber entfernt. Sie wurden mit Petroleum und Benzin injiziert und Bleivergiftungen ausgesetzt. Sie wurden mit Stromschlägen gemartert. An ihnen wurden neue Medikamente getestet. Und nach langer Tortur wurden ihre geschundenen Gebeine und Organe eingesammelt, analysiert, katalogisiert und zur Schau gestellt, als „medizinische Indizien", dass sie „Untermenschen" seien. Abbildungen ihrer Knochen und Schädel befinden sich heute noch in renommierten Anatomiebüchern, und auch ihre Organe lagern noch in den Laboren vieler pathologischer Institute, anthropologischer Museen und renommierter medizinischer Universitäten.

Dr. Sigmund Rascher (Stabsarzt der Luftwaffe) wurde mit dem Versuch beauftragt, die Reaktions- und Lebensfähigkeit des Menschen in großen Höhen, bei raschem Aufstieg (bis 20 km und mehr), sowie beim plötzlichen Fall aus großer Höhe, festzustellen. Unterdruckkammern der Luftwaffe wurden nach Dachau gebracht und zwischen Block 5 und den danebenliegenden Baracken vollkommen isoliert. Der Versuchswagen, „Himmelfahrtswagen" genannt, beinhaltete Druck-, Temperatur- und Höhenmessgeräte, womit man auch einen plötzlichen Druckabfall, Sauerstoffentzug und schwerste physische Belastungen auf den Probanden ausüben und messen konnte. 70 bis 80 (von 200) Personen starben während des Versuches. Nach Eintreten des Todes wurden die Opfer sofort seziert, wobei Rascher einmal feststellte, dass das Herz bei der Sektion noch schlug, was er sofort ausnutzte und eine Reihe von tödlichen Sonderversuchen unternahm, um zu erfahren, wie lange ein menschliches Herz, nach der Tötung noch „rege" sei. Die ersten Versuche wurden an Häftlingen des Arbeitseinsatzbüros, später an Neuankömmlingen unternommen. Diese Experimente waren sehr unwissenschaftlich, da oft nur äußerlich erkennbare Reaktionen und Symptome beschrieben wurden und unqualifizierte Sektionen durchgeführte wurden. Aufschlüsse über physiologische Bedingungen und mögliche Schutzmaßnahmen wurden nicht gewonnen.

Prof. Dr. Holzlöhner und Dr. Rascher erhielten am 8. Oktober den Auftrag: „Die Wirkung der Abkühlung auf den Warmblüter" zu untersuchen, um in Seenot geratenen Piloten besser helfen zu können. Die Experimente vollzogen sich in zwei Perioden:

1. Periode: Die Versuchspersonen wurden bekleidet oder nackt in kaltes Wasser von 4 bis 9 Grad gelegt, bis sie erstarrten.
2. Periode: Rascher wendete noch zusätzlich andere Methoden an: Häftlinge wurden nackt bei 20 bis 25 Grad minus stündlich mit Wasser überschüttet und die Nacht ins Freie gelegt. Da das Schmerzensgebrüll allzu viel Unruhe hervor rief, wurden sie schließlich narkotisiert.

Dr. Horst Schuhmann beschäftigte sich, nachdem die Vergasung von Geisteskranken seine Zeit nicht mehr ausfüllte, mit der Einwirkung der Röntgenstrahlen auf menschliche Keimdrüsen. Himmler unterstützte persönlich seine Pläne durch die „Zurverfügungstellung" der entsprechenden „Materialien" im Konzentrationslager Auschwitz. Schuhmann holte sich arbeitsfähige Juden im Alter von 20 bis 24 Jahren und setzte sie an den Geschlechtsteilen 15 Minuten der Wirkung der Strahlen aus, wobei sie anschließend wieder arbeiten geschickt wurden. Verbrennungen und Vereiterungen waren oft die Folge. Nach 2 bis 4 Wochen wurde das Opfer kastriert, um die Hoden sezieren und mikroskopisch untersuchen zu können.

Das NS-Repressionssystem: Polizei und Justiz

Lerninhalte:

- Wissen um den Lebensweg des „gleichgeschalteten“ Bürgers in der NS-Diktatur
- Kennenlernen von Überwachungs- und Terroraktionen gegenüber der Bevölkerung
- Wissen um die Funktion der Gestapo und der SS
- Kenntnis der Begriffe „Schutzhaft“ und „Denunziant“
- Wissen um die Rechtsprechung in der NS-Diktatur (Volksgerichtshof)
- Kennenlernen der Methoden des NS-Regimes als Besatzungsmacht
- Wissen um die Folgen des Denunzierens anhand von Beispielen

Arbeitsmittel/Medien:

- Arbeitsblatt mit Lösung (Folie 4)
- Infoblatt 1: Die Gestapo
- Infoblatt 2: Die Justiz während der NS-Diktatur
- Folie 1: Lebensweg eines „gleichgeschalteten“ Bürgers im NS-Staat
- Folie 2: Lidice – Symbol für den NS-Terror
- Folie 3: Denunzierung und ihre Folgen
- Video 4273328: Jenseits des Krieges (1996; 113 Minuten; farbig)
- DVD 4610561: Die Gestapo (2006; 23 Minuten; sw+f)

Folie 1

Der „gleichgeschaltete“ Bürger

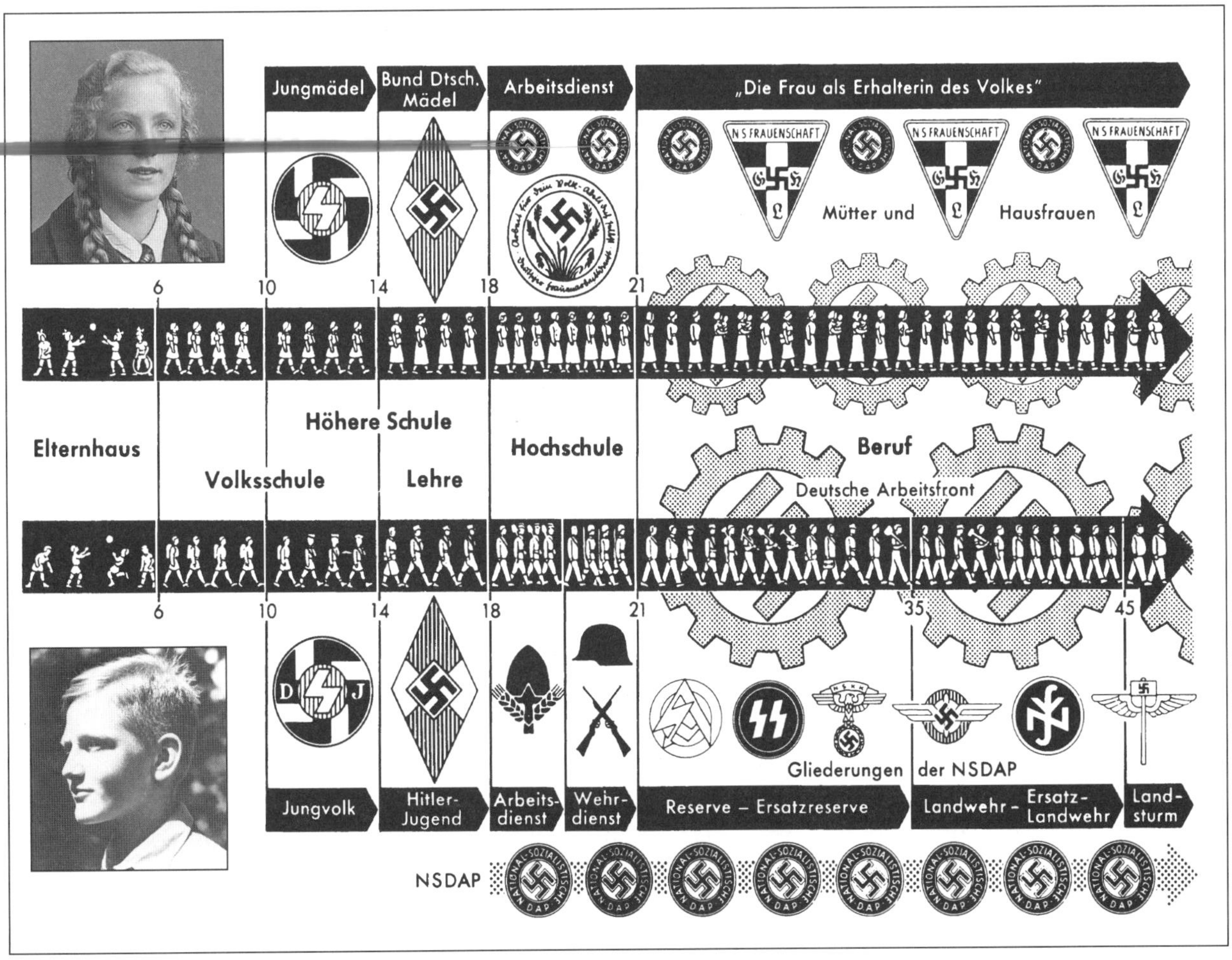

Verlaufsskizze (2 Unterrichtseinheiten + 2 Filme)

I. Motivation

Stummer Impuls Aussprache	Folie 1 (S. 95)	Der „gleichgeschaltete“ Bürger
Stummer Impuls Aussprache	Tafelanschrift	Gestapo
Zielangabe	Tafelanschrift	**Das NS-Repressionssystem – Polizei und Justiz**

II. Begegnung/Erarbeitung

Stummer Impuls Impuls Aussprache	Tafelanschrift	SS – KZ L: Verbindung zwischen beiden Begriffen?
Gruppenarbeit	Infoblatt 1 (S. 97) Infoblatt 2 (S. 98)	1. Gruppe: Die Gestapo 2. Gruppe: Die Justiz während der NS-Diktatur
Arbeitsauftrag zur Gruppenarbeit		L: Fasse wesentliche Punkte des Textes zusammen. Schreibe auf deinen Block.
Zusammenfassung Gruppenberichte Aussprache		
Aussprache	DVD	Die Gestapo (2006; 23 Minuten; sw+f)

III. Wertung

	Folie 2 (S. 101)	Lidice – Symbol für den NS-Terror
Erlesen Aussprache Impuls	Tafelanschrift	L: Beurteile folgenden Satz: „Der größte Lump im ganzen Land, das ist und bleibt der Denunziant.“ (August Heinrich Hoffmann von Fallersleben, Politische Gedichte 1843)
Aussprache		
Erlesen Aussprache Impuls Aussprache	Folie 3 (S. 102)	Denunzierung und ihre Folgen L: Denunzianten heute?

IV. Sicherung

Zusammenfassung	Arbeitsblatt (S. 99)	Das NS-Repressionssystem – Polizei und Justiz
Kontrolle Zusammenfassung	Folie 4 (S. 100) Tafelanschrift	

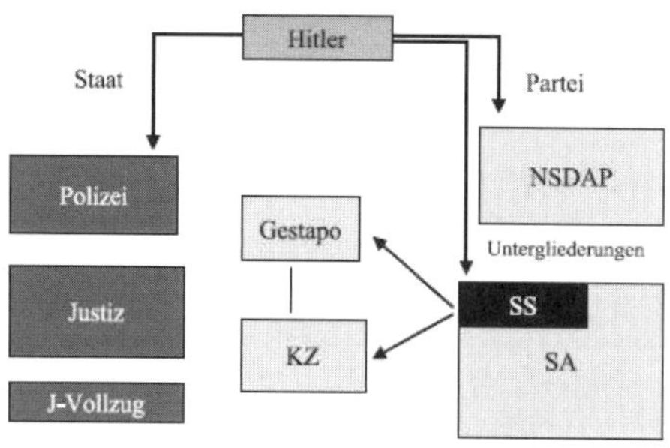

V. Vertiefung

Aussprache Weiterarbeit	Videofilm	Jenseits des Krieges (1996; 113 Minuten; farbig)
	Internet	1. Massaker der SS in Oradour-sur_glane (1944) www.dhm.de/lemo/html/wk2/kriegsverlauf/oradour 2. Massaker in Lidice www.lidice-memorial.cz/default_de.aspx 3. Justiz und Nationalsozialismus www.bmj.bund.de

Die Gestapo

„Gestapo“ ist die Abkürzung für „Geheime Staatspolizei“. Es war die gängige Bezeichnung für die politische Polizei im nationalsozialistischen Deutschland zwischen 1933 und 1945. Die Gestapo war ein zentrales Ausführungsorgan der nationalsozialistischen Herrschaft und als solches verantwortlich für den organisierten Terror in Deutschland und in den während des 2. Weltkrieges von Deutschland besetzten Gebieten.

Am 10. Februar 1936 trat ein neues Gesetz für die Gestapo in Kraft, das entsprechend der Zentralisierungspolitik Hitlers im gesamten Deutschen Reich Anwendung fand. Seine zentralen Stellen lauten: „Die Geheime Staatspolizei hat die Aufgabe, alle staatsgefährlichen Bestrebungen im gesamten Staatsgebiet zu erforschen und zu bekämpfen, das Ergebnis der Erhebungen zu sammeln und auszuwerten, die Staatsregierung zu unterrichten und die übrigen Behörden über für sie wichtige Feststellungen auf dem Laufenden zu halten“ … „Verfügungen und Angelegenheiten der Geheimen Staatspolizei unterliegen nicht der Nachprüfung durch die Verwaltungsgerichte.“

Die Gestapo konnte willkürlich und ohne Gerichtsbeschluss vermeintliche und tatsächliche Gegner des Regimes und andere unerwünschte Personen verfolgen und verhaften, in „Schutzhaft“ nehmen und in Konzentrationslager einweisen. Rechtliche Schritte gegen solche Maßnahmen waren unmöglich. In den Konzentrationslagern selbst, deren Inspekteure ihr unterstanden, war die Gestapo zuständig für die Vernehmung der Verhafteten. Sie bestimmte die Verhörmethoden und welche Häftlinge einer Sonderbehandlung unterzogen, d. h. ohne Gerichtsverfahren hingerichtet wurden. Die Folterungen und die Morde seitens der Gestapo blieben entsprechend dem Gesetz vom 10. Februar 1936 ungeahndet.

Am 17. Juni 1936 wurde der „Reichsführer SS“ **Himmler** (Bild rechts) zum Chef der gesamten deutschen Polizei ernannt; die Gestapo kam damit, wie auch alle anderen Abteilungen der staatlichen Polizei, unter die Aufsicht der SS. Wenige Tage später wurden Gestapo und Kriminalpolizei zur Sicherheitspolizei unter der Leitung **Heydrichs** zusammengefasst, womit die Kriminalpolizei praktisch der Gestapo untergeordnet wurde. 1939 wurde die Sicherheitspolizei mit dem Sicherheitsdienst im Reichssicherheitshauptamt der SS vereinigt, dessen Chef ebenfalls Heydrich (Bild links) wurde.

Während des 2. Weltkrieges verstärkte die Gestapo ihren Terror noch, vor allem in den besetzten Gebieten, wo sie den nationalsozialistischen Terror verkörperte und als Teil der Einsatzgruppen der SS für Misshandlungen und Morde an Juden, „Zigeunern“, Partisanen, Kommunisten etc. verantwortlich war. Außerdem war die Gestapo für die Deportation der Juden aus allen besetzten Gebieten in die Vernichtungslager zuständig und hatte somit wesentlichen Anteil am Holocaust. In den Nürnberger Prozessen 1946 wurde die Gestapo zu einer verbrecherischen Organisation erklärt.

Zum NS-Repressionssystem gehörte zu allererst das klassische Instrumentarium des Staates, das von Diktaturen missbraucht werden kann, um damit die Opposition und die Bevölkerung insgesamt zu unterdrücken: Polizei und Justiz. Sie spielten auch im Repressionssystem des NS-Staates eine wichtige Rolle, wurden jedoch maßgeblich ergänzt durch die Partei, die selbst eine wichtige Funktion in diesem System übernahm: Als Massenorganisation war sie bestens geeignet, die Kontrolle der Gesamtbevölkerung im Alltag zu übernehmen. Durch die totale Durchdringung des Vereinslebens, d. h. durch die „Gleichschaltung“ aller Vereine und Organisationen zerstörte sie praktisch die Kommunikationsbasis jeglicher früherer oder potentieller neuer Opposition und erstickte sie damit im Keim. Auch die Untergliederungen der NSDAP spielten eine wichtige Rolle, insbesondere SA und SS, die Terrorinstrumente des NS-Staates schlechthin, aber auch in zunehmendem Maße die Jugendorganisationen HJ und BDM, die die ideologische Kontrolle des Regimes bis in das intime Familienleben hineintrugen.

Den eigentlichen Kern des Repressionssystems bildete jedoch der Verbund aus Konzentrationslagern und Gestapo. Beide Einrichtungen übten staatliche Funktionen aus – politische Polizei und Strafvollzug –, wurden aber aus dem Staatsapparat herausgelöst und gerieten zunehmend unter die Kontrolle einer Parteiuntergliederung, der SS.

Die Justiz während der NS-Diktatur

Bereits in seiner Regierungserklärung als Reichskanzler hatte Hitler 1933 neue Maßstäbe für die Rechtsprechung angekündigt: „Unser Rechtswesen muss in erster Linie der Erhaltung der Volksgemeinschaft dienen. Nicht das Individuum kann der Mittelpunkt der gesetzlichen Sorge sein, sondern das Volk." Was dem Volke diente, wurde aber von Hitler und der NSDAP bestimmt.

Die Nationalsozialisten schienen dennoch zunächst bestrebt, die Fassade des Rechtsstaates aufrechtzuerhalten. Sie schränkten Gesetz und Recht nur dort ein – beziehungsweise umgingen sie durch Sondergerichte –, wo sie einer Verfolgung der Gegner im Wege standen. So wurde der vermeintliche Brandstifter des Reichstages Marinus van der Lubbe auf der Basis eines Gesetzes zum Tode verurteilt, das erst nach der Tat erlassen wurde. Damit wurde der rechtsstaatliche Grundsatz „keine Strafe ohne ein Gesetz" aufgegeben.

Bereits im März 1933 wurde das „Gesetz zur Abwehr heimtückischer Angriffe auf Staat und Partei und zum Schutz der Parteiuniform" erlassen, nach dem jeder, der „öffentlich gehässige, hetzerische oder von niedriger Gesinnung zeugende Äußerungen" über die NSDAP, den Staat oder Hitler machte, mit bis zu zwei Jahren Haft bestraft werden konnte. Eine Verschärfung dieses Gesetzes erfolgte 1934.

Das Gestapo-Gesetz vom 10. Februar 1936 beseitigte schließlich formal jede gerichtliche Kontrolle staatspolizeilicher Aktionen und stellte es der Gestapo frei, ihren Zuständigkeitsbereich selbst festzulegen. Zum Beispiel konnten nun unliebsame Personen auch nach Entlassung aus der Justizhaft durch die Gestapo in ein KZ eingewiesen werden. Damit war der Rechtsschutz des Individuums aufgehoben.

Deutlicher wurden die Nationalsozialisten bei der rechtlichen Diskriminierung der Juden, ihrer totalen Entrechtung, auch wenn die Einrichtung der Konzentrationslager, die systematische Ermordung der Juden und die Mordaktionen gegen Geisteskranke im Dunkeln bleiben sollten. Das Recht war eingebunden in die NS-Ideologie als Mittel zum Zweck. Recht war, was dem Volke nutzte; den Nutzen bestimmte der Diktator.

Todesurteile

Die NS-Unrechtsgesetze wurden von der Strafjustiz nicht nur willkürlich und extensiv gegen „gewöhnliche" Straftäter angewendet, sondern insbesondere als Mittel zur Unterdrückung jeglicher Opposition verwendet. Nicht nur der Volksgerichtshof – 1934 eingerichtet –, sondern auch die Sondergerichte sowie die Kriegsgerichte wurden so zu Instrumenten des Terrors.

Die Sondergerichte wurden bereits im März 1933 eingesetzt. Sie waren zunächst gegen politische Gegner gerichtet. Ab 1938 wurde ihr Aufgabenbereich auf die schwere und mittlere Kriminalität ausgeweitet.

Über die Anzahl der von der NS-Justiz gefällten Todesurteile ist in den letzten Jahren ein Streit entstanden. Gezählt wurden zunächst nur die Todesurteile in der Ziviljustiz. Die Todesurteile, die gerade in den letzten Kriegsmonaten zunehmend ausgesprochen und vollstreckt wurden, sind hierbei noch nicht eingerechnet. Vor allem sind in dieser Todesbilanz noch nicht die Hinrichtungen von tausenden Soldaten, die von Militär- und Standgerichten angeordnet wurden, erfasst. Historiker gehen von weit über 30000 Todesurteilen deutscher Gerichte aus. Aus den Gefängnissen und Zuchthäusern wurden zusätzlich 15000 bis 20000 Justizhäftlinge „zur Vernichtung durch Arbeit" in die Konzentrationslager überstellt. Die Todesstrafe wurde keineswegs nur gegen Schwerkriminelle verhängt, sondern im Gegenteil ganz überwiegend wegen regimefeindlicher Taten und sogar wegen regimefeindlicher Äußerungen.

Als Präsident des Volksgerichtshofes wurde **Roland Freisler** zum Symbol für den Justizterror im „Dritten Reich" (Blutrichter). Vor allem bei der Aburteilung von „Wehrkraftzersetzern" (NS-Gegnern) und von Widerstandskämpfern des 20. Juli waren seine „Verhandlungen" von brutaler Führung und wüsten Schmähungen gegenüber den Angeklagten geprägt.

Freisler wurde während eines Prozesses, dessen Vorsitz er führte, durch einen englischen Bombenangriff getötet.

GE	Name: ____________________	Datum: ____________	

Das NS-Repressionssystem: Polizei und Justiz

❶ Was bedeutet die Abkürzung „Gestapo“? Welche Aufgaben hatte die Gestapo?

A. Paul Weber: Der Denunziant
© VG Bild-Kunst Bonn, 2011

❷ Worauf beruhte die Effektivität der Gestapo?

❸ Was ist ein „Denunziant“?

❹ Was bedeutet der verharmlosende Begriff „Schutzhaft“?

❺ Welche Verhaltensmöglichkeiten hatte der einzelnen Bürger in diesem NS-Repressionssystem?

❻ Deutsche als Besatzer waren vor allem Ausbeuter, Versklaver, Ausrotter. Stimmt das?

❼ Der Volksgerichtshof – ein Strafgericht der schlimmsten Art! Begründe.

GE | Lösung

Das NS-Repressionssystem: Polizei und Justiz

❶ Was bedeutet die Abkürzung „Gestapo"? Welche Aufgaben hatte die Gestapo?

Geheime Staatspolizei. Im Juni 1936 zentralisierte Heinrich Himmler die verschiedenen politischen Polizeien der Länder reichseinheitlich unter der Gestapo, deren 20000 Mitarbeiter für die innere Sicherheit im Reich verantwortlich waren. Unter die Zuständigkeit der Gestapo fiel die systematische Bekämpfung von tatsächlichen oder vermeintlichen politischen Gegnern des NS-Regimes. Unter ihr wurden im besetzten Europa etwa 100000 Zivilisten, Widerstandskämpfer und Spione brutal verfolgt, gefoltert und ermordet. Eine noch viel größere Zahl wurde in Konzentrationslager deportiert, wo sie fast immer der Tod erwartete. Alle Aktionen geschahen willkürlich ohne irgendwelche Rechtsmittel.

A. Paul Weber: Der Denunziant
© VG Bild-Kunst Bonn, 2011

❷ Worauf beruhte die Effektivität der Gestapo?

Die Effektivität der Gestapo beruhte auf einem ausgedehnten Überwachungssystem aus Spitzeln und auf einem politisch, beruflich oder privat begründeten Denunziantentum. Das Verhaften geschah schnell und lautlos.

❸ Was ist ein „Denunziant"?

Jemand, der eine Person, unabhängig davon, ob sie tatsächlich schuldig ist, oftmals anonym anzeigt.

❹ Was bedeutet der verharmlosende Begriff „Schutzhaft"?

Regimegegner und andere missliebige Personen werden willkürlich inhaftiert und in Konzentrationslager verschleppt.

❺ Welche Verhaltensmöglichkeiten hatte der einzelnen Bürger in diesem NS-Repressionssystem?

Man konnte aktives Mitglied einer Organisation sein, sich anpassen und nur das Nötigste mitmachen, schweigen oder aber sich passiv und aktiv widersetzen.

❻ Deutsche als Besatzer waren vor allem Ausbeuter, Versklaver, Ausrotter. Stimmt das?

Ausbeutung vor allem der besetzten Gebiete im Osten, gewaltsame Verschleppung von 7,1 Millionen Zwangsarbeitern ins Reich als billigste Arbeitskräfte, Ermordung von 4,2 Millionen Polen, 15 Millionen Russen, Juden, Sinti und Roma (Rassen- und Siedlungspolitik).

❼ Der Volksgerichtshof – ein Strafgericht der schlimmsten Art! Begründe.

Die Angeklagten waren grundsätzlich rechtlos und wehrlos. Die überaus harten und inhumanen Urteile (12000 von insgesamt 33000 Todesurteilen) sollten abschreckend sein.

Lidice – Symbol für den NS-Terror

Nach dem Attentat auf Reinhard Heydrich und dessen Tod am 4. Juni 1942 war die tschechische Bevölkerung brutalen Vergeltungsmaßnahmen ausgesetzt. Die deutsche Besatzungsmacht verhängte das Standrecht, täglich wurden Menschen verhaftet und hingerichtet. Diese Zeit wurde später von den Tschechen als Heydrichiade bezeichnet. Ihr fielen Tausende Menschen zum Opfer. Am 10. Juni 1942 wurde das Dorf Lidice nordwestlich von Prag dem Erdboden gleichgemacht. Zwei Wochen später erlitt der kleine Ort Leáky bei Pardubice das gleiche Schicksal.
Sofort nach dem Attentat wurde Prag von der Polizei abgeriegelt. Nach drei Stunden waren angeblich alle Zufahrts- und Ausfallstraßen gesperrt und von Wachen kontrolliert. Der Zugverkehr wurde eingestellt. Es wurden große Razzien in Prag und anderen Orten durchgeführt. Am 28. Mai wurde im ganzen Protektoratsgebiet das Standrecht verhängt und es wurden die Namen der ersten hingerichteten Familien bekannt gegeben. Über 5000 Gemeinden im ganzen Land wurden durchsucht. Ein neuer Straftatbestand wurde eingeführt: Gutheißen des Attentats. Dadurch konnte die Gestapo im Grunde genommen jeden erschießen lassen, beschreibt der Historiker Vojtech Sustek die Lage in den ersten Stunden und Tagen nach dem Attentat auf Reinhard Heydrich. Von Lautsprecherwagen und im Radio wurden die Namen der Hingerichteten bekannt gegeben, zur Einschüchterung der Bevölkerung und zur Demonstration der Stärke der NS-Besatzer.
Polizei und Gestapo in Prag gerieten unter Druck, als die Suche nach den Attentätern erfolglos blieb. Ein Zufall brachte die Gestapo dazu, das Dorf Lidice, 20 km nordwestlich von Prag bei Kladno, ins Visier zu nehmen.
Am 8. Juni 1942 erhielt Anna Maruscakova, eine Arbeiterin in einer Batteriefabrik in Slany einen Brief. Diesen öffnete zufälligerweise der Fabrikbesitzer. Er las den Brief, der folgenden Inhalt hatte: „Teure Anna, ich lebe und bin gesund. Ich habe in dieser Nacht irgendwo in dem Dörfchen Cabarna geschlafen. Sehen wir uns noch einmal? Danach werden wird uns nicht mehr wiedersehen."
Der Fabrikbesitzer hatte den Verdacht, dass der Brief etwas mit dem Attentat zu tun haben könnte und wandte sich an die Gendarmerie und die Gestapo in Kladno. Wie sich herausstellte, war der Absender des Briefes ein gewisser Vaclav Riha, ein Arbeiter, der in Kladno arbeitete und verheiratet war. Er hatte eine Liebesaffäre mit Anna Maruscakova und wollte diese irgendwie elegant beenden. Mit dem Attentat hatte er nichts zu tun. Als die Gestapo Anna verhörte, sagte sie aber, dass in dem Brief noch stand: Es grüßen dich die Eltern von Pepik Horak aus Lidice. Josef Horak aus Lidice war Soldat in der tschechoslowakischen Auslandsarmee. Das führte die Gestapo nach Lidice.
Die Gestapo führte Hausdurchsuchungen in Lidice durch, konnte aber keine heiße Spur zu den Attentätern finden. Aber es gab einen Vorwand und die Gestapo brauchte Ergebnisse. Am 9. Juni wurde Heydrichs Staatssekretär Karl Hermann Frank, der gerade in Berlin weilte, informiert. Dieser erteilte, wahrscheinlich in Absprache mit Himmler und Hitler, den Befehl zur Zerstörung Lidices. Die Nazis hatten gar nicht versucht, die Vernichtung von Lidice zu verheimlichen.
Das Dorf Lidice zählte 102 Häuser mit 503 Einwohnern. Am Abend des 9. Juni umstellten Angehörige der Gestapo, des SD und der Schutzpolizei unter dem Kommando von SS-Offizieren mit Unterstützung der tschechischen Gendarmerie Lidice und blockierten alle Zufahrtswege. In der folgenden Nacht wurden die Dorfbewohner zusammengetrieben. Am 10. Juni wurde Lidice dem Erdboden gleichgemacht, obwohl es keine Verbindung zwischen den Attentätern und Lidice gab. Alle 184 männlichen Einwohner über 16 Jahre wurden erschossen, die 198 Frauen ins Konzentrationslager Ravensbrück gebracht, die 98 Kinder nach Lodz deportiert. 82 Kinder wurden in den Gaskammern von Chelmno/Kulmhof ermordet. Zwölf Kinder überlebten, weil sie deutschen Familien zur Germanisierung übergeben worden waren. Sie wurden nach dem Krieg in Bayern wiederentdeckt. Zwei Wochen nach der Zerstörung von Lidice erlitt der kleine Ort Leáky bei Pardubice das gleiche Schicksal. Dort starben 33 Menschen. Das Schicksal von Lidice wurde innerhalb kurzer Zeit in der ganzen Welt bekannt. Lidice wurde zu einem Symbol für den NS-Terror.

Nach dem Krieg wurde Lidice 300 m vom alten Ort entfernt neu aufgebaut. An der Stelle des früheren Lidice befinden sich heute eine Gedenkstätte und ein Museum.

© 1996–2010 Český rozhlas

Denunzierung und ihre Folgen

Im November 1944 begegnete der 62-jährige Franz Graf von Montgelas im Nürnberger Grand-Hotel einer 25-jährigen, sehr attraktiven Dame, die in Wirklichkeit ein Spitzel war. Man plauderte über Kunst, die große Welt und schließlich auch über Politik. Die Dame zeigte sich sehr interessiert. Der Graf erzählte, dass Hitler gar nicht Hitler, sondern Schickelgruber heiße. Er bekäme öfters Wutanfälle, reiße Vorhänge herunter, beiße in Teppiche. Über Göring sagte er, er sei ein Kleidernarr, „trage die Orden sogar auf dem Mantel". Goebbels bezeichnete der Graf als „größten Maulaufreißer, Himmler als „größten Bluthund". Die führenden Persönlichkeiten der Partei seien lauter Habenichtse, sie hätten nichts zu verlieren, suchten sich deshalb bis zuletzt am Ruder zu halten. Der Krieg werde verloren gehen, Hitler verstehe nichts vom Kriegführen, er habe keine Einsicht, rede seinen Generälen drein und lasse sich nicht belehren, er sein kein Diplomat.
In Nebenzimmer saß, das Ohr an die Wand gepresst, ein Gestapo-Beamter und stenografierte die Äußerungen mit. Graf Montgelas kam vor ein Standgericht. Der Landgerichtspräsident eröffnete das Schnellverfahren mit der Mitteilung, dass sein Gespräch im Grand-Hotel vom Nebenzimmer abgehört worden sei und fragte, Unwissenheit vorschützend, wer denn die Dame gewesen sei, der gegenüber er sich so staatsfeindlich geäußert habe. Der Graf machte dazu wiederum keine Angaben. Angesichts dieser erneut an den Tag gelegten Ritterlichkeit trieb der Vorsitzende das Spiel auf die Spitze und fragte den Grafen, ob er denn behaupten wolle, dass die Dame eine Gestapo-Agentin sei. Ohne stutzig zu werden, verneinte der Graf diese Frage. Damit war die Beweisaufnahme beendet. Der Oberstaatsanwalt beantragte, den Grafen Montgelas wegen Wehrkraftzersetzung zum Tode zu verurteilen. Das Standgericht zog sich zur Beratung zurück. Nach kurzer Zeit verkündete der Präsident das Todesurteil. In der anschließend abgegebenen Begründung strich er unter anderem heraus, Montgelas habe einer echten deutschen Frau den Glauben an den Endsieg nehmen wollen.
Die Hinrichtung wurde am 6. April im Hof des Strafgefängnisses in Nürnberg vollzogen, ohne dass die nächsten Angehörigen oder der Verteidiger des Grafen davon etwas wussten.
Die Gräfin Montgelas erfuhr vom Tod ihres Mannes erst durch die Zeitung. In der Fränkischen Tageszeitung vom 12. April 1945 stand zu lesen, Graf Montgelas sei „eines schimpflichen Todes" gestorben, er habe „den Führer in unflätigster Weise beschimpft, ihn verächtlich gemacht und mit seiner böswilligen und zersetzenden Kritik die Kampfkraft des Volkes zu untergraben versucht."

Aus: M. Broszat/E. Fröhlich (Hrsg.), Bayern in der NS-Zeit VI, München 1983

Denunziert. Jeder tut mit. Jeder denkt nach. Jeder meldet.

1942 denunziert die Hilfsarbeiterin Rosa Schwarz ihren jüdischen Ehemann wegen früherer vermeintlich antinazistischer Aktivitäten, zeigt ihre beiden ältesten Kinder bei der Gestapo an und bringt die fünf jüngeren in ein Heim der Israelitischen Kultusgemeinde. Michael Schwarz wird nach Auschwitz deportiert und ermordet. Alle sieben Kinder kommen nach Theresienstadt, überleben schwer gezeichnet die Zeit im KZ und kehren nach der Befreiung durch die Rote Armee nach Wien zurück. Ein besonders dramatischer Fall, aber nur einer von vielen: Im Dritten Reich stand Denunziation auf der Tagesordnung, und das nicht allein durch Gestapo-Spitzel und NS-Blockwarte. Freiwillig zeigten Privatpersonen Nachbarn, Bekannte, im schlimmsten Fall sogar Familienmitglieder – vor allem in den Monaten von „Anschluss" bis Novemberpogrom 1938 – wegen deren Jüdischseins, später wegen der von den Nationalsozialisten eingeführten Strafbestände „Heimtücke", „Hören von Fremdsendern", „Rassenschande" und Ähnlichem an. Den Behörden wurde so die Legitimation für Bestrafung, Verfolgung und oft auch Ermordung der denunzierten Personen in die Hände gespielt. Neben der Frage, welche Funktion die – durchaus nicht uneingeschränkt gutgeheißene, dem Ideal vom „aufrechten deutschen Charakter" widersprechende – Denunziation für das Regime erfüllte, in welchem Ausmaß die „freiwilligen Helfer" zur Kräfteeinsparung und Stabilisierung der NS-Herrschaft beigetragen haben, untersuchen die Autoren Nina Scholz und Herbert Dohmen auch die „andere", die individuelle Seite: die Bedeutung der Denunziation für die Denunzianten, die Motive, aus denen heraus Menschen andere, allzu oft nahe stehende Menschen verrieten. Repräsentative und außergewöhnliche Fällen wie jener von Rosa Schwarz und ihren sieben Kindern werfen ein Licht auf das soziale, politische und kulturelle Gefüge der Gesellschaft und legen die Fähigkeit des Menschen zur Unmenschlichkeit bloß.

Der deutsche Widerstand

Lerninhalte:

- Wissen um die verschiedenen Widerstandsgruppen
- Kennenlernen der verschiedenen Ziele der Widerstandsgruppen
- Wissen um die verschiedenen Mittel zum Widerstand
- Kenntnis der Gründe, die zum Widerstand führten
- Wissen um die Konsequenzen, die der Widerstand gegen das NS-Regime mit sich brachte
- Kennenlernen der Methoden des NS-Regimes als Besatzungsmacht
- Widerstand in unserer Demokratie heute

Arbeitsmittel/Medien:

- Arbeitsblatt mit Lösung (Folie 4)
- Folien 1/2/3: Widerstandsgruppen/Attentat Stauffenberg
- Informationsblätter 1/2: Die Weiße Rose
- Informationsblätter 3/4: Georg Elser
- Informationsblätter 5/6: Der 20. Juli 1944 – das Attentat
- Video 4202498: Die Hoffnung der Demokraten (1994; 29 Minuten; sw+farbig)
- Video 4202499: Aufstand der Offiziere (1994; 29 Minuten; sw+farbig)
- Video 4202500: Das Ende (1994; 29 Minuten; sw+farbig)
- DVD: Des Teufels General (Regie: Helmut Käutner; 1955; 115 Minuten; sw)
- DVD: Sophie Scholl – die letzten Tage (Regie: Marc Rothemund; 2004; 112 Minuten; farbig)
- DVD: Die Weiße Rose (Regie: Michael Verhoeven; 1982; 120 Minuten; farbig)

Folie 3

Verlaufsskizze (3 Unterrichtseinheiten + 4 Filme)

I. Motivation

Stummer Impuls	Folie 3 (S. 103)	Bilder: Hitler mit Stauffenberg – „Wolfsschanze“ nach dem Attentat
Aussprache Zielangabe	Tafelanschrift	**Der deutsche Widerstand**

II. Begegnung/Erarbeitung

Impuls Aussprache		L: Möglichkeiten, Widerstand zu leisten?
Zusammenfassung Gruppenarbeit	Tafelanschrift Infoblätter 1/2 (S.109/110) Infoblätter 3/4 (S. 111/112) Infoblätter 5/6 (S. 113/114)	1. Gruppe: Die Weiße Rose 2. Gruppe: Ein Tischler wollte Hitler stoppen Attentäter Georg Elser – verkannt und vergessen 3. Gruppe: 20. Juli 1944 – das Attentat
Arbeitsauftrag zur Gruppenarbeit Zusammenfassung Gruppenberichte Aussprache		L: Fasse wesentliche Punkte des Textes zusammen. Schreibe auf deinen Block.
	Videofilme	1. Die Hoffnung der Demokraten (1994; 29 Minuten; sw+farbig) 2. Aufstand der Offiziere (1994; 29 Minuten; sw+farbig) 3. Das Ende (1994; 29 Minuten; sw+farbig)
Aussprache Zusammenfassung Aussprache	Folien 1/2 (S. 105/106)	Widerstandsgruppen

III. Wertung

		L: Warum war Widerstand damals so schwer?
Aussprache Stummer Impuls	Tafelanschrift	„Der Oppositionelle, der über die Grenze gegangen ist, spricht bald hohl ins Land herein. Wenn man den verseuchten Geist eines Landes wirkungsvoll bekämpfen will, muss man dessen allgemeines Schicksal teilen.“ (Carl von Ossietzky, 1932)
Aussprache Impuls Aussprache		L: Widerstand in unserer Demokratie heute?

IV. Sicherung

Zusammenfassung	Arbeitsblatt (S. 107)	Der deutsche Widerstand
Kontrolle Ergebnisse der Gruppenarbeit	Folie 4 (S. 108) Eintrag Rückseite Arbeitsblatt	

V. Vertiefung/Ausweitung

Abrundung	DVD-Filme (Auswahl)	① DVD: Des Teufels General (1955; 115 Minuten; sw) ② DVD: Sophie Scholl - die letzten Tage (2004; 112 Minuten; farbig) ③ DVD: Die Weiße Rose (1982; 120 Minuten; farbig) ④ Operation Walküre (2009; 121 Minuten; farbig)
Diskussion Aussprache		

Widerstandsgruppen

Widerstand gegen das nationalsozialistische Terrorregime entstand in allen Schichten der Bevölkerung. Die Art des Widerstandes reichte von abweichendem Verhalten über Emigration bis hin zu Attentats- und Umsturzversuchen. Es gab einzelne Männer und Frauen, die Widerstand leisteten und Gruppen, die sich zum Widerstand zusammenschlossen. Die Motive waren ebenso unterschiedlich wie die Form des Widerstandes. Zum Teil lagen religiöse Motive vor, zum Teil war der Widerstand politisch begründet, zum Teil waren es persönliche Gründe, die zum Widerstand gegen das Regime führten. Einfache Bürger gewährten Verfolgten Unterschlupf oder versorgten sie mit Lebensmitteln. Berühmte Deutsche, wie z. B. der Schriftsteller Thomas Mann wandten sich über den britischen Rundfunk an die deutsche Bevölkerung. Dennoch handelte es sich bei dem Widerstand gegen den Nationalsozialismus nicht um eine Massenbewegung. Auf der anderen Seite zeigen die Widerstandsgruppen und ihre unterschiedlichen Motive, dass auch nicht die gesamte deutsche Bevölkerung hinter dem Regime stand.

Georg Elser: Ein Schreiner versucht Hitler zu töten

Schon 1938, also vor Ausbruch des 2. Weltkrieges, fasste der Schreiner **Georg Elser** den Entschluss, Adolf Hitler zu töten. Im Sommer 1939 zog er aus diesem Grund nach München, nachdem er sich entschlossen hatte, Hitler mithilfe einer Bombe am 8. November 1939 bei einer Rede im Münchener Bürgerbräukeller zu töten. Bereits einen Monat vor dem geplanten Auftritt Hitlers in München, ließ sich Elser jede Nacht im Bürgerbräukeller einschließen, um dort eine Säule auszuhöhlen, in der er die Bombe platzieren wollte. Tagsüber arbeitete er an der Bombenkonstruktion. Am 8. November 1939 detonierte die mit einem Zeitzünder versehene Bombe zur von Elser vorgesehenen Zeit, doch hatte Hitler den Bürgerbräukeller zehn Minuten zuvor verlassen. Bei der Explosion starben sieben Menschen und 60 wurden verletzt. Elser wurde bei dem Versuch, Deutschland zu verlassen, verhaftet und gestand im Gestapo-Verhör das Attentat alleine geplant und ausgeführt zu haben. Er wurde zunächst in das KZ Sachsenhausen, dann nach Dachau gebracht. Die Nazis planten, ihm nach Kriegsende einen Schauprozess zu machen. Öffentlich behaupteten sie, Elser habe im Auftrag des britischen Geheimdienstes gearbeitet, was nach heutiger Forschung ausgeschlossen wird. Am 9. April 1945 wurde Georg Elser auf persönlichen Befehl Himmlers im KZ Dachau von der SS ermordet.

Kommunistischer und sozialdemokratischer Widerstand durch die „Rote Kapelle"

Bereits unmittelbar nach der „Machtergreifung" verbreiteten kommunistische und sozialdemokratische Gruppen Flugblätter gegen den Nationalsozialismus. Einige dieser Gruppen wurden von der Gestapo mit dem Sammelbegriff „Rote Kapelle" belegt. Von den 130 festgenommenen Mitgliedern der „Roten Kapelle" wurden 49 umgebracht. Zu diesen zählte auch das Ehepaar **Hans und Hilde Coppi**. Hans Coppi wurde im Dezember 1942 zum Tode verurteilt und noch am selben Tag hingerichtet. Nur wenige Wochen zuvor hatte seine Frau Hilde im Gefängnis einen Sohn geboren. Auch sie wurde verurteilt und im August 1943 hingerichtet, nachdem Hitler persönlich ein Gnadengesuch abgelehnt hatte.

Clemens A. Graf von Galen: Der „Löwe von Münster". Widerstand durch die Kirche

Widerstand gab es auch in den Kirchen. In Münster verurteilte der populäre Bischof **Clemens August Graf von Galen** in seinen Predigten die nationalsozialistische Terrorherrschaft. Auf seinen Widerstand traf besonders die als „Euthanasie" (Sterbehilfe) bekannt gewordene Massentötung an körperlich und geistig behinderten Menschen. Der Bischof erstattete sogar Anzeige gegen die Nationalsozialisten und britische Flugzeuge warfen Kopien seiner Predigten über deutschen Städten ab. Zwar schreckten die Nazis vor einer Verhaftung Graf von Galens zurück, doch erreichten sie, dass der Papst den Bischof aus Deutschland abberief. Er kehrte erst nach dem 2. Weltkrieg nach Münster zurück.

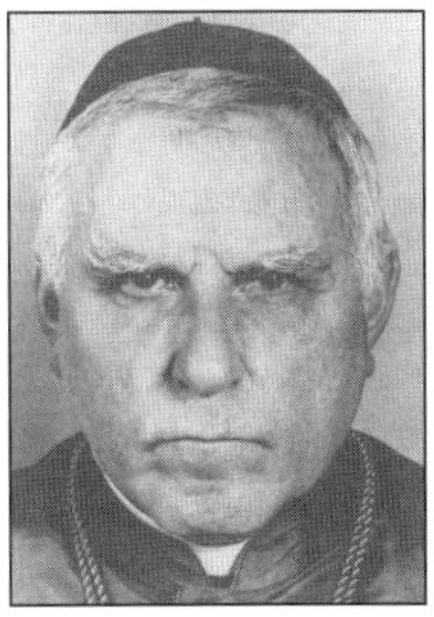

Der Berliner Domprobst **Bernhard Lichtenberg** hingegen, der als einer von wenigen Geistlichen auch gegen die Deportation (Verschleppung) von Juden eintrat, starb am 5. November 1943 auf dem Weg in das Konzentrationslager Dachau. Auch der evangelische Theologe **Dietrich Bonhoeffer** starb für seine christliche Gesinnung. Nach Beginn des 2. Weltkrieges unterhielt Bonhoeffer engen Kontakt zu militärischen Widerstandsgruppen um Admiral Canaris. Beide wurden unmittelbar vor Kriegsende im KZ Flossenbürg erschossen.

Bürgerlicher und militärischer Widerstand: Der 20. Juli 1944

Ein Zentrum des bürgerlichen Widerstandes war der Kreisauer Kreis. Er wurde benannt nach dem Gutshof Kreisau von **Helmut Graf von Moltke**. Auf diesem Gutshof trafen sich ab 1940 Widerständler und berieten Konzepte für eine Neuorientierung Deutschlands nach dem angestrebten Ende der NS-Diktatur. Ab 1943 war man im Kreisauer Kreis von der Notwendigkeit eines gewaltsamen Umsturzes überzeugt. Nach der Verhaftung Graf Moltkes im Januar 1944 wurden diese Pläne intensiviert und gipfelten in dem Bombenattentat auf Hitler in der „Wolfschanze“ am 20. Juli 1944. **Klaus Graf Schenk von Stauffenberg** platzierte eine Bombe während einer Lagebesprechung im Führerhauptquartier, während in Berlin der Staatsstreich nach dem erhofften Tod Hitlers vorbereitet wurde. Das Attentat scheiterte, da es Stauffenberg nicht gelang, beide Sprengstoffpakete scharf zu machen und weil die Tasche, die den Sprengstoff enthielt, kurz vor der Explosion umgestellt wurde. Hitler wurde nur leicht verletzt. Nach dem fehlgeschlagenen Attentat verhaftete die Gestapo tausende Regimegegner, von denen bis Kriegsende rund 5000 ermordet wurden oder an den Haftbedingungen starben.

Studentischer Widerstand: Die weiße Rose

Im Frühjahr 1942 bildete sich an der Münchner Universität eine Widerstandsgruppe, die sich „Weiße Rose“ nannte. Bis zu ihrer Entdeckung erstellte die Gruppe um die Geschwister **Hans und Sophie Scholl** sechs Flugblätter gegen den Nationalsozialismus und malte regimefeindliche Parolen an öffentliche Plätze. Am 18. Februar 1943 wurden die Geschwister Scholl verhaftet, nachdem sie vom Hausmeister der Universität beobachtet worden waren, wie sie eines ihrer Flugblätter verteilten. Hans und Sophie Scholl wurden in München mittels der Guillotine hingerichtet.

GE	Name:	Datum:	

Der deutsche Widerstand

❶ Welche Ziele hatte der deutsche Widerstand?

❷ Finde Methoden des passiven Widerstandes heraus?

❸ Welche Methoden des aktiven Widerstandes kannst du anführen?

❹ Welche wichtigen Widerstandsgruppen gab es? Ordne diese den abgebildeten Personen zu. Welche Widerstandsmittel wurden bei den einzelnen Gruppen gewählt? Wie endete der jeweilige Widerstand?

Elser

Hilde Coppi

Stauffenberg

Delp

Geschwister Scholl

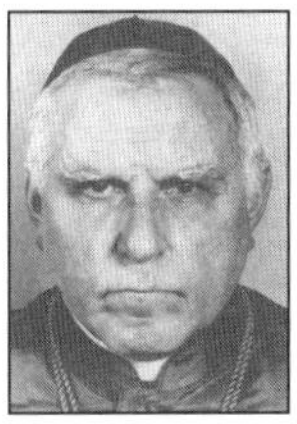

Galen

Bonhoeffer

Widerstandsmittel:

Ergebnis:

❺ Welche Gründe führten zum Scheitern des deutschen Widerstandes?

❻ In welcher Form ist Widerstand in unserer Demokratie möglich?

GE | Lösung

Der deutsche Widerstand

❶ Welche Ziele hatte der deutsche Widerstand?

Der deutsche Widerstand wollte zum einen das NS-Regime beseitigen, den Zweiten Weltkrieg beenden (Friedensschluss mit den Alliierten), Terror und Unfreiheit und rechtliche Willkür abschaffen und somit die Grundlage für einen Rechtsstaat bieten.

❷ Finde Methoden des passiven Widerstandes heraus?

Dazu gehören ganz allgemein Emigration, Selbstmord, Desertion aus der Wehrmacht, Gehorsamsverweigerung, Rücktritt aus einem zumeist politischen Amt, Austritt aus der Partei, spontaner oder organisierter Streik und auch Sabotageakte.

❸ Welche Methoden des aktiven Widerstandes kannst du anführen?

Dazu zählen Flugblätter, Denkschriften, Predigten, Ansprachen, konspirative (geheime, illegale, im Untergrund arbeitende, verschwörerische) Aktionen, Attentate und offene Aufstände in Form von Staatsstreichen und Bürgerkriegen.

❹ Welche wichtigen Widerstandsgruppen gab es? Ordne diese den abgebildeten Personen zu. Welche Widerstandsmittel wurden bei den einzelnen Gruppen gewählt? Wie endete der jeweilige Widerstand?

Arbeiterschaft „Rote Kapelle“	*„Kreisauer Kreis“ Militär (Offiziere)*	*„Weiße Rose“ Studenten*	*„Bekennende Kirche“*
 	 		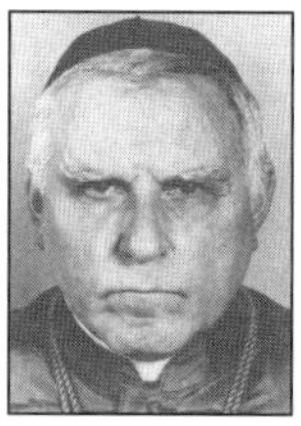 
Elser, Hilde Coppi	Stauffenberg, Delp	Geschwister Scholl	Galen, Bonhoeffer
Widerstandsmittel:			
Flugblätter, Aufrufe, passiver Widerstand, Attentat (8.11.39)	*Kontakte zum Westen, Zukunftsentwürfe, Attentat (20.7.44)*	*Flugblätter, Appelle, Graffitibotschaften*	*Predigten, Hirtenbriefe*
Ergebnis:			
Wirkungslosigkeit, Verhaftungen, Hinrichtungen	*Scheitern des Attentats, Verurteilungen und Hinrichtungen*	*keine Wirkung, Prozesse, Hinrichtungen*	*Wirkungslosigkeit, Verhaftungen, Haftstrafen, Todesurteile*

❺ Welche Gründe führten zum Scheitern des deutschen Widerstandes?

Unachtsamkeit, Denunzianten, Aufeinandertreffen unglücklicher Umstände (Pech), zögerliches Verhalten, funktionierende und umfassende Überwachung durch die NS-Organe

❻ In welcher Form ist Widerstand in unserer Demokratie möglich?

Recht auf Demonstration, Pressefreiheit, freie Meinungsäußerung (Leserbrief) auch in Sachen Politik, Versammlungsfreiheit, Volksbegehren, freie Wahlen, Streik

Die Weiße Rose

Die Weiße Rose in München und Hamburg ist die bekannteste Widerstandsgruppe junger Deutscher im Dritten Reich. Ihr Kern bestand aus den 21- bis 25-jährigen Studenten Hans und Sophie Scholl, Alexander Schmorell, Willi Graf und Christoph Probst.
Im Juni 1942 handelten Alexander Schmorell und Hans Scholl. Sie verfassten die ersten vier der insgesamt sechs Flugblätter der Weißen Rose, die zum passiven Widerstand gegen den Krieg und gegen die geistige Unterdrückung durch die Nationalsozialisten aufforderten. Die Texte waren alle auf hohem Sprachniveau abgefasst und appellierten an christliche Wertvorstellungen. Apokalyptische Textpassagen aus der Bibel waren in fast einschüchternder Weise in die Flugblatttexte eingeflossen. Dieser auffallende und ungewöhnliche Stil der ersten vier Flugblätter spiegelte die Interessen wider, die den Freundeskreis um die Gruppe der Weißen Rose zusammenhielten und charakterisierten. Die Flugblätter tauchten in der Zeit vom 27. Juni bis 12. Juli 1942 in München in Briefkästen einer ausgewählten intellektuellen Oberschicht auf.
In Zusammenarbeit mit Professor Kurt Huber, dessen regimekritische Einstellung die Studenten von seinen Vorlesungen her kannten, entstanden dann im Januar und Februar 1943 Aufrufe an alle Deutschen. Ihr letztes und bekanntestes Flugblatt:

Kommilitoninnen! Kommilitonen!
Erschüttert steht unser Volk vor dem Untergang der Männer von Stalingrad. Dreihundertdreißigtausend deutsche Männer hat die geniale Strategie des Weltkriegsgefreiten sinn- und verantwortungslos in Tod und Verderben gehetzt. Führer wir danken dir.
Es gärt im deutschen Volk: Wollen wir weiter einem Dilletanten das Schicksal unserer Armeen anvertrauen? Wollen wir den niedrigsten Machtinstinkten einer Parteiclique den Rest unserer deutschen Jugend opfern? Nimmermehr! Der Tag der Abrechnung ist gekommen, der Abrechnung der deutschen Jugend mit der verabscheuungswürdigen Tyrannis, die unser Volk erduldet hat.
Im Namen des ganzen deutschen Volkes fordern wir vom Staat Adolf Hitlers die persönliche Freiheit, das kostbarste Gut der Deutschen zurück, um das er uns in der erbärmlichsten Weise betrogen. In einem Staat rücksichtsloser Knebelung jeder freien Meinungsäußerung sind wir aufgewachsen. HJ, SA und SS haben uns in den fruchtbarsten Bildungsjahren unseres Lebens zu uniformieren, zu revolutionieren, zu narkotisieren versucht ...
Der deutsche Name bleibt für immer geschändet, wenn nicht die deutsche Jugend endlich aufsteht, rächt und sühnt zugleich, ihre Peiniger zerschmettert und ein neues geistiges Europa aufrichtet.
Studentinnen! Studenten! Auf uns sieht das deutsche Volk! Von uns erwartet es, wie 1813 die Brechung des napoleonischen, 1943 die Brechung des nationalsozialistischen Terrors aus der Macht des Geistes.
Beresina und Stalingrad flammen im Osten auf, die Toten von Stalingrad beschwören uns!
Frisch auf mein Volk, die Flammenzeichen rauchen! Unser Volk steht im Aufbruch gegen die Verknechtung Europas durch den Nationalsozialismus, im neuen gläubigen Durchbruch von Freiheit und Ehre.

Die letzten beiden Flugblätter unterscheiden sich stilistisch und im Inhalt deutlich von den schöngeistigen und literarischen ersten vier Botschaften. Die Flugblätter sind eindeutig politischer, ihre Sprache ist klarer, sie sprechen alle Bevölkerungsschichten, die Studenten aller Fakultäten an. Konkrete Pläne zum Nachkriegs-Deutschland werden vorgestellt.
Nachdem die Niederlage der 6. Armee in Stalingrad durch die Sondermeldung vom 3. Februar 1943 bekannt wurde, haben Willi Graf, Alexander Schmorell und Hans Scholl nachts Wandparolen wie „Nieder mit Hitler" und „Freiheit" an die Universitätsgebäude und Hauswände des Universitätsviertels mit Teerfarbe angebracht. Beim Verteilen des letzten Flugblatts im Treppenhaus des Hauptgebäudes der Münchener Universität wurden Hans und Sophie Scholl am 18. Februar 1943 entdeckt und festgehalten, der Gestapo denunziert und zusammen mit Christoph Probst schon am 22. Februar in einem Prozess vor dem Volksgerichtshof angeklagt. Die Verhandlung führte der berüchtigte Roland Freisler. Die Geschwister Scholl und Christoph Probst wurden nach dreieinhalb Stunden zum Tode verurteilt und noch am selben Nachmittag hingerichtet. Zwei Tage vor ihrer Verhaftung durch die Gestapo hatte Sophie einem Bekannten gegenüber noch gesagt: „Es fallen so viele Menschen für dieses Regime, es wird Zeit, dass einer dagegen fällt."
Weitere Prozesse und Todesurteile folgten. Am 19. April 1943 wurden Willi Graf, Alexander Schmorell und Kurt Huber zum Tode verurteilt. Schmorell und Huber wurden am 13. Juli 1943 hingerichtet, Graf am 13. Oktober. Im Herbst 1943 verhaftete die Gestapo auch die Mitglieder einer Hamburger Gruppe, die über Hans Leipelt Verbindung nach München hatte und ebenfalls Flugblätter der Weißen Rose und weitere Schriften verbreitet hatte. In den Aktionen der Weißen Rose kamen noch einmal die bildungsbürgerlichen und christlichen Traditionen des deutschen Idealismus zum öffentlichen Aus-

druck von moralischer Betroffenheit, grundsätzlicher Kritik am NS-Regime und zu politischer Wirksamkeit, nachdem so viele ihrer Vertreter 1933 vor dem Nationalsozialismus verstummt waren oder sich sogar zu seiner Unterstützung bereitgefunden hatten.
Die Lebensläufe der Münchener Studenten zeigen daher sowohl die Gemeinsamkeiten ihrer sozialen Herkunft als auch die Vielfalt ihrer Jugenderfahrungen. Sie können als Beispiel für viele Bildungsgeschichten bürgerlicher Jugendlicher ihrer Generation stehen, die ähnlich dachten und fühlten, ohne allerdings die Konsequenz widerständigen Handelns zu ziehen. Alexander Schmorell hatte schon von seinem Elternhaus her eine tiefe Verbundenheit zur russischen Kultur gewonnen, die ihn die nationalsozialistische „Untermenschen"-Ideologie hassen lehrte. Seine Freiheitssehnsucht führte ihn in bündische Gruppen, in denen er sich dem Drill der HJ entzogen fühlen konnte.
Christoph Probst konnte sich mithilfe seiner Eltern dem schulischen Konformitätsdruck im Dritten Reich durch den Wechsel in ein Internat am Ammersee entziehen. Willi Graf entstammte dem rheinischen katholischen Milieu und schloss sich eng dem katholischen Bund „Neudeutschland" an. 1936 trat er dann dem religiös-männerbündischen „Grauen Orden" bei, weswegen er im folgenden Jahr auch zum ersten Mal verhaftet wurde. Auch Hans Scholl geriet 1937 wegen seiner Zugehörigkeit zur verbotenen bündischen Organisation „Deutsche Jungenschaft vom 1. November" zeitweise in Haft. Er hatte allerdings einige Jahre zuvor aus der evangelischen Jugendbewegung zur HJ gewechselt, die ihm die Verwirklichung seiner jugendlich-idealistischen Vorstellungen und die Lösung vom väterlichen Einfluss zu versprechen schien. Diese Illusionen verflogen schnell in der Erfahrung des täglichen Kadavergehorsams und Drills bei der HJ. Auch Sophie Scholl hatte der HJ angehört, sich aber frühzeitig vom Frauentyp des Bundes Deutscher Mädel emanzipiert. Ihre Abkehr von der regimekonformen Rollenzuweisung verband sich mit weitgehender politischer Kritik. Sie hatte, und darin steht sie für ihre ganze Gruppe, nichts übrig für Leute, die sich nur darum sorgen, heil aus dem Krieg herauszukommen.
Über Deutschland hinaus wurden die mutigen Taten der Weißen Rose noch während des Krieges bekannt. Thomas Mann würdigte sie in seiner Rundfunkansprache vom 27. Juni 1943 in der BBC. Das letzte Flugblatt der Weißen Rose wurde in England nachgedruckt und von britischen Flugzeugen über Deutschland abgeworfen. Längst stehen die Geschwister Scholl auf ihrem Denkmal, sind selber eines, spätestens, seit Golo Mann über sie befand: „Hätte es im deutschen Widerstand nur sie gegeben, die Geschwister Scholl und ihre Freunde, so hätten sie alleine genügt, um etwas von der Ehre des Menschen zu retten, welcher die deutsche Sprache spricht." Längst also gibt es Gedenktafeln, Gedenkstraßen und Gedenkplätze, Gedenkfeiern, über zweihundert Gedenkschulen (davon ca. fünfzig in den neuen Bundesländern) und seit 1980 einen Gedenkpreis. Nach Meinung des Historikers Wilfried Breyvogel gilt es, die Wahrnehmung der Gruppe weiter zu dezentralisieren. Gelungen wäre dies, wenn es neben den vielen Geschwister-Scholl-Schulen auch eine Alexander-Schmorell-Schule oder – auf die ganze Gruppe bezogen – mehr Weiße-Rose-Schulen geben würde. Wie soll man ihrer Geschichte gedenken, ohne ins Schwärmen, ins bloße Nachtrauern, ins stümperhafte Nacherzählen abzugleiten? Die Scholls wollten ja gerade keine Helden, keine Märtyrer sein, sie wollten den Strahlenkranz nicht, die feierliche Pose, den festlichen Glanz. Dem Verhörbeamten Robert Mohr, der sie zu einer geschickten Ausrede anstiften und sie vor dem Beil retten wollte, hatte Sophie kurz und bündig zur Antwort gegeben: „Sie täuschen sich, ich würde alles genau noch einmal so machen, denn nicht ich, sondern Sie haben die falsche Weltanschauung."
Sie, ihr Bruder, ihre Freunde, die hingerichtet wurden, weinten nicht, schrien nicht, klagten nicht, als sie zum Henker gehen mussten. Wie nur die stille Tapferkeit wiedergeben und bewahren, mit der sie revoltierten und mit der sie dann auch starben? Für die Scholls ehrlichen Herzens, aufrechten Denkens zu schwärmen – wie leicht ist das, wie verführerisch leicht. So wie sie einzustehen, wenn es notwendig ist – wie schwer wäre das wieder, wie schwer wäre es noch immer, „dagegen zu fallen"?

Rudolf Diekmann © Geschwister-Scholl-Gymnasium Münster

Ein Tischler wollte Hitler stoppen

Attentäter Georg Elser: Verkannt und vergessen

Am Abend des 8. November 1939 spricht Adolf Hitler im Münchner Bürgerbräukeller. Der Krieg ist zehn Wochen alt, Polen längst besiegt. Hitler stimmt die rund 3000 „Alten Kämpfer", die jedes Jahr in ihrem Traditionslokal die Erinnerung an den missglückten Putsch von 1923 beschwören, auf die geplante Offensive im Westen ein. In der Säule hinter dem Rednerpult tickt eine Zeitbombe. Hitler ist in Eile, er will möglichst rasch zurück nach Berlin. Dort soll tags darauf über den Angriff gegen Frankreich beratschlagt werden. Bereits um 21.10 Uhr, viel früher als üblich, verlässt der Reichskanzler den Bürgerbräukeller: Zehn Minuten später explodiert die Höllenmaschine. Der große Saal versinkt in Schutt und Asche, sieben Menschen sterben, 60 werden verletzt. Im Zug nach Berlin erfährt Hitler von dem Attentat. Der oberste Feldherr des Großdeutschen Reiches sieht sich wieder einmal von der „Vorsehung" bestätigt.

Keine Hintermänner

Ein Heer von Polizeibeamten schwärmt aus, um die Verschwörung aufzudecken. „Die Spuren des Verbrechens führen nach England", meldet die NS-Presse, der perfide Anschlag sei im Auftrag des britischen Geheimdienstes verübt worden. In Wahrheit jedoch gibt es keine „Hintermänner". Das Attentat ist das Werk eines Einzelgängers, des schwäbischen Tischlergesellen Georg Elser. Er ist noch am Abend des 8. November an der Schweizer Grenze bei Konstanz von zwei Zöllnern festgenommen worden. In der Nacht zum 14. November legt Elser vor der Sonderkommission ein volles Geständnis ab. Niemand habe ihm geholfen, beteuert der 36-Jährige, er habe „alles allein erdacht und gemacht".

Der schmächtige, wortkarge Mann stammt aus dem Landkreis Heidenheim. Der Bauernsohn ist ein geschickter, leidenschaftlicher Handwerker, der es bei keinem Meister lange aushält, weil er am liebsten selbstständig arbeitet. Er spielt Zither und Bassgeige, seine bevorzugte Lektüre ist die Möbelschreinerzeitung. Bis 1933 wählt Elser die Kommunistische Partei, weil sie mehr Lohn und bessere Wohnungen verspricht. Dann kommen die Nazis an die Macht. Elser macht sie für die „Verschlechterung der Verhältnisse in der Arbeiterschaft" verantwortlich. Im Herbst 1938 holt Hitler die Sudetendeutschen heim ins Reich. Elser, der Mann aus dem Volk, erkennt mit sicherem Gespür, wohin das alles noch führen wird: „Ich war der Überzeugung, dass Deutschland sich andere Länder einverleiben wird und dass deshalb ein Krieg unvermeidlich ist." Während hohe Generäle ihre Putschpläne begraben und endgültig vor Hitler in die Knie gehen, entschließt sich Elser zum Attentat. Am 8. November 1938 inspiziert er den Bürgerbräukeller, sieht die Säule hinter dem Podium und entscheidet sich, hier zuzuschlagen.

Ein Jahr dauern die mühseligen Vorbereitungen. Elser arbeitet in einem Steinbruch, um an Sprengstoff und Sprengkapseln heranzukommen. Im Sommer 1939 übersiedelt er nach München. Tagsüber baut er die Bombe, nachts schleicht er über 30-mal in den Bürgerbräukeller, wo er die Säule präpariert und schließlich die Bombe deponiert. In den frühen Morgenstunden des 8. November kehrt Elser noch einmal zurück. Er überprüft ein letztes Mal den Zündmechanismus. Dann flieht er mit dem Zug aus München.

Noch viele Jahre nach dem Krieg ist vermutet worden, die SS habe Elser für ein „bestelltes" Attentat missbraucht und mit dem Anschlag lediglich Propagandastoff gegen die Engländer liefern wollen. Anton Hoch und Lothar Gruchmann vom Münchner Institut für Zeitgeschichte haben diese Legende widerlegt. „Klar überschaubar" sei Elsers Lebensweg, so Hoch, „es hat keine geheimnisvollen Verbindungen gegeben". Elser kam zugute, dass der Bürgerbräukeller leicht zugänglich war und die Sicherungsmaßnahmen während des Führerbesuchs der NSDAP oblagen.

„In dieser Versammlung", so hatte Hitler 1936 entschieden, „schützen mich meine alten Kämpfer, die Verantwortung der Polizei erlischt an den Saaleingängen". Nach dem Münchner Attentat mussten die alten Kameraden klein beigeben, fortan war die SS auch bei Parteiveranstaltungen für den Schutz des „Führers" zuständig. Georg Elser wurde „Sonderhäftling" in den Konzentrationslagern Sachsenhausen und Dachau. Er bekam Zusatzverpflegung, durfte Zither spielen und an der Hobelbank arbeiten. Warum? Nun, er sollte „konserviert" werden, um ihn eines Tages in einem großen Schauprozess als lebenden Beweis für die finsteren Machenschaften Englands präsentieren zu können. Am 9. April 1945 – der endgültige militärische Zusammenbruch war nahe – musste Elser in Dachau sterben.

Auf „Befehl von höchster Stelle“. Es war der Tag, an dem Hitler auch andere, ungleich prominentere Widerstandskämpfer hinrichten ließ: Admiral Canaris, General Oster, Pfarrer Bonhoeffer. Im Gegensatz zu diesen Männern ist „Elser, dem kleinen Mann, die verdiente Anerkennung seiner Tat versagt geblieben“ (Hoch), obwohl er früher als andere gehandelt und nicht erst im Angesicht eines bereits verlorenen Krieges die Beseitigung des Diktators gewagt hat. Vielen Historikern ist Elser kaum eine Zeile wert, nur in wenigen Schulbüchern taucht sein Name auf. Hoch führt das auf die „Eigenart seines Falles“ zurück. Der Bürgermeister von Hermaringen, dem Geburtsort Elsers, wagt 50 Jahre nach dem Attentat eine andere, psychologische Erklärung. Elser habe bewiesen, dass „der Einzelne durchaus was tun konnte“. Den Millionen Mitläufern sei das peinlich gewesen, daher sei Elsers große Tat totgeschwiegen worden.

Straße und Denkmal

Auch in Hermaringen hat es Jahrzehnte gedauert, ehe man sich Georg Elsers erinnerte. Erst vor fünf Jahren ist eine Straße nach dem Attentäter benannt worden – nur im Neubaugebiet und nicht mitten im Ort, wie es Bürgermeister Kurt Keller (44) gerne gehabt hätte. Die Person Elser sei eben „sehr umstritten“, klagt Keller, vor allem die älteren unter den 2000 Dorfbewohnern kreideten ihm die unschuldigen Toten im Bürgerbräukeller und sein Bekenntnis zur Kommunistischen Partei an. Keller hält unermüdlich dagegen: Ein Erfolg Elsers, so glaubt er, „hätte uns allen viel erspart. Ohne Hitler wäre der Krieg in dieser Form nicht gekommen“.

In Königsbronn (Landkreis Heidenheim), wo Elser die meiste Zeit seines Lebens verbracht hat, erinnert nicht einmal eine Straße an den Attentäter. „Wir halten uns aus der Sache raus“, sagt der parteilose Bürgermeister Karl Burr (84), der seit mehr als 30 Jahren im Rathaus regiert. Wie er persönlich über Elser denke? „Ich habe nie nachgeforscht“, antwortet Burr und fügt hinzu, in der 7000-Einwohner-Gemeinde gebe es kein Bedürfnis zur Beschäftigung mit Elser. Im übrigen rät Burr: „Fragen Sie doch den Elser-Arbeitskreis.“

Der Elser-Arbeitskreis, das ist ein kleines Häuflein von ungefähr zwölf Personen. Kurt Keller ist dabei, weil er meint, dass Georg Elser „endlich einen würdigen Platz in der deutschen Geschichte erhalten soll“ und dass ihm Ruhm gebühre für seinen Versuch, Hitler beizeiten auszuschalten. Und gerade die Heimat, so meint Keller, müsse ihrem allzu lange verkannten, großen Sohn ein ehrendes Andenken bewahren. In der Kreisstadt Heidenheim ist das in Form eines Denkmals geschehen. Keller findet das gut. Aber er wundert sich immer wieder, warum „der Elser draußen im Stadtteil Schnaitheim ein so kleines und der General Rommel in Heidenheim ein so großes Denkmal hat“. Schließlich ist der Kriegsheld Rommel im Jahre 1939, als der Tischlergeselle Georg Elser ganz allein die Bombe legte, noch ein ergebener Diener seines Führers Adolf Hitler gewesen.

Walter Roller © Augsburger Allgemeine Zeitung, 8. November 1989

20. Juli 1944 – Das Attentat

Am 20. Juli 1944 versuchte eine Handvoll deutscher Offiziere, Hitler durch einen Staatsstreich zu beseitigen. Geplant war ein Sprengstoffanschlag während einer Besprechung in der „Wolfsschanze", Hitlers Hauptquartier. Doch der Staatsstreich scheiterte. Hitler wurde nur leicht verletzt. Die Attentäter bezahlten die Tat dagegen mit ihrem Leben. Der Offizier Claus Schenk Graf von Stauffenberg, der Mann, der gegen Hitler aufgestanden war, ist zur Symbolfigur des deutschen Widerstands geworden.

Attentat auf Hitler

20. Juli 1944, 12 Uhr 42: Rastenburg, Ostpreußen. In der Wolfsschanze, dem streng abgeriegelten Führerhauptquartier beugt sich Adolf Hitler während einer Lagebesprechung über den schweren Eichentisch. Um ihn herum stehen mehrere Generäle. Gemeinsam beraten sie das weitere militärische Vorgehen an der Ostfront. Plötzlich erschüttert eine ohrenbetäubende Explosion die Lagebaracke. Durch die Druckwelle stürzt die Decke ein, der schwere Tisch wird regelrecht in die Luft gehoben. Fast alle der ins Freie wankenden Männer sind leicht oder schwer verwundet. Vier Männer sterben.

Stauffenberg leitet den Staatsstreich

Zwei Männer fahren an der zerstörten Baracke vorbei: Oberst Claus Graf Schenk von Stauffenberg und sein Adjutant Werner von Haeften. Sie sehen das Chaos, die Verwundeten. Sie sind die Einzigen, die wissen, was vor sich geht. Denn Stauffenberg hat soeben versucht mit einer Bombe Adolf Hitler zu töten. Im sicheren Glauben, dass Hitler der Explosion zum Opfer gefallen ist, gelingt es ihnen die Sperrkreise der Wolfsschanze zu verlassen, obwohl der Alarm schon ausgelöst ist. Obwohl Stauffenberg während des Afrikafeldzuges 1943 schwer verwundet wurde – er besitzt nur noch ein Auge und eine Hand mit drei Fingern – hat er ein Attentat auf Hitler verübt. Ziel des Anschlags ist es, Deutschland vom Joch des Nationalsozialismus zu befreien. Stauffenberg, dem Titel nach Chef des Generalstabs beim Oberbefehlshaber des Ersatzheeres, gehört zu den wenigen Offizieren, die an den Lagebesprechungen im Führerhauptquartier teilnehmen dürfen. In einer Aktentasche hatte Stauffenberg eine präparierte Bombe in die Baracke geschmuggelt und dort unter dem Tisch, möglichst nahe bei Hitler abgestellt. Daraufhin verließ er unauffällig die Lagebaracke, um der drohenden Explosion zu entgehen. Stauffenberg wird in Berlin noch gebraucht. Dort soll unter seiner Leitung die Operation „Walküre" starten, der zweite Teil des Attentats mit dem Ziel das Deutsche Reich von der Herrschaft der Nazis zu befreien. Was Stauffenberg nicht weiß: Der „Führer" lebt. Hitler, der sich eben noch über die Tischplatte gelehnt hat, wird durch die Wucht der Explosion nur leicht nach oben geschleudert. Der schwere Tisch rettet ihm das Leben. Seine Trommelfelle sind geplatzt, er trägt Prellungen und einige wenige Verbrennungen davon.

Operation Walküre

Unmittelbar nach dem Attentat sind Stauffenberg und von Haeften auf dem Rückflug nach Berlin. Dort befindet sich in der Bendlerstraße, dem Sitz des Allgemeinen Heeresamtes, das militärische Zentrum der Verschwörung. Plan der Verschwörer ist es, den Staatsstreich mit der Operation „Walküre" zu tarnen. Ursprünglich war der „Walküre"-Plan dazu gedacht, im Falle innerer Unruhen das in der Heimat stehende Heer zu mobilisieren. Doch die führenden Köpfe des militärischen Widerstands haben im Bendlerblock die Operation „Walküre" modifiziert. Nun soll das machtvolle Instrument Operation „Walküre" dazu genutzt werden, den Nationalsozialisten die Macht zu entreißen.

Zu Beginn des Staatsstreichs steht der Anschlag auf Hitler. Nach Hitlers Ableben wären die Soldaten der Wehrmacht vom Eid auf den „Führer" entbunden. Das Attentat wollen die Verschwörer als innerparteilichen Machtkampf der SS, SD und Gestapo in die Schuhe schieben. Mit Auslösung der Operation „Walküre" sollen daraufhin in der Heimat stehende Verbände der Wehrmacht innerhalb von 36 Stunden die vollziehende Gewalt im Staat übernehmen. Die Wehrmacht soll die Institutionen der NS-Dikatur, Partei, Regierung, Gestapo und SS-Verbände nach und nach ausschalten und Deutschland zu einer politischen Neuordnung verhelfen.

Aufstand der Offiziere

Noch während Stauffenberg das Flugzeug zurück nach Berlin besteigt, informiert der in die Verschwörung eingeweihte General Fellgiebel von der Wolfsschanze aus die in Berlin wartenden Verschwörer, dass Hitler überlebt habe. Unsicher geworden, unternehmen die in Berlin wartenden Beteiligten keine weiteren Schritte zur Operation „Walküre". Stauffenberg landet in Berlin-Rangsdorf gegen 15.45 Uhr und übermittelt General Olbricht telefonisch den Tod Hitlers.

Dabei erfährt er, dass wertvolle Stunden vergangen sind, ohne dass der Staatsstreich vorangetrieben wurde. Als er um 16.30 Uhr im Bendlerblock eintrifft, sind schließlich durch das beherzte Vorgehen Albrecht Mertz von Quirnheims Teile der Operation „Walküre“ doch noch in Gang gekommen. Stauffenberg gelingt es, mithilfe der Mitverschwörer Generaloberst Friedrich Fromm, den Befehlshaber des Ersatzheeres, festzunehmen. Von nun an beginnt Stauffenberg mithilfe der am Staatsstreich beteiligten Offiziere bis um 22.30 Uhr ein aussichtsloses Rennen gegen die Zeit. Mit einer Lawine von Fernschreiben und Telefonaten versuchen sie die Operation „Walküre“ durchzuführen und Wehrkreise im Deutschen Reich und den besetzen Gebieten zum Staatsstreich zu bewegen. Doch bis um 19.00 Uhr sind der Rundfunk, die Reichskanzlei, das Reichspropagandaministerium und das Reichssicherheitshauptamt immer noch nicht besetzt. Fatalerweise wird im Rundfunk bereits mehrfach vom fehlgeschlagenen Attentat auf Hitler berichtet. Am Abend entgleitet den Verschwörern die Operation endgültig. Ihre Befehle werden kaum mehr befolgt, die ersten Gegenbefehle aus der Wolfsschanze dringen durch. Major Remer, glühender Nationalsozialist und Kommandeur des Berliner Wachbataillons, will sich von Reichspropagandaminister Joseph Goebbels den angeblichen Tod des „Führers“ bestätigen lassen. Goebbels erkennt sofort die Chance und stellt ein Blitzgespräch zwischen Remer und Hitler persönlich her. Hitler befördert Remer auf der Stelle durchs Telefon zum Oberst und befiehlt ihm mit seinen Truppen den Putsch niederzuschlagen. Gegen 22.40 Uhr belagert Remers Wachbataillon den Gebäudekomplex der Bendlerstraße. Die Verschwörer sind eingeschlossen, der Staatsstreich ist gescheitert.

Vernichtung des Widerstands

Mit unvorstellbarer Grausamkeit übt das nationalsozialistische Regime Vergeltung an den Verschwörern. General Ludwig Beck, der nach dem Putsch das neue Staatsoberhaupt werden sollte, wird am selben Abend in den Selbstmord getrieben. Um Mitternacht werden im Hof des Bendlerblocks Claus Schenk Graf von Stauffenberg, Werner von Haeften, Albrecht Ritter Mertz von Quirnheim und Friedrich Olbricht im Scheinwerferlicht der Wehrmachtsfahrzeuge standrechtlich erschossen. An der Ostfront nimmt sich der Mitverschwörer Henning von Tresckow einen Tag später mit einer Handgranate das Leben. Die übrigen Verschwörer werden fast ausnahmslos festgenommen, tagelang verhört und gefoltert. Eine Welle der Verfolgung setzt ein, die den militärischen und zivilen Widerstand gegen das Regime endgültig bricht.

Beispielloser Schauprozess

Ziel der Nationalsozialisten ist es, die Widerständler nicht nur zu beseitigen, sondern sie bis in den Tod zu demütigen und jedes Andenken an sie zu vernichten. In einem beispiellosen Schauprozess werden die Männer des militärischen Widerstands vor dem Volksgerichtshof einzeln vorgeführt und des Hochverrats bezichtigt. Der berüchtigte vorsitzende Richter Roland Freisler schreit ihnen die vorher festgelegten Todesurteile förmlich ins Gesicht. Oft werden die Todesurteile nur wenige Stunden nach der Verkündung vollstreckt. Hitler will die Männer „wie Schlachtvieh aufgehängt“ sehen. In der Hinrichtungsstätte Plötzensee werden die Verschwörer und Mitglieder des Widerstands in Drahtschlingen langsam erhängt.

Ihre Familien sollen der Sippenhaft zum Opfer fallen. Himmler ereifert sich: „Die Familie Graf Stauffenberg wird ausgelöscht werden bis ins letzte Glied.“ Doch das nahende Ende des Krieges verhindert die Pläne der kollektiven Auslöschung durch das NS-Regime. Die meisten Angehörigen der Verschwörer überleben.

Bilanz des Schreckens

Die Bilanz des gescheiterten Attentats lässt sich in ihrer Tragweite kaum beziffern. Nach dem 20. Juli 1944 bis zum Ende des Zweiten Weltkriegs sterben fast ebenso viele Menschen wie in den ganzen Kriegsjahren zuvor. Die letzte Gelegenheit dem Morden in Konzentrations- und Vernichtungslagern, dem Sterben an den Fronten, der Zerstörung durch Bombenangriffe und den großen Fluchtbewegungen Einhalt zu gebieten, war gescheitert. Himmler gelangte erst durch den 20. Juli 1944 auf den absoluten Höhepunkt seiner Macht, als er einen Tag nach dem Attentat zum Befehlshaber des Ersatzheeres ernannt wurde. Hitler wurde, wie nie zuvor, als von der Vorhersehung begünstigt, eine fast kultische Verehrung zuteil. Doch dem Triumph der Nationalsozialisten zum Trotz war durch das Attentat des 20. Juli sichtbar geworden, dass es im Dritten Reich noch Vertreter eines anderen, nicht gleichgeschalteten Deutschland gab.

Gregor Delvaux de Fenffe © www.planet-wissen.de

GE	Name: ______________________	Datum: ____________	

NS-Diktatur: Was weißt du noch? (1)

❶ Welche Personen sind auf den Bildern dargestellt? Beruf/Position? (16 P.)

① ____

② ____

③ ____

④ ____

⑤ ____

⑥ ____

⑦ ____

⑧ ____

❷ Welchen Sachverhalt stellen die drei Bilder unten dar? (6 P.)

______________ ______________ ______________

______________ ______________ ______________

GE | Lösung

NS-Diktatur: Was weißt du noch? (1)

❶ Welche Personen sind auf den Bildern dargestellt? Beruf/Position? (16 Punkte)

① *Hjalmar Schacht (1877–1970), Reichsbankpräsident, Reichswirtschaftsminister*

② *Claus Schenk Graf von Stauffenberg (1907–1944), Oberst, Widerstandskämpfer*

③ *Sophie Scholl (1921–1943), Studentin (Biologie, Philosophie), Widerstandskämpferin*

④ *Roland Freisler (1893–1945), Präsident des Volksgerichtshofes*

⑤ *Heinrich Himmler (1900–1945), Reichsführer-SS, Reichsinnenminister*

⑥ *Dietrich Bonhoeffer (1906–1945), Theologe, Widerstandskämpfer*

⑦ *Georg Elser (1903–1945), Schreiner, Kommunist, Widerstandskämpfer*

⑧ *Reinhard Heydrich (1904–1942), Leiter des Reichssicherheitshauptamts*

❷ Welchen Sachverhalt stellen die drei Bilder unten dar? (6 Punkte)

Bücherverbrennung (10. Mai 1933)

Reichspogromnacht (9./10. November 1938)

KZ Auschwitz-Birkenau (Einfahrtsgebäude), Ansicht von innen

GE	Name:	Datum:	

NS-Diktatur: Was weißt du noch? (2)

❸ Wie hieß die Partei der Nationalsozialisten? (1 Punkt)

O NPD O DNVP O NSDAP O DVP O USPD O KPD

❹ Wie hieß das Gesetz, mit dem Hitler unumschränkt regieren konnte? (1 Punkt)

❺ Welchen Titel hat die Karikatur unten? Welche Aussage wollte A. Paul Weber mit seiner Karikatur treffen? (5 Punkte)

❻ Was waren die sogenannten „Nürnberger Gesetze“? (1 Punkt)

O Gesetze, die den reibungslosen Ablauf der Reichsparteitage in Nürnberg regelten.

O Gesetze, die die Einweisung in die Konzentrationslager regelten.

O Gesetze, die die Reinheit des deutschen Blutes festlegten.

❼ Was sagt dir der Name „Auschwitz“? (2 Punkte)

❽ Übersetze folgende Abkürzungen. (4 Punkte)

- SA
- SS
- HJ
- BDM

❾ Was wurde auf der Wannseekonferenz am 20. Januar 1942 beschlossen? (1 Punkt)

O „Gleichschaltung“ Deutschlands O Vernichtung der Juden

O Ausschaltung des Widerstandes O Einführung der Gestapo

❿ Welche Ereignis verbindest du mit dem 20. Juli 1944? Beschreibe kurz. (3 Punkte)

40 Punkte

GE Lösung

NS-Diktatur: Was weißt du noch? (2)

❸ Wie hieß die Partei der Nationalsozialisten? (1 Punkt)

O NPD O DNVP ⊗ NSDAP O DVP O USPD O KPD

❹ Wie hieß das Gesetz, mit dem Hitler unumschränkt regieren konnte? (1 Punkt)

„Ermächtigungsgesetz" (23. März 1933)

❺ Welchen Titel hat die Karikatur unten? Welche Aussage wollte A. Paul Weber mit seiner Karikatur treffen? (5 Punkte)

Das Verhängnis
(1931/32)
Die Karikatur zeigt den Marsch der Deutschen unter Nazi-Fahnen ins Massengrab. In einer beängstigenden Vision war Weber schon 1931 der Überzeugung, dass die Nationalsozialisten unter Hitler das deutsche Volk ins Verderben führen würden.

❻ Was waren die sogenannten „Nürnberger Gesetze"? (1 Punkt)

O Gesetze, die den reibungslosen Ablauf der Reichsparteitage in Nürnberg regelten.
O Gesetze, die die Einweisung in die Konzentrationslager regelten.
⊗ Gesetze, die die Reinheit des deutschen Blutes festlegten.

❼ Was sagt dir der Name „Auschwitz"? (2 Punkte)

Es war das größte deutsche Vernichtungslager während der Zeit des Nationalsozialismus in Polen. Dort wurden mehr als eine Million Häftlinge ermordet.

❽ Übersetze folgende Abkürzungen. (4 Punkte)

- SA *Sturmabteilung*
- SS *Schutzstaffel*
- HJ *Hitlerjugend*
- BDM *Bund Deutscher Mädel*

❾ Was wurde auf der Wannseekonferenz am 20. Januar 1942 beschlossen? (1 Punkt)

O „Gleichschaltung" Deutschlands ⊗ Vernichtung der Juden
O Ausschaltung des Widerstandes O Einführung der Gestapo

❿ Welche Ereignis verbindest du mit dem 20. Juli 1944? Beschreibe kurz. (3 Punkte)

Bomben-Attentat auf Hitler im Führerhauptquartier („Wolfsschanze") unter dem Decknamen „Operation Walküre". Der Staatsstreich scheiterte, Hitler blieb am Leben.

40 Punkte

Der Faschismus in Italien

Lerninhalte:

- Wissen um die Bedeutung des Begriffs „Faschismus"
- Kennenlernen des Lebensweges von Benito Mussolini
- Wissen um Mussolinis Machtposition („Duce")
- Vergleich der Innenpolitik Benito Mussolinis mit der Innenpolitik von Adolf Hitler
- Wissen um die Merkmale des Faschismus
- Wissen um die neofaschistischen Tendenzen in Italien

Arbeitsmittel/Medien:

- Arbeitsblatt mit Lösung (Folie 4)
- Folie 1: Bild Benito Mussolini
- Folie 2: Lebensweg Benito Mussolini
- Folie 3: Begriff „Faschismus"
- Folie 3: Merkmale des Faschismus
- Folie 3: Der italienische Faschismus
- DVD: Mussolini – die letzten Tage (1974; 109 Minuten; farbig)

Folie 1

Verlaufsskizze (2 Unterrichtseinheiten + Film)

I. Motivation

Stummer Impuls	Folie 1 (S. 119)	Bild: Benito Mussolini und Adolf Hitler im Auto (1938)
Aussprache		
Stummer Impuls	Tafelanschrift	Faschismus
Aussprache		
Zielangabe	Tafelanschrift	**Der Faschismus in Italien**

II. Begegnung/Erarbeitung

Gruppenarbeit Arbeitsaufgaben	Internet	① Was ist Faschismus? ② Merkmale des Faschismus? ③ Lebenslauf von Mussolini als Kurzreferat mit Erstellung eines Stichpunktkatalogs.
Gruppenarbeit		
Zusammenfassung Gruppenberichte Aussprache		
Vortrag Aussprache Bewertung	Kurzreferat(e)	Mussolini
Zusammenfassung Erlesen	Folie 3 (S. 122)	Faschismus
Aussprache	Folie 2 (S. 121)	Benito Mussolini
Aussprache Ergebnis	Folie 2 (S. 121)	L: Beschreibe das Gemälde von Diego Rivera mit dem Titel „Mussolini" (1933). Mussolini im Zentrum der Zeichnung, mit dem Segen des Papstes, Gerichtsbarkeit, Bürgertum und radikale Elemente im Vordergrund, Studenten und Kommunisten meuchelnd. England und Amerika (Flaggen) greifen nicht ein.
Lehrervortrag Aussprache	Folie 2 (S. 121)	Verhaftung und Ermordung Mussolinis durch Partisanen

III. Wertung

Leitfragen Aussprache		① Wie unterscheidet sich Mussolinis Faschismus von Hitlers Nationalsozialismus? ② Welche außenpolitischen Erfolge errang Mussolini? Bewerte sie.

IV. Sicherung

Zusammenfassung	Arbeitsblatt (S. 123)	Der Faschismus in Italien
Kontrolle	Folie 4 (S. 124)	

V. Vertiefung

Aussprache	Videofilm DVD VIDEO	Mussolini – die letzten Tage
Vortrag Bewertung	Kurzreferate	Mussolini

Benito Mussolini

Am 29. Juli 1883 wurde Benito Mussolini in der Region Emilia Romagna als Sohn eines Schmieds geboren. Er engagierte sich in der sozialistischen Bewegung. 1914 wandelte sich Mussolini vom Gegner zum Befürworter der Teilnahme Italiens am 1. Weltkrieg. Verwundet zurückgekehrt aus dem Krieg, beteiligte sich Mussolini 1919 an der Gründung der „fasci di combattimento“ durch rechtsgerichtete Verbände von Kriegsteilnehmern. 1921 errangen die Faschisten bei den Wahlen zum italienischen Parlament 34 Sitze. Mussolini war mittlerweile zum führenden Politiker der Rechten geworden und wandelte die „fasci“ in die Nationalfaschistische Partei (PNF) um. 1922 nutzte er eine politische Krise, die durch Massenstreiks ausgelöst wurde und drohte mit dem „Marsch auf Rom“. König Viktor Emanuel III. berief ihn zum Ministerpräsidenten und überging damit das Parlament. Mussolini baute in Italien eine Diktatur auf. Er benutzte geschickt die Massenmedien, um einen Mythos um seine Person als „Duce del Fascismo“ (Führer des Faschismus) zu kultivieren.

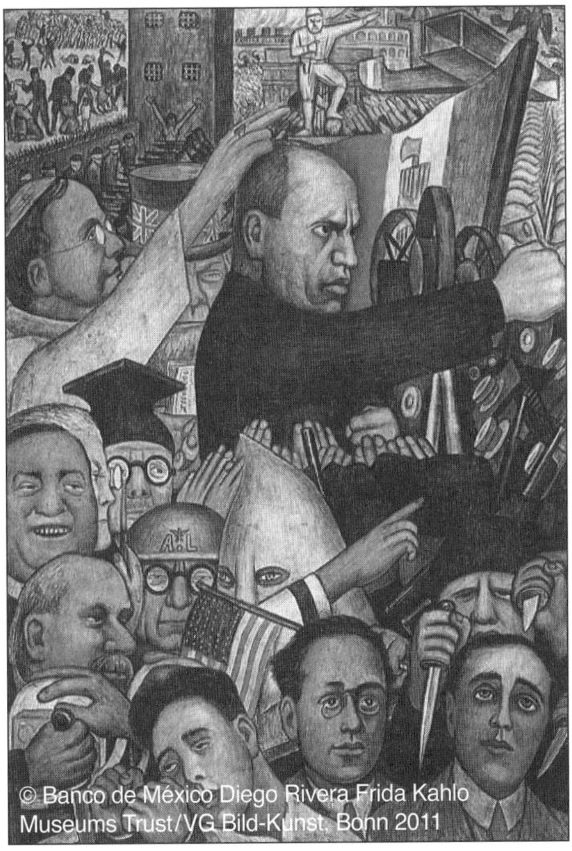

© Banco de México Diego Rivera Frida Kahlo Museums Trust/VG Bild-Kunst, Bonn 2011

1935 begann Italien einen schon lange geplanten Krieg mit Abessinien. Mit der Eroberung Abessiniens rief Mussolini das italienische „Imperium“ aus und forderte die Vormachtstellung Italiens im Mittelmeerraum. Nach einem Bündnisvertrag (Stahlpakt) mit Hitler verkündete Mussolini 1936 in einer Rede die „Achse Rom-Berlin“. Ab 1938 geriet Mussolini immer stärker in die Abhängigkeit des Deutschen Reiches. 1939 besetzte Italien Albanien und griff nach Abschluss eines Dreimächtepaktes mit Deutschland und Japan Griechenland an. 1941 mussten sich die Italiener aus Griechenland zurückziehen. Die Invasion der Alliierten auf Sizilien im Juli 1943 schwächte Mussolinis innere Position und stärkte die Streikbewegung gegen die faschistische Herrschaft. Ende Juli wurde Mussolini durch den „Faschistischen Großen Rat“ abgesetzt und auf Anordnung Viktor Emanuels III. verhaftet.

Am 12. September befreiten deutsche Fallschirmtruppen Mussolini aus seiner Internierung auf dem Gran Sasso und brachten ihn zu Hitlers Hauptquartier „Wolfsschanze“.

Mit deutscher Hilfe bildete Mussolini eine faschistische Gegenregierung und rief die „Soziale Republik Italien“ aus. Von Salò (am Gardasee) aus versuchte Mussolini, die Herrschaft in Nord- und Mittelitalien wiederzuerlangen. Er blieb aber ein Instrument der deutschen Besatzungstruppen. Im April 1945, nach erfolglosen Verhandlungen mit der Widerstandsbewegung, versuchte Mussolini nach Deutschland zu fliehen und wurde am Comer See von italienischen Widerstandskämpfern gefangen genommen.

Benito Mussolini wurde mit seiner Geliebten Clara Petacci in Giuliano di Mezzegra (Comer See) erschossen. Ihre geschändeten Leichen wurden öffentlich aufgehängt.

Faschismus

Er ist im engeren Sinn die Eigenbezeichnung der politischen Bewegung, die unter der Führung von Benito Mussolini 1922 in Italien die Macht übernahm, sowie für das von dieser Bewegung bis 1945 aufrechterhaltene Herrschaftssystem.
Im weiteren Sinne bezeichnet der Begriff Faschismus alle politischen Bewegungen und Herrschaftssysteme mit extrem nationalistischer, antidemokratischer und antikommunistischer Ideologie und autoritären Strukturen, die zwischen den beiden Weltkriegen entstanden, vor allem den deutschen Nationalsozialismus unter Adolf Hitler.
Der Begriff leitet sich ab von lateinisch „fasces", italienisch „fascio", der Bezeichnung für das im antiken Rom als Symbol der umfassenden Amtsgewalt der römischen Magistrate – dazu gehörten das Recht auf Züchtigung und die Verhängung der Todesstrafe – getragene Rutenbündel mit Beil. Ab 1926 war das Rutenbündel in Italien offizielles Staatssymbol.

Merkmale des Faschismus

Der Faschismus ist keine geschlossene Ideologie und deshalb als Begriff unscharf. Ein zentrales Merkmal der faschistischen Organisationen ist die streng hierarchische Ausrichtung am Führerprinzip; an der Spitze der faschistischen Bewegung bzw. des faschistischen Staates steht der Führer (italienisch „Duce").
Die faschistischen Bewegungen mythisieren die Volksgemeinschaft, verabsolutieren das jeweilige nationale Eigeninteresse und verherrlichen und verklären die Geschichte des eigenen Volkes. Ein weiteres gemeinsames Merkmal der verschiedenen faschistischen Bewegungen ist der Totalitarismus, d. h. ihr Ziel ist die Errichtung einer faschistischen Einparteiendiktatur, in der die herrschende Partei Staat und Gesellschaft vollkommen unter ihrer Kontrolle hat und in dem alle Merkmale eines demokratischen Verfassungsstaates fehlen. Der faschistische Staat war als Gesellschaft jenseits von sowohl Kapitalismus wie auch Klassenkampf gedacht, die auf der „Volksgemeinschaft" basiert, in der Minderheiten ethnischer, religiöser oder politischer Art keinen Platz haben; die Minderheiten und Randgruppen werden dazu benutzt, um soziale Spannungen und andere Konflikte auf sie abzuwälzen. Der Faschismus zeichnet sich durchgehend auch durch eine erhöhte Aggressivität und Gewaltbereitschaft seiner Anhänger aus. Politische Überzeugungsarbeit wurde nicht auf demokratischem, parlamentarischem Wege geleistet, sondern mittels kämpferischer Propaganda und Terror, mit dem die paramilitärischen Verbände der faschistischen Organisationen die politischen Gegner einschüchterten bzw. ausschalteten. Kennzeichnend ist weiterhin, dass sich die unmittelbare, aktive Anhängerschaft des Faschismus fast nur aus vorwiegend jüngeren Männern rekrutierte.
Faschistische Bewegungen gab es in nahezu allen europäischen sowie zahlreichen südamerikanischen Staaten. Im Spanischen Bürgerkrieg z. B. kam die Falange unter Francisco Franco mit deutscher und italienischer Hilfe an die Macht und konnte sich bis 1975 halten.
Die Ansätze zur Wiederbelebung des Faschismus nach dem Zweiten Weltkrieg werden unter dem Begriff Neofaschismus zusammengefasst.

Der italienische Faschismus

1915 gründete Mussolini die Fasci d'azione rivoluzionaria, die sich für den Kriegseintritt Italiens stark machten. Aber erst nach der schroffen Abkehr von sozialistischen und kommunistischen Ideen wurde der Faschismus ab 1920 zu einer Massenbewegung. Zu seiner Anhängerschaft zählten vor allem ländliche Grundbesitzer und der kleinbürgerliche und bürgerliche Mittelstand. Politische Gegner wurden mit Terrorakten ausgeschaltet. 1921 kam es zur Gründung der faschistischen Partei, der Partito Nazionale Fascista, die Rückhalt auch in Bürokratie, Kirche und Armee fand.
Nach dem Marsch auf Rom ernannte König Viktor Emanuel III. Mussolini am 30. Oktober 1922 zum Ministerpräsidenten. 1932 legte der Duce mit der Dottrina del fascismo erstmals einen zusammenfassenden Entwurf für eine italienisch-faschistische Ideologie vor. Mit Bezug auf Friedrich Nietzsches „Willen zur Macht" und in Anlehnung an Vilfredo Pareto konstruierte Mussolini die These von der Legitimität der autoritären Herrschaft „großer Männer". Von Georges Sorel inspiriert, erklärte er die direkte Aktion zum schöpferischen Gestaltungsprinzip des Politischen.
Der aus vielen Quellen gespeiste Nationalismus sah Italien als das Zentrum eines mediterranen Imperiums. Eine rassenideologische, antisemitische Komponente fand erst durch den zunehmenden Einfluss der deutschen Nationalsozialisten Eingang in die faschistische Doktrin.

GE	Name: ______________________	Datum: ______________	

Der Faschismus in Italien

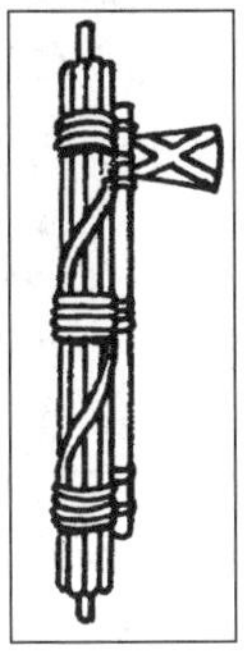

❶ Woher kommt der Begriff „Faschismus“? Recherchiere im Internet.

❷ Gib in Stichpunkten die wesentlichen Merkmale des Faschismus wieder.

❸ Erstelle in der Gruppe mithilfe des Internets ein Kurzreferat über das Leben von Benito Mussolini. Notiere dazu einige Stichpunkte.

❹ Warum konnte in Italien Mussolini an die Macht kommen?

❺ Mit welchen Mitteln festigte Mussolini seine Machtposition?

❻ Wie unterschied sich Mussolinis Innenpolitik von der Hitlers?

GE | Lösung

Der Faschismus in Italien

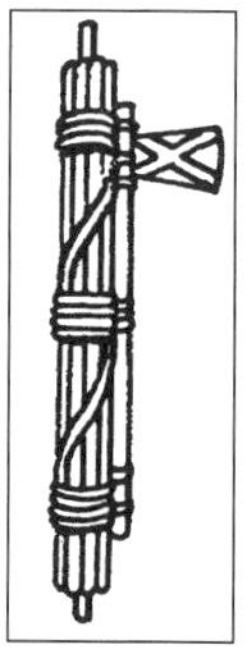

❶ Woher kommt der Begriff „Faschismus"? Recherchiere im Internet.

Der Begriff leitet sich ab von lateinisch „fasces", der Bezeichnung für das im antiken Rom als Symbol der umfassenden Amtsgewalt der römischen Magistrate (dazu gehörten das Recht auf Züchtigung und die Verhängung der Todesstrafe) getragene Rutenbündel mit Beil. Ab 1926 war es offizielles Staatssymbol.

❷ Gib in Stichpunkten die wesentlichen Merkmale des Faschismus wieder.

Herrschaftssystem mit extrem nationalistischer, antidemokratischer, antikommunistischer Ideologie, autoritären Strukturen; alle individuellen, demokratischen Freiheitsrechte abgeschafft; an der Spitze steht der Führer; verherrlicht Geschichte des eigenen Volkes; Errichtung einer faschistischen Einparteiendiktatur, Staat, Gesellschaft unter Kontrolle; erhöhte Aggressivität, Gewaltbereitschaft seiner Anhänger; kämpferische Propaganda, Terror

❸ Erstelle in der Gruppe mithilfe des Internets ein Kurzreferat über das Leben von Benito Mussolini. Notiere dazu einige Stichpunkte.

Benito Mussolini (1883–1945) war von 1922 bis 1943 faschistischer Diktator Italiens („Duce"); Abitur; Grundschullehrerdiplom; Journalist; Soldat im Ersten Weltkrieg; Heirat; 1921 Politiker; „Marsch auf Rom"; Ministerpräsident; Diktator; Absetzung; Ermordung

❹ Warum konnte in Italien Mussolini an die Macht kommen?

Nach dem Ersten Weltkrieg lagen desolate Verhältnisse vor (ruinierte Wirtschaft, hohe Menschenverluste, nationale Enttäuschung).

❺ Mit welchen Mitteln festigte Mussolini seine Machtposition?

Lateranverträge 1929: Vatikan und Italien erkannten sich nach 58 Jahren als eigenständige Staaten an. Diese Aktion erhöhte das Ansehen Mussolinis im Volk. Kleine außenpolitische Erfolge (Libyen, Abessinien), pompöse Feiern, Massenveranstaltungen.

❻ Wie unterschied sich Mussolinis Innenpolitik von der Hitlers?

Mussolini einigte sich mit der katholischen Kirche. Er stand der Kirche nicht feindlich gegenüber. Die „Blut und Boden"-Ideologie und der fanatische Rassismus Hitlers waren ihm fremd.

Der Spanische Bürgerkrieg

Lerninhalte:

- Wissen um die Ursachen des Spanischen Bürgerkrieges
- Kennenlernen des Lebenslaufes von Francisco Franco
- Wissen um den Verlauf und das Ergebnis des Spanischen Bürgerkrieges
- Wissen um die Motive Hitlers, sich in Spanien militärisch zu engagieren
- Kennenlernen von Pablo Picassos Gemälde „Guernica“ (1937)
- Vergleich mit der Version von Ron English „Guernica 2.0“ (2006)

Arbeitsmittel/Medien:

- Arbeitsblatt mit Lösung (Folie 6)
- Folie 1: Bild Francisco Franco
- Folie 2: Chronik Spanischer Bürgerkrieg
- Folien 3/4: Hitlers Bomben auf Guernica
- Folie 5: Guernica/Pablo Picasso: „Guernica“/Ron English: „Guernica 2.0“
- Folie 6: Karte Spanischer Bürgerkrieg
- DVD: Wem die Stunde schlägt (1943; 158 Minuten; farbig)
- Video: Unversöhnliche Erinnerungen (1979; 92 Minuten; farbig)

Folie 1

Verlaufsskizze (1 Unterrichtseinheit + Film)

I. Motivation

Stummer Impuls Aussprache Impuls	Folie 1 (S. 125)	Bild: Francisco Franco („Caudillo“) L: Dieser Mann etabliert den Faschismus in Spanien. Er erreicht das über den blutigsten Krieg in der Geschichte Spaniens.
Aussprache Zielangabe	Tafelanschrift	**Der Spanische Bürgerkrieg**

II. Begegnung/Erarbeitung

Gruppenarbeit Arbeitsaufgaben	Internet	① Stelle die Ereignisse des Spanischen Bürgerkrieges kurz in chronologischer Reihenfolge dar. ② Erstelle einen kurzen Lebenslauf von Francisco Franco.
Gruppenarbeit Gruppenberichte Aussprache	Kurzreferate	
Zusammenfassung Aussprache	Folie 2 (S. 127) Folie 6 (S. 132)	Der Spanische Bürgerkrieg (1936–1939) Karte: Spanischer Bürgerkrieg

III. Wertung

Erlesen Aussprache Lehrerinformation	Folien 3/4 (S. 128/129)	Hilters Bomben auf Guernica Wahrscheinlich sind rund 300 Personen verbrannt, zerfetzt oder erschossen worden. Es war der erste Auslandseinsatz der neuen NS-Reichsluftwaffe und der erste vernichtende Luftangriff auf ein ziviles Flächenziel in der Militärgeschichte.
Stummer Impuls Aussprache Diskussion	Folie 5 (S. 130)	Guernica/„Guernica“ (Picasso)/„Guernica 2.0“ (English) L: Vergleich Francisco Franco – Diktator Francisco Franco, spanischer Diktator, ging mit äußerster Härte gegen politische Feinde vor. Er war verantwortlich für politische Säuberungen, Folter und die Errichtung von Konzentrationslagern.

IV. Sicherung

Zusammenfassung Kontrolle	Arbeitsblatt (S. 131) Folie 6 (S. 132)	Der Spanische Bürgerkrieg

V. Vertiefung

Aussprache	DVD	Wem die Stunde schlägt
Aussprache	Videofilm (Ausschnitt)	Unversöhnliche Erinnerungen

Der Spanische Bürgerkrieg (1936–1939)

Die Wirtschaftskrise der frühen 20er-Jahre brachte Spanien an den Rand eines Bürgerkrieges. General Primo de Rivera führte 1923 einen Militärputsch durch und setzte eine Militärdiktatur ein, die bis 1930 bestand. Die Wahlen 1931 waren ein Triumph für die Linke. Die Monarchie wurde so stark kritisiert, dass König Alfonso XIII. am 14. April 1931 zurücktrat und das Land verließ.
Dies war der Beginn der Zweiten Republik. Es kam es zu einer zunehmenden Gegnerschaft von konservativen und faschistischen Kräften auf der einen Seite sowie linken und bürgerlich-republikanischen Gruppen auf der anderen Seite. Die Nationale Front vereinte Großgrundbesitz, monarchistische Strömungen, Faschismus und katholischen Konservatismus. Ihnen gegenüber stand die Volksfront, die kommunistisch, sozialistisch, antiklerikal und republikanisch ausgerichtet war.
Bei den Wahlen im Februar 1936 siegte dann die links stehende Volksfront, die 278 Mandate erringen konnte, während die Nationale Front nur 134 Mandate auf sich vereinen konnte. Die regierende Volksfront beschloss Gesetzte, die die Großgrundbesitzer verpflichteten, Land an Kleinbauern abzugeben. Auch die Industrie wurde angewiesen, streikende Arbeiter wieder einzustellen. Jedoch hielten sich weder Industrie noch Großgrundbesitzer an diese Gesetze. Deshalb gelang keine Lösung der wirtschaftlichen Probleme. So erhob sich unter der Führung der Generäle Goded, Mola, de Llano und Franco im Juli 1936 die Garnison in Spanisch-Marokko. Die Militärrevolte erfasste bald ganz Spanien und weitete sich zum Spanischen Bürgerkrieg aus.
Der unmittelbare Auslöser des Krieges war die Ermordung des Monarchistenführers Sotelo durch die Polizei am 13. Juli 1936. Dieses Ereignis war für die Nationalisten willkommener Anlass, um den Kampf gegen die Republik zu beginnen.
Der „Nationale Block“ (katholische Sammelbewegung CEDA, Monarchisten, Falange) stützte sich bei seinem Kampf gegen die Republik auf das Afrika-Heer sowie auf diverse Milizen. Die Aufständischen wurden in Form von Waffenlieferungen, Soldaten und militärischer Ausrüstung massiv durch das faschistische Italien und das nationalsozialistische Deutsche Reich unterstützt. Hätten nicht ab Mitte Juli 1936 deutsche und italienische Flugzeuge die Truppen der Rebellen über die Meerenge von Gibraltar nach Spanien eingeflogen, wäre ihr Aufstand gleich zu Beginn gescheitert.
Die Sowjetunion hingegen kam der Volksfrontregierung (Sozialisten, Kommunisten und POUM, der Arbeiterpartei der Marxistischen Einheit) erst nach einigem Zögern mit mehrmonatiger Verspätung zu Hilfe, um einen weiteren europäischen Rechtsruck zu verhindern oder zumindest abzubremsen.
Weder die USA noch Großbritannien oder Frankreich intervenierten, doch strömten aus verschiedensten Teilen Europas und auch aus den Vereinigten Staaten Zehntausende Freiwillige nach Spanien, die in den sogenannten „Internationalen Brigaden“ für die Republik kämpften.
Relativ rasch bildeten die Aufständischen eine Junta-Regierung, an deren Spitze der junge General Franco trat, der sich am 1. Oktober 1936 zum Staatsoberhaupt („Caudillo“) ausrufen ließ. Ihm gelang es zwar zunächst nicht, Spaniens Hauptstadt Madrid einzunehmen, doch erzielten die Nationalisten bald bedeutende Gebietsgewinne.
Beide Seiten führten den Bürgerkrieg rücksichtslos und grausam, doch überwogen letztlich die republikanischen Opfer. Nicht zuletzt die deutsche und italienische Waffenhilfe sorgte schließlich für das Ende der Zweiten Republik in Spanien. Negativer Höhepunkt war der deutsche Luftangriff am 26. April 1937 auf Guernica. Am 26. Januar 1939 wurde Barcelona von den Putschisten besetzt, Katalonien besiegt. Francos Truppen zogen am 26. März in Madrid, am 30. April in Valencia ein. Am 1. April 1939 erklärte Franco den Spanischen Bürgerkrieg für beendet.

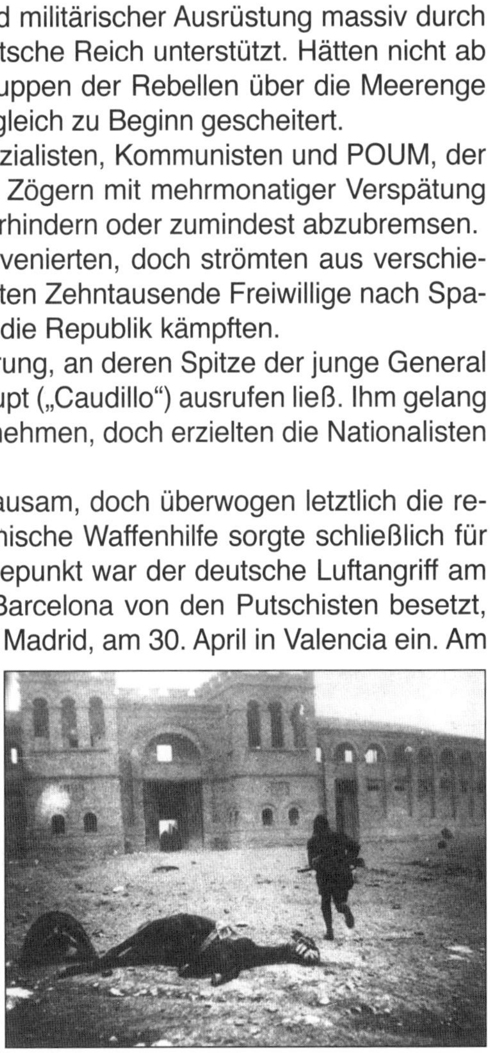

Durch zahllose Kämpfe, Bombardements, Massaker, Attentate und Hinrichtungen wurden während des Spanischen Bürgerkriegs über eine halbe Million Menschen getötet. 192 Städte wurden zerstört.
Die Diktatur Francos dauerte bis zu dessen Tod am 20. November 1975. Der Diktator hatte das Land über 36 Jahre lang regiert, wobei Armee, faschistische Falange-Bewegung, Nationalkatholizismus und Großgrundbesitz wichtige Pfeiler seiner autoritären Herrschaft bildeten.

Hitlers Bomben auf Guernica
„Sie haben die Stadt eingeäschert“

Von Jörg Diehl

Der Angriff wurde zum Symbol für den Luftkrieg-Terror der Nazis: Vor 70 Jahren zerstörte die „Legion Condor“ Guernica. Hitler machte das baskische Städtchen zum Experimentierfeld für die neue Art des Bomberkrieges.

Hamburg – „Guernica, Stadt von 5000 Einwohnern“, notierte der Stabschef der „Legion Condor“, Wolfram von Richthofen, militärisch knapp in seinem Kriegstagebuch, „buchstäblich dem Erdboden gleichgemacht. Bombenlöcher auf Straßen noch zu sehen, einfach toll.“ Über die Opfer, es waren Hunderte, schrieb der Oberstleutnant nicht.

Der 26. April 1937 war ein Montag. Markttag. Im baskischen Guernica drängten sich die Menschen, als am Nachmittag, es war gegen 16.30 Uhr, plötzlich die Glocken läuteten. Flieger-Alarm! Schon tauchte ein Flugzeug am Himmel auf. Ein deutscher Bomber, Typ Heinkel 111, am Steuerknüppel saß Oberleutnant Rudolf von Moreau. Über dem Stadtzentrum öffnete der Offizier die Bombenschächte seiner Maschine. Herab regnete der Tod.

In Wellen folgten weitere Bomber und Jagdflugzeuge. Sie warfen Spreng-, Splitter- und Brandbomben, insgesamt 31 Tonnen Munition gingen auf Guernica nieder. Zweieinhalb Stunden lang wüteten die deutschen und italienischen Kampfflieger über der Stadt – „mit einer bisher ungekannten Brutalität“, wie es der Präsident der baskischen Regierung, José Antonio de Aguirre, drei Tage später formulierte. „Sie haben die Stadt eingeäschert und mit Maschinengewehrsalven die Frauen und Kinder verfolgt, die in panischer Angst flohen und zahlreich zu Tode kamen“, so Aguirre. Der Augenzeuge Juan Guezureya erinnerte sich noch 1974 im Gespräch mit zwei britischen Reportern an den schrecklichen Nachmittag: „In einer Höhe von etwa 30 Metern flogen die beiden Maschinen hin und her wie fliegende Schäferhunde, die eine Menschenherde zum Schlachten zusammentreiben.“

Der Kriegsberichterstatter George L. Steer schrieb zwei Tage später in der Londoner „Times“: „Die Taktik der Angreifer war ganz klar: Zuerst schwere Bomben und Handgranaten, um die Bevölkerung zu sinnlosen Fluchtversuchen zu veranlassen, dann Maschinengewehrfeuer, um sie in unterirdische Verstecke zu treiben und dann schließlich Zerstörung dieser Unterstände mit schweren Feuerbomben.“

Die Folgen des Angriffs waren verheerend. Nahezu drei Viertel aller Gebäude wurden zerstört, der Kern des historischen Ortes vollständig verwüstet. „Um zwei Uhr morgens, als ich die Stadt erreichte“, notierte Steer, „war sie schrecklich anzusehen, sie stand von einem Ende bis zum anderen in Flammen. Den Widerschein des Feuers konnte man in den Rauchwolken über den Bergen schon zehn Meilen vor der Stadt sehen. Die ganze Nacht hindurch stürzten Häuser ein, bis von den Straßen nur noch große Haufen undurchdringlichen rotglühenden Schutts übrig waren.“

Die Zahl der Opfer kann nur geschätzt werden. Die baskische Regierung gab an, 1654 Einwohner seien getötet, 889 verwundet worden. Neuere Untersuchungen gehen indes nur von 200 bis 300 Toten aus. Unstrittig jedoch ist, dass Guernica eine der ersten Städte war, die durch einen Bombenangriff zerstört wurde – ohne Rücksicht auf Frauen, Kinder, Alte. Drei Jahre vor der Zerstörung Coventrys und acht Jahre vor der Bombardierung Dresdens hatten die Piloten der deutschen Expeditionstruppe „Legion Condor“ mit dem soldatischen Grundsatz gebrochen, Zivilisten zu verschonen.

„Guernica war für die deutsche Luftwaffe auch ein Testlauf, wie man Schrecken und Verzweiflung durch Angriffe auf Städte und Ortschaften verbreiten konnte“, sagte Wolfgang Schmidt, Fachleiter Luftwaffe im Militärgeschichtlichen Forschungsamt Potsdam, jetzt SPIEGEL ONLINE. „Natürlich war die Bombardierung Guernicas ein eklatanter Bruch des Kriegsvölkerrechts und hatte einen terroristischen Charakter. Man hat zumindest billigend in Kauf genommen, dass Zivilisten zu Schaden kommen.“

Zeitzeuge Steer wählte – den Schrecken noch vor Augen – deutlichere Wort für seine Empörung: „Der Überfall auf Guernica ist ohne Beispiel in der Militärgeschichte. Guernica war kein militärisches Objekt. Die Stadt lag weit hinter der Front. Der Zweck des Bombardements war anscheinend die Demoralisierung der Zivilbevölkerung und die Vernichtung der Wiege des baskischen Volkes.“

Der internationale Protest, der nach der Bombardierung aufbrandete, war massiv. Weltweit wollte man wissen, wer die Schandtat zu verantworten hatte. Das Lager des Nationalisten Franco, auf dessen Seite sich die Deutschen im Spanischen Bürgerkrieg geschlagen hatten, behauptete schnell, die abziehenden republikanischen Truppen hätten die Stadt verwüstet. Als Reichskriegsminister Werner von Blomberg beim Oberkommando der „Legion Condor" nachfragte, wer an der Operation beteiligt gewesen sei, meldete man ihm dreist: „Keine Deutschen!"

Gleichzeitig entsandten die Militärs jedoch Spezialisten in die inzwischen eingenommene Stadt, um verdächtige Munitionsreste einsammeln zu lassen. Zudem bekamen alle Flieger einen Maulkorb verpasst. Dabei hatte der Kommandeur des inoffiziellen Expeditionskorps zur Unterstützung der rechten Franco-Putschisten sogar noch höchstpersönlich am Abend des 26. April 1937 nach Berlin gefunkt: „Sämtliche fliegenden Verbände der „Legion Condor" in mehrmaligem Einsatz Angriff auf zurückgehenden Gegner auf Straßen nördlich Monte Oiz und auf Brücke und Straßen ostwärts Guernica."

Als das Leugnen nicht half, führte die Wehrmacht taktische Notwendigkeiten für den Angriff ins Feld. Zweck der Operation sei allein gewesen, eine Brücke zu zerstören und abrückenden Truppen den Weg abzuschneiden, hieß es nachträglich. „Mein Kollege Klaus A. Maier hat herausgearbeitet, dass tatsächlich ein militärisches Ziel im Vordergrund stand", so Experte Schmidt. „Es ging darum, die Verkehrsinfrastruktur zu zerstören und den Rückzug republikanischer Truppen zu erschweren."

Doch das war längst nicht alles. Der damalige Oberbefehlshaber der Luftwaffe, Hermann Göring, offenbarte bereits in den Nürnberger Prozessen, der Einsatz der Wehrmacht in Spanien habe Übungszwecken gedient. Es bot sich „die Gelegenheit, im scharfen Schuss zu erproben, ob das Material zweckentsprechend entwickelt wurde", so Göring. 2003 dann veröffentlichte der SPIEGEL lange verschollen geglaubte Dokumente, die belegen, dass es den Deutschen auf der iberischen Halbinsel vor allem darum ging, moderne Kriegstechnik und -taktik für eine künftige militärische Auseinandersetzung unter realistischen Bedingungen auszuprobieren.

Joachim von Richthofen, nicht verwandt mit seinem gleichnamigen Kommandeur, hatte für die „Legion Condor" in einem Geheimbericht die Wirkung deutscher, spanischer und italienischer Bomben analysiert und darin Hinweise gegeben, wie sich die Zerstörungsleistung der Waffen erhöhen ließ. Den Angriff auf Guernica schilderte er als geplante Operation: „Erst gelangten Brandbomben zum Abwurf, die viele Dachstuhlbrände anregten." Darauf folgten „Angriffe mit 250-Kilo-Sprengbomben", „Wasserleitungen wurden zerstört, was Löschversuche vereitelte". Die „Volltrefferzahl" sei nicht so hoch gewesen, „einzelne Bomben sind auf freie Plätze gefallen", kritisierte er. Darüber, dass mögliche Ziele wie eine Brücke oder Munitionsfabriken verfehlt worden seien, verlor der penible Buchhalter des Schreckens kein einziges Wort.

Fest steht seither: Die Deutschen begriffen Bürgerkriegs-Spanien als gigantischen Truppenübungsplatz. Etwa 19000 Soldaten, offiziell handelte es sich bei ihnen ausnahmslos um „Freiwillige", ließ das Nazi-Regime in einem aufwendigen Rotationsverfahren an den Auseinandersetzungen zwischen Nationalisten und Republikanern teilhaben. „Zwei Jahre Kriegserfahrungen sind nützlicher gewesen als zehn Jahre Ausbildung in Friedenszeiten", resümierte ein deutscher General.

Der Stabschef der „Legion Condor", Wolfram von Richthofen, brachte es in Hitlers Wehrmacht schließlich bis zum Generalfeldmarschall. Er starb wenige Wochen nach dem Ende des Zweiten Weltkriegs. In seinem Kriegstagebuch zum Spanien-Einsatz notierte er am 28. April 1937: „Abends liegt bestimmte Nachricht vor, dass Guernica dem Erdboden gleichgemacht ist. Für morgen noch keine Pläne."

© SPIEGEL ONLINE Panorama, 26. April 2007

Guernica nach der Bombardierung am 26. April 1937

Pablo Picasso: „Guernica“ (1937) © Succession Picasso/VG Bild-Kunst, Bonn 2011
Innerhalb von nur zwei Monaten schuf Picasso sein Ölbild „Guernica“ als Anklage gegen das Bombardement der gleichnamigen spanischen Stadt durch die deutsche Luftwaffe während des Spanischen Bürgerkrieges.

Ron English: „Guernica 2.0“ (2006) © VG Bild-Kunst, Bonn 2011

GE	Name: ______________	Datum: ________	

Der Spanische Bürgerkrieg

❶ Fasse den Spanischen Bürgerkrieg kurz in Stichpunkten zusammen.

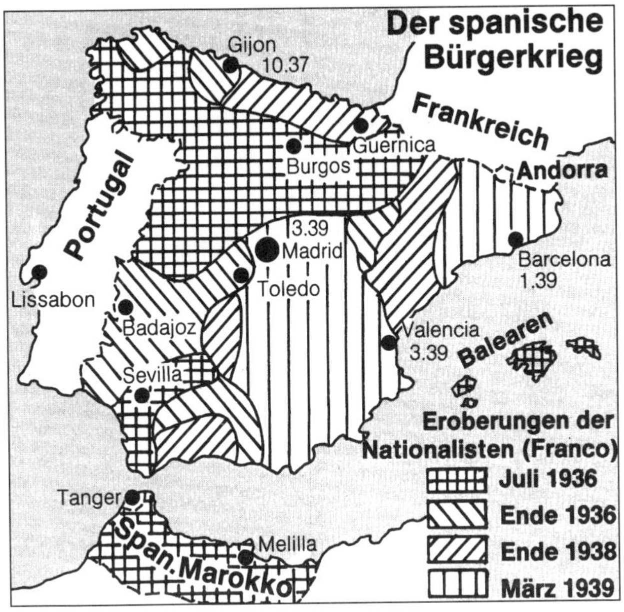

❷ Warum engagierte sich das Deutsche Reich im Spanischen Bürgerkrieg?

❸ Auf der Seite der Republikaner standen und kämpften auch Politiker, Künstler und Literaten. Suche im Internet nach ihrem Engagement.

❹ Pablo Picasso malte 1937 sein weltberühmtes Gemälde „Guernica“. Was war der Anlass dafür?

Guernica

Der Spanische Bürgerkrieg

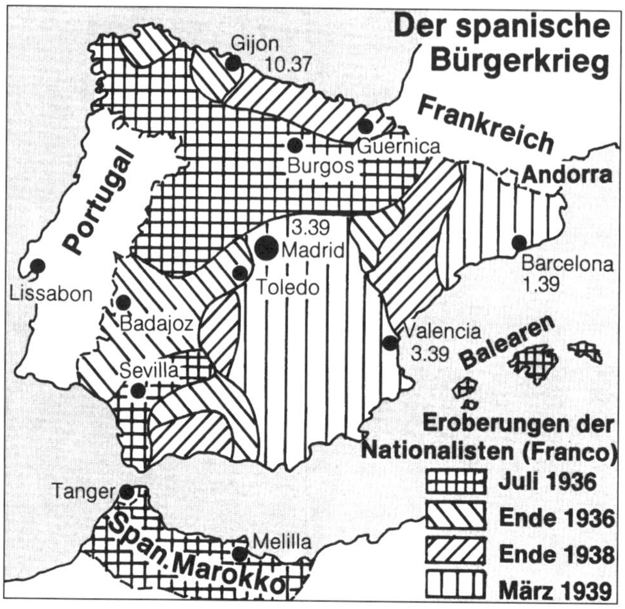

❶ Fasse den Spanischen Bürgerkrieg kurz in Stichpunkten zusammen.

Er dauerte vom 17. Juli 1936 bis zum 1. April 1939. Die Hauptursache des Bürgerkrieges war Spaniens schwaches politisches System, das zwischen 1917 und 1923 dreizehn Regierungen zuließ. Gegner waren auf der einen Seite die Aufständischen (Nationalisten) unter General Francisco Franco („Caudillo") als Führer der faschistischen Bewegung „Falange" mithilfe aus Deutschland und Italien, auf der anderen Seite die „Volksfront", bestehend aus Republikanern, Sozialisten und Kommunisten mit Unterstützung aus Russland, Frankreich und den Internationalen Brigaden mit ca. 200000 freiwilligen Kämpfern aus 53 Nationen. Der Krieg endete mit der Besetzung Madrids durch die Truppen Francos, die Republikaner kapitulierten. Mehr als 500000 Tote und 192 zerstörte Städte waren zu beklagen.

❷ Warum engagierte sich das Deutsche Reich im Spanischen Bürgerkrieg?

Es nutzte sein Eingreifen u. a. zur Erprobung neuer Waffensysteme, vor allem seiner Kampfflugzeuge (Legion „Condor", rund 700 deutsche Flugzeuge warfen 21 Millionen Tonnen Bomben auf die republikanischen Truppen ab, rund 19000 deutsche Soldaten wurden in Spanien eingesetzt; Kosten: etwa 500 Millionen Reichsmark). Außerdem sah das NS-Regime eine Gelegenheit, Marxisten zu bekämpfen und die Ausweitung des Kommunismus zu stoppen.

❸ Auf der Seite der Republikaner standen und kämpften auch Politiker, Künstler und Literaten. Suche im Internet nach ihrem Engagement.

George Orwell, Schriftsteller (POUM, Freiwilliger), Willy Brandt, Politiker (Kriegsberichterstatter 1937), Ernest Hemingway, Schriftsteller (Reporter), Egon Erwin Kisch, Journalist/Reporter (Freiwilliger 1937/38), Arthur Koestler u. a.

❹ Pablo Picasso malte 1937 sein weltberühmtes Gemälde „Guernica". Was war der Anlass dafür?

Am 26. April 1937 wurde Guernica von der deutschen Legion Condor bombardiert. Noch immer ist „Guernica" ein Symbol für militärische Zerstörung und militaristisches Verbrechen.

Guernica

Die UdSSR unter Josef Stalin

Lerninhalte:

- Wissen um den Lebensweg von Josef Stalin
- Kennenlernen der Zustände im postrevolutionären Russland
- Wissen um Stalins Methoden zur Erlangung der Macht
- Kenntnis des gewaltsamen Aufbaus des Sozialismus
- Kenntnis der Ziele des Kommunismus
- Kennenlernen der Gründe der „Entstalinisierung“
- Widerstand in unserer Demokratie heute

Arbeitsmittel/Medien:

- Arbeitsblatt mit Lösung (Folie 4)
- Informationsblätter 1/2: Die UdSSR unter Josef Stalin
- Folie 1: Bild Josef Stalin
- Folie 2: Die Rolle des Faschismus und die Methode der Gewalt
- Folie 3: Katyń (Filmplakat)
- DVD: Katyń (2007; 118 Minuten; farbig)

Folie 1

Verlaufsskizze (1 Unterrichtseinheit + Film)

I. Motivation

Stummer Impuls Aussprache Impuls Aussprache Zielangabe	Folie 1 (S. 133) Tafelanschrift	Bild: Josef Stalin L: Dieser Mann brachte unendliches Leid, Terror und millionenfachen Tod über sein Land. **Die UdSSR unter Josef Stalin**

II. Begegnung/Erarbeitung

Gruppenarbeit Arbeitsaufgaben Gruppenarbeit Gruppenberichte Aussprache	Infoblätter 1/2 (S. 135/136) Kurzreferate	① Welche Zustände herrschten im postrevolutionären Russland? ② Mit welchen Methoden erreichte Stalin seine unumschränkte Machtposition? ③ Wie und mit welchen Folgen geschah der gewaltsame Aufbau des Sozialismus? ④ Kennzeichne kurz den Lebensweg Stalins.

III. Wertung

 Erlesen Aussprache Stummer Impuls Lehrerinformation Aussprache Diskussion	Folie 2 (S. 139) Folie 3 (S. 140)	Die Rolle des Faschismus und die Methode der Gewalt Tendenz des Artikels? Katyń L: Katyń – der Name dieses Ortes bei Smolensk in Russland wurde 1943 plötzlich weltbekannt, als deutsche Truppen dort eines von drei Massengräbern mit insgesamt 15000 polnischen Berufs- und Reserveoffizieren entdeckten, die der sowjetische Geheimdienst NKWD drei Jahre zuvor in einer minutiös geplanten Aktion liquidiert hatte. Für die Polen bedeutete der Massenmord eine nationale Katastrophe, da es sich vor allem bei den Reserveoffizieren um die Führungsschicht ihres Landes handelte. Das polnische Trauma, das mit dem Wort Katyń verbunden ist, wird im Westen oft unterschätzt. Wer die Schwierigkeiten auch des künftigen polnisch-sowjetischen Verhältnisses verstehen will, muss wissen, was 1940 geschehen ist. Am 13. April 1990 gestand Gorbatschow schließlich die sowjetische Alleinschuld an Katyń offiziell ein. Noch 1990/1991 veröffentlichte das Wojenno-Istoritscheski Schurnal eine Artikelserie, die die Version verbreitete, die Deutschen seien verantwortlich gewesen. Was Gorbatschow noch unterlassen hatte, holte der russische Präsident Jelzin im Oktober 1992 nach: Er überließ Polen die Akte von 1940, mit der Kaganowitsch, Stalin, Beria und andere die Exekutionen von Katyń angeordnet hatten. Nach sowjetischen Dokumenten fanden 21857 Menschen den Tod, nach Angaben Polens waren es ca. 30000 Personen. Für das Verbrechen verantwortlich war die ganze damalige Staats- und Parteiführung der Sowjetunion. Bisher weigert sich die derzeitige russische Regierung jedoch, die Opfer des Massakers von Katyń offiziell als Opfer des stalinistischen Terrors anzuerkennen.

IV. Sicherung

Zusammenfassung Kontrolle	Arbeitsblatt (S. 137) Folie 4 (S. 138)	Die UdSSR unter Josef Stalin

V. Vertiefung

Aussprache	DVD	Katyn

Die UdSSR unter Josef Stalin

Die Ergebnisse der Politik Stalins sind bekannt. Brutale Zwangskollektivierung der Kulaken, der sogenannten „Großbauern", bei denen, vor allem in der Ukraine Millionen an unschuldigen Opfern starben, die genaue Zahl ist nicht bekannt. Die Hungersnot wurde einfach geleugnet, obwohl von Stalin diese Not bewusst organisiert wurde, um die Bauernschaft zu vernichten. „Unter unvorstellbaren Opfern wurde das rückständige Riesenreich ins technische Zeitalter katapultiert. Es war dem Diktator vorbehalten, Europas düsterer Geschichte der Bauernvertreibungen in Industrialisierungsphasen ein neues finsteres Kapitel hinzuzufügen." Doch nicht nur die Kulaken wurden im Rahmen von „Stalins Revolution von oben" vernichtet – auch Parteimitglieder, die sich kritisch äußerten oder gegen Stalins Politik aufbegehrten, wurden einfach umgebracht, es kam zu der „großen Säuberung" und der „Jeschowschtina", dem großen Terror von 1934 bis 1939, dem offiziell 36000 Menschen, inoffiziell jedoch rund 20 Millionen Menschen zum Opfer gefallen sind. Man mag noch einräumen, dass die Strukturveränderung in der Landwirtschaft eine ökonomische Notwendigkeit war, wenn die Industrialisierung beschleunigt werden sollte. Wollte man die Industrialisierung erzwingen, so blieb wohl kaum ein anderer Ausweg als eine totale Strukturveränderung der Landwirtschaft im Sinne des produktiveren und besser zu kontrollierenden Großbetriebes. 1927 hatte die landwirtschaftliche Produktion in der Sowjetunion zwar den Vorkriegsstand erreicht, doch war infolge der Agrarreform von 1917 der als Warengetreide verfügbare Überschuss anteilsmäßig von 26 % auf 13 % zurückgegangen. Wie sollte unter diesen Umständen der Export gesteigert und gleichzeitig eine Reserve gebildet werden? Beides verlangte aber eine Industrialisierung, denn man musste in verstärktem Maße industrielle Ausrüstungen importieren und für die Ernährung der rasch wachsenden Industriestädte sorgen. Nun war der landwirtschaftliche Großbetrieb ohne Zweifel besser geeignet, Überschüsse für den Markt bzw. für die Zwecke des Staates zu produzieren – im zaristischen Russland hatte fast die Hälfte des Warengetreides von den Gutsherren gestammt. Und natürlich hatte der berühmte Satz Stalins aus dem Jahre 1931: „Wir sind hinter den fortgeschrittenen Ländern um fünfzig bis hundert Jahre zurückgeblieben. Wir müssen diese Distanz in zehn Jahren durchlaufen. Entweder bringen wir das zustande, oder wir werden zermalmt", durchaus eine gewisse Berechtigung. Aber die Art und Weise der Zwangskollektivierung widersprach jeder wirtschaftlichen Vernunft und ist nur aus politischen Motiven zu erklären, bei denen sich die ideologischen und machttotalitären Elemente die Waage gehalten haben. Mit dem Widerstand eines bodenverbundenen Bauernstandes brauchte Stalin in Zukunft nicht mehr zu rechnen. „Und Stalin sorgte gleichzeitig dafür, dass auch alle etwa noch auf anderen Gebieten vorhandenen Unklarheiten beseitigt wurden."

Gegen die Politik der Zwangskollektivierung hatte sich Martemjan Rjutin ausgesprochen. Er war ein ehemaliger Parteisekretär in Moskau und verlangte 1932 die Absetzung Stalins und seiner Clique wegen der Folgen der Zwangskollektivierung. Stalin wollte ein Todesurteil gegen ihn erwirken, jedoch setzte die Mehrheit des Politbüros eine zehnjährige Haftstrafe durch. Dies zeigt, dass Stalin 1932 noch mit Widerstand gegen seine absolute Herrschaft zu rechnen hatte. Diesen wollte er beseitigen.

In einem beispiellosen Terror wurde nach dem VII. Parteitag, dem „Parteitag des Sieges" vom Februar 1934 die vermutliche Opposition gegen Stalin ausgeschaltet, beginnend mit dem Mord am Leningrader Parteichef Kirow, den Stalin als potentiellen Rivalen wahrnahm. Zur Festigung seiner Macht ließ Stalin 98 von insgesamt 139 Mitgliedern des Zentralkomitees des XVII. Parteitages erschießen und 1108 von 1956 Parteitagsdelegierten töten. Sie hatten gewagt, in geheimer Abstimmung Kirow mehr Stimmen zu geben als Stalin. Da er nicht wusste, wer gegen ihn gestimmt hatte, ließ er bis zum folgenden XVIII. Parteitag 1939 alle diejenigen, an deren Loyalität er zweifelte, ermorden. Insgesamt sollen rund 20 Millionen Menschen dem Terror zum Opfer gefallen sein. Dieser endete auch nicht 1939, sondern wurde während des Krieges und besonders nach dem Krieg, im „Spätstalinismus" fortgesetzt. Nach der sogenannten „Ärzteverschwörung" vom Januar 1953 wurde offensichtlich eine neue Säuberungswelle geplant, die die Terrorwelle der 30er-Jahre wiederholen sollte. Stalins Tod im März 1953 führte dazu, dass diese glücklicherweise nicht mehr ausgeführt wurde.

Es herrschte während der gesamten Stalin-Zeit ein Klima von Angst, Einschüchterung und Terror in einem „System der Lüge", wie es Anatolij Rybakow sehr beeindruckend in seiner Romantrilogie

„Die Kinder vom Arbat“ anhand seines autobiographischen Schicksals gezeichnet hat. Auch Danil Granin beschreibt die Stalinzeit sehr eindrucksvoll in seinem Werk „Jahrhundert der Angst.“ Auch die persönlichen Eigenschaften Stalins, der nicht nur ein „launischer Sadist“ gewesen ist, sondern möglicherweise an Paranoia oder paranoider Schizophrenie gelitten haben soll, sind hinreichend bekannt, etwa sein pathologisches Misstrauen, seine Grausamkeit, Humorlosigkeit, Übellaunigkeit und Exzentrik sowie sein von allen Stalin-Biographen bezeugtes Unterlegenheitsgefühl, das mit dem oben erwähnten Hass gegen Intellektuelle einherging. Doch dies reicht nicht aus, das „Phänomen des Stalinismus“ zu verstehen. Der Stalinismus ist ein einheitliches Ganzes und kann nur so richtig eingeschätzt und gewürdigt werden. Er stellt eine „exzessiv machtorientierte Ordnung der Innen- und Außenbeziehungen einer Gesellschaft des erklärten Übergangs zum Sozialismus marxistisch-leninistischen Typs dar.“

Besonders seit dem Ende der Sowjetunion 1991 wird über die Ursachen ihres Verfalles diskutiert. Viele der für das stalinistische Herrschaftssystem charakteristischen Elemente finden sich schon bei Lenin. Es handelte sich in beiden Fällen um eine rücksichtslose Diktatur. Dennoch spricht viel für das Argument, es führe keine „gerade Linie“ von Lenin zu Stalin. Auch Lenin konnte – wie die nach dem Fall der Sowjetunion zugänglichen Archive beweisen – menschenverachtend und brutal sein. Boris Meissner schrieb 1988: „Lenin war ein charismatischer Führer und persönlich kein Autokrat. Die Einparteiherrschaft wies unter ihm eine autoritäre, nicht totalitäre Form auf. Sie ließ Freiräume zu, die in der ersten Etappe der ‚Neuen Ökonomischen Politik' erweitert wurden. Diese Freiräume wurden in der zweiten, durch Stalin beherrschten Etappe immer mehr eingeschränkt. Die Staatskonzeption Stalins lief in noch stärkerem Maße als bei Lenin auf den absoluten Machtstaat hinaus.“ Ruffmann differenziert: „In der Tat war Lenin in Fragen der Macht zeit seines Lebens nie zu Kompromissen bereit, sondern im Gegenteil unablässig bemüht, alle Macht für seine Partei zu monopolisieren und dort in einem lediglich von einer kleinen Führungselite kontrollierten Apparat zu zentralisieren ... Lenin war mit Marx und Engels durchaus der Auffassung, dass Gewalt die Hebamme sei, die jede alte Gesellschaft brauche, um eine neue zur Welt zu bringen.

Stalin genügte diese Geburtshelferfunktion nicht. Für ihn war die Gewalt nicht die Hebamme, sondern die Mutter der neuen Gesellschaft. Zugleich wurde unter anderem mit der Zwangskollektivierung der Bauernstellen jener Zustand des organisierten Bürgerkrieges eingeleitet, der sich alsbald über die Gesellschaft als Ganzes ausdehnte, um in der Massenzwangsarbeit sowie in den schon angesprochenen Terrorprozessen der Dreißigerjahre zu gipfeln. Diesen Verhältnissen entsprach die These Stalins, wonach sich innerhalb der Diktatur des Proletariats der Klassenkampf mit Notwendigkeit verschärfen müsse ... Damit aber vollzog sich eine „unzulässige Verallgemeinerung der Bürgerkriegsmethoden zu einem Dauerzustand“. Oder anders und zugleich allgemeiner formuliert: Der beherrschende Grundzug des Stalinismus als Endprodukt, für das Stalin verantwortlich zeichnet, ist exzessiver Opportunismus der Macht; er resümiert sich in der Entscheidung aller Fragen unter dem Gesichtspunkt der Macht, der gewaltsamen Durchsetzbarkeit des Gewollten.“

Hubert Albus: Von der NS-Diktatur bis 1946 • Bestell-Nr. 497 •

GE	Name:	Datum:

Die UdSSR unter Josef Stalin

❶ Gib in Stichpunkten den Lebensweg Stalins wieder.

❷ Welche Zustände herrschten in Russland zu Beginn des 20. Jahrhunderts?

❸ Mit welchen Methoden versuchte Stalin, die Wirtschaft Russlands zu modernisieren?

❹ Die Gewaltherrschaft Stalins war 29 Jahre lang von Terror und Mord gekennzeichnet.

❺ „Katyn" steht stellvertretend für den Terror Stalins? Erkläre.

❻ Wie heißen die drei Staatsmänner auf dem Bild links? Wo fand dieses Treffen statt?

Die UdSSR unter Josef Stalin

❶ Gib in Stichpunkten den Lebensweg Stalins wieder.

Stalin wurde 1879 als Josef Wissarionowitsch Dschugaschwili in Gori (Georgien) geboren und starb 1953 in Moskau. Als Kind eines Schuhmachers und einer Waschfrau lernte er erst mit elf Jahren Russisch. Er sollte Priester werden. Aufgrund seiner sozialistischen Einstellung verbrachte er rund sieben Jahre in Gefängnissen oder auf der Flucht. Lenins Tod 1924 führte zu einem erbitterten Nachfolgekampf, in dem sich Stalin, seit 1922 Generalsekretär der Kommunistischen Partei, gegen Leo Trotzki durchsetzte. Ihn ließ er 1929 ausweisen und 1940 in Mexiko ermorden. Stalin festigte seine Macht im Inneren durch diktatorische Gewalt und gezielten Terror. Seine Außenpolitik ist geprägt von expansionistischem Machtstreben. 1956 beginnt eine „Entstalinisierung", die die Kollektivführung der Partei wieder mehr betont. Stalins Verbrechen werden veröffentlicht und verurteilt.

❷ Welche Zustände herrschten in Russland zu Beginn des 20. Jahrhunderts?

Krasse soziale Gegensätze; Ausbeutung von Arbeitern und Bauern; große Hungersnot im ganzen Land kostete mehreren Millionen Menschen das Leben; ständig Kriege

❸ Mit welchen Methoden versuchte Stalin, die Wirtschaft Russlands zu modernisieren?

Verstaatlichung und gewaltsame Modernisierung der Industrie („Fünfjahrespläne"); Kollektivierung der Landwirtschaft (Kolchosen und Sowchosen), Enteignung der reichen und mittleren Bauern („Kulaken"); Widerstand wurde rücksichtslos gebrochen

❹ Die Gewaltherrschaft Stalins war 29 Jahre lang von Terror und Mord gekennzeichnet.

Verfolgungen und Deportationen von Bürgern, die dem System scheinbar oder tatsächlich im Wege standen; systematischer Terror; Säuberungsaktionen; Schauprozesse; unter Folter erpresste Geständnisse; Ausrottung ganzer Völker der Sowjetunion und ethnischer Minderheiten; Deportation in Arbeitslager (Gulag); Ermordnung von „Kulaken", Priestern und Mönchen, kirchlichen Laien, Großteilen der militärischen Führungsspitze, führenden Mitgliedern der Partei und selbst Angehörigen der Verurteilten; bis zu 20 Millionen Opfer

❺ „Katyn" steht stellvertretend für den Terror Stalins? Erkläre.

In Katyń wurden auf Befehl Stalins mehr als 20000 Polen, darunter rund 5000 Offiziere erschossen und in Massengräbern verscharrt.

❻ Wie heißen die drei Staatsmänner auf dem Bild links? Wo fand dieses Treffen statt?

J. Stalin (UdSSR), F. Roosevelt (USA) und W. Churchill (Großbritannien); auf der Konferenz der Alliierten in Teheran am 28. November 1943

Die Rolle des Faschismus und die Methode der Gewalt

Aus der Unterredung Stalins mit dem englischen Schriftsteller H. G. Wells

Wir bringen im Folgenden die Erklärungen des Genossen Stalin über die Rolle des Faschismus und die Methode der Gewalt.
Wells meinte, dass „die kommunistische Propaganda im Westen, die Propaganda des werktätigen Handelns ... überaus altmodisch klingt.“ Sie „war angebracht zu der Zeit, wo es sich um die unumschränkte Herrschaft der einen oder anderen Tyrannei handelte. Aber unter den modernen Verhältnissen, wo das herrschende System sowieso zusammenbricht und sich auch ohnedies in Zersetzung befindet, sollte man die Betonung nicht auf die Insurrektion, sondern auf Leistungsfähigkeit, auf Sachkenntnis auf Produktivität legen.“
In seiner Antwort auf diesen Einwand führte Stalin u. a. aus:
„Die reichhaltige historische Erfahrung lehrt, dass bisher keine einzige Klasse einer anderen freiwillig Platz gemacht hat. Die Weltgeschichte weist keinen Präzedenzfall dieser Art auf. Und die Kommunisten haben aus dieser historischen Erfahrung gelernt. Die Kommunisten würden einen freiwilligen Abgang der Bourgeoisie begrüßen. Aber eine solche Wendung ist unwahrscheinlich, wie die Erfahrung bezeugt. Darum wollen die Kommunisten auf das Äußerste vorbereitet sein und rufen die Arbeiterklasse zur Wachsamkeit, zur Kampfbereitschaft auf. Wer bedürfte eines Feldherrn, der die Wachsamkeit seiner Armee einschläfert, eines Feldherrn, der nicht begreift, dass sich der Gegner nicht ergeben wird, dass man ihm den Garaus machen muss? Sich zu einem solchen Feldherrn hergeben, heißt, die Arbeiterklasse betrügen und verraten. Deshalb denke ich, dass das, was Ihnen als altmodisch erscheint, in Wirklichkeit eine Maßnahme der revolutionären Zweckmäßigkeit für die Arbeiterklasse ist.
Natürlich bricht das alte System zusammen und befindet sich in Zersetzung. Das stimmt. Es stimmt aber auch, dass neue krampfhafte Anstrengungen gemacht werden, um dieses untergehende System mit anderen Methoden zu verteidigen, es mit allen Mitteln zu retten ... Sie konstatieren richtig, dass die alte Welt zusammenbricht. Aber Sie haben nicht recht, wenn sie meinen, dass sie von selbst zusammenbrechen wird. Nein, die Ablösung einer Gesellschaftsordnung durch eine andere ist ein komplizierter und langwieriger, revolutionärer Prozess. Es ist das nicht einfach ein spontaner Prozess, sondern es ist das ein Kampf, es ist das ein Prozess, der mit einem Zusammenstoß der Klassen einhergeht. Der Kapitalismus ist verfault, aber man darf ihn nicht einfach mit einem Baum vergleichen, der derart verfault ist, dass er selbst zu Boden stürzen muss. Nein, die Revolution, die Ablösung einer Gesellschaftsordnung durch eine andere, war stets ein Kampf, ein qualvoller und grausamer Kampf, ein Kampf auf Leben und Tod. Und jedesmal, wenn Menschen einer neuen Welt zur Macht kamen, mussten sie sich gegen Versuche der alten Welt, die alte Ordnung gewaltsam wiederherzustellen, verteidigen, die Menschen der neuen Welt mussten stets auf der Hut und bereit sein, Anschläge der alten Welt auf die neue Ordnung zurückzuweisen.
Jawohl, Sie haben recht, wenn Sie sagen, dass die alte Gesellschaftsordnung zusammenbricht, aber sie bricht nicht von selbst zusammen. Nehmen wir beispielsweise den Faschismus. Der Faschismus ist eine reaktionäre Kraft, die versucht, die alte Welt auf gewaltsame Weise zu erhalten. Was werden Sie mit den Faschisten tun? Sie bereden? Ihnen zureden? Aber das wird diesen Leuten gegenüber ja doch in keiner Weise verfangen. Die Kommunisten idealisieren durchaus nicht die Methode der Gewalt ... Die Kommunisten sind nicht in die Gewalt verliebt ... Aber sie, die Kommunisten, wollen sich nicht überrumpeln lassen, sie können nicht damit rechnen, dass die alte Welt von selbst vom Schauplatz abtreten werde, sie sehen, dass die alte Ordnung mit Gewalt verteidigt wird und deshalb sagen die Kommunisten der Arbeiterklasse: Bereitet euch vor, auf Gewalt mit Gewalt zu antworten, tut alles, damit euch die untergehende Ordnung nicht zertritt, gestattet ihr nicht, eure Hände mit denen ihr diese Ordnung stürzen werdet, in Fesseln zu legen!
Die Revolution bedeutet den Übergang der Macht von einer Klasse an eine andere. Deshalb lässt sich keine irgendwie geartete Reform als Revolution bezeichnen. Daher kann denn auch nicht darauf gerechnet werden, dass die Ablösung von Gesellschaftsordnungen auf dem Wege eines unmerklichen Überganges, von einer Gesellschaftsordnung zu einer anderen durch Reformen, durch Zugeständnisse der herrschenden Klasse vor sich gehen könnte.“

© „Deutsche Volkszeitung“ (Organ der Berufsrevolutionäre und Kommunisten), 19. Oktober 1934

KATYŃ
FILM ANDRZEJA WAJDY
MAGDALENA CIELECKA AGNIESZKA GLIŃSKA MAJA KOMOROWSKA MAJA OSTASZEWSKA DANUTA STENKA
ANDRZEJ CHYRA JAN ENGLERT PAWEŁ MAŁASZYŃSKI ARTUR ŻMIJEWSKI

Die NS-Außenpolitik – Hitlers Weg in den Krieg

Lerninhalte:

- Wissen um die aggressive Außenpolitik Hitlers von 1933 bis 1939
- Wissen um Hitlers Reden zur Außenpolitik und „Friedenssicherung“
- Wissen um die Reaktionen des Auslandes auf Hitlers Annektionspolitik
- Kenntnis der Hoßbach-Niederschrift (Kriegsplanungen Hitlers)
- Kenntnis der territorialen Ausweitung Deutschlands von 1933 bis 1939

Arbeitsmittel/Medien:

- Arbeitsblätter 1/2 mit Lösungen (Folien 3/4)
- Informationsblätter 1/2: Hitlers Reden zur Außenpolitik und „Friedenssicherung“
- Informationsblätter 3/4/5: Die Hoßbach-Niederschrift vom 5. November 1937
- Karte für Tafel: Großdeutsches Reich
- Wortkarten: + Rheinland/+ Österreich/+ Sudetenland/+ Protektorat Böhmen-Mähren/ + Memel-Gebiet/+ Danzig/+ Ost- und Südpolen
- Folie 1: Die territoriale Ausweitung Deutschlands von 1935 bis 1939
- Folie 2: Die NS-Außenpolitik von 1933 bis 1939
- Video 4241470: August 39 – 11 Tage zwischen Frieden und Krieg (1991; 180 Minuten)

Tafelbild

Annektionspolitik Hitlers

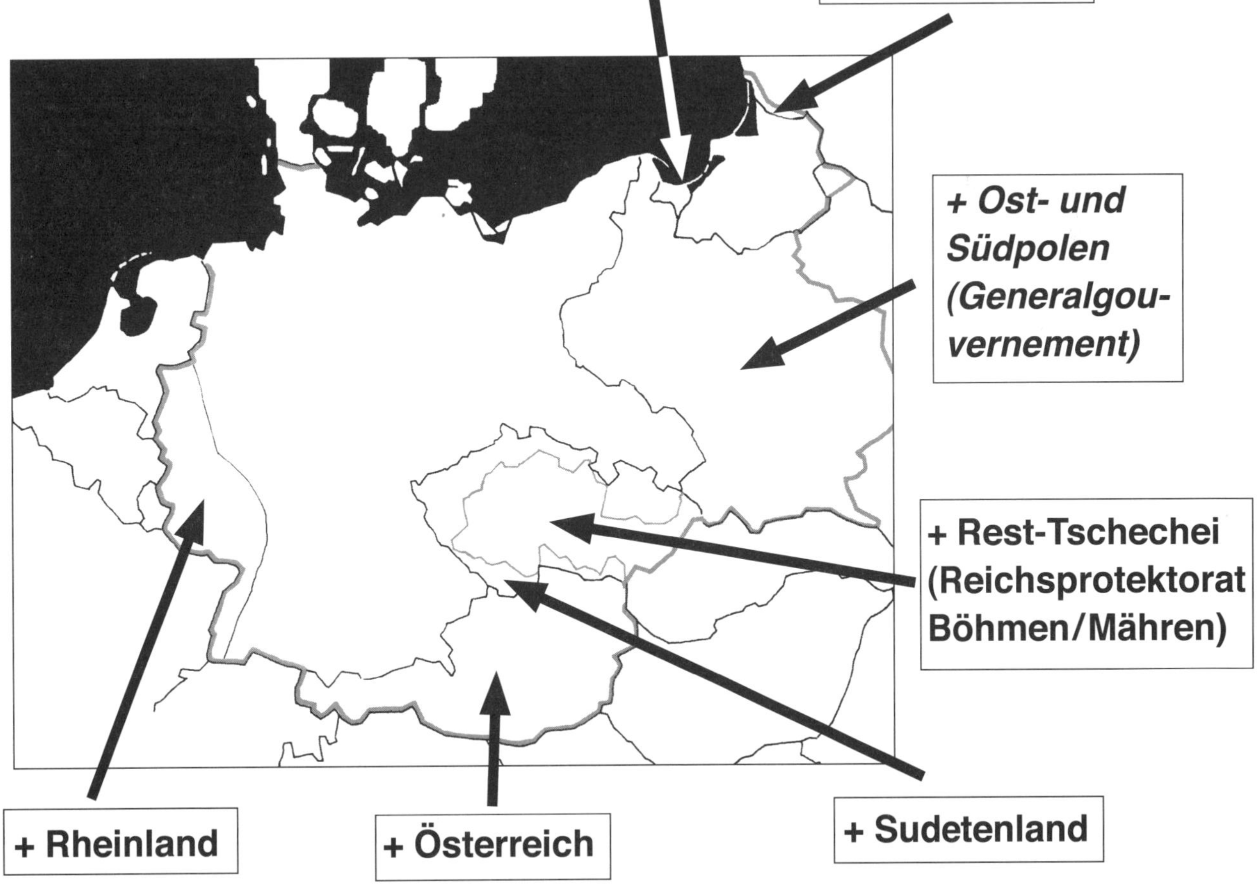

Verlaufsskizze (2 Unterrichtseinheiten + 1 Film)

I. Motivation

Stummer Impuls Aussprache	Tafelanschrift	Annexionspolitik Hitlers
Impuls Aussprache	L heftet Karte an (S. 154)	
Zielangabe		**Die NS-Außenpolitik – Hitlers Weg in den Krieg**

II. Begegnung/Erarbeitung

Impuls Aussprache		L: In seiner Außenpolitik war Hitler von drei Ideen besessen.
Ergebnis	Tafelanschrift	1. Annullierung des Versailler Vertrages von 1918 2. Schaffung eines Großdeutschen Reiches 3. Eroberung von Lebensraum im Osten
Stummer Impuls Lesen Aussprache	Folie 1 (S. 145)	Die territoriale Ausweitung Deutschlands von 1935 bis 1939
Zusammenfassung	Tafelanschrift	
Schüler hängen Wortkarten an		

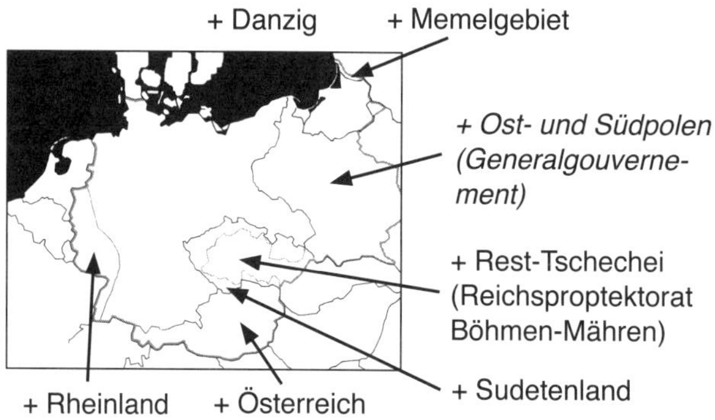

	Infoblätter 1/2 (S. 143/144)	Hitlers Reden zur Außenpolitik und „Friedenssicherung“
Partnertarbeit		L: Die Politik des westlichen Auslands, vor allem Englands, gegenüber Hitlers Außenpolitik der Vorkriegszeit wird heute oft kritisiert. Wie war diese Politik? Ist diese Kritik berechtigt?
Zusammenfassung Aussprache	Tafelanschrift	Appeasement-Politik
Aussprache	Folie 2 (S. 146)	Die NS-Außenpolitik von 1933 bis 1939

III. Wertung

Erlesen	Infoblätter 3/4/5 (S. 151/152/153)	Die Hoßbach-Niederschrift
Aussprache		L: Worin liegt die Ungeheuerlichkeit dieser Unterredung vom 5. November 1937? Hitler spricht noch im September 1938 vom Frieden, plant aber schon Ende 1937 den Krieg.

IV. Sicherung

Zusammenfassung	Arbeitsblatt 1 (S. 147)	NS-Außenpolitik von 1933 bis 1939 (1)
Kontrolle Zusammenfassung	Folie 3 (S. 148) Arbeitsblatt 2 (S. 149) Folie 4 (S. 150)	NS-Außenpolitik von 1933 bis 1939 (2)

V. Vertiefung

Aussprache	Videofilm	August 39 – 11 Tage zwischen Frieden und Krieg (1991; 180 Minuten; f/sw)

Hitlers Reden zur Außenpolitik und „Friedenssicherung"

Hitlers erste außenpolitische Erklärung vor dem Reichstag am 17. Mai 1933

[...] Wenn ich in diesem Augenblicke bewusst als deutscher Nationalsozialist spreche, so möchte ich namens der nationalen Regierung und der gesamten nationalen Erhebung bekunden, dass gerade uns und dieses junge Deutschland das tiefste Verständnis beseelt für die gleichen Gefühle und Gesinnungen sowie für die begründeten Lebensansprüche der anderen Völker. Die Generation dieses jungen Deutschlands, die in ihrem bisherigen Leben nur die Not, das Elend und den Jammer des eigenen Volkes kennenlernte, hat zu sehr unter dem Wahnsinn gelitten, als dass sie beabsichtigen könnte, das gleiche anderen zuzufügen. Unser Nationalismus ist ein Prinzip, das uns als Weltanschauung grundsätzlich allgemein verpflichtet. Indem wir in grenzenloser Liebe und Treue an unserem eigenen Volkstum hängen, respektieren wir die nationalen Rechte auch der anderen Völker aus dieser selben Gesinnung heraus und möchten aus tiefinnerstem Herzen mit ihnen in Frieden und Freundschaft leben. [...] Wir haben aber keinen sehnlicheren Wunsch als den, beizutragen, dass die Wunden des Krieges und des Versailler Vertrages endgültig geheilt werden, und Deutschland will dabei keinen anderen Weg gehen als den, der durch die Verträge selbst als berechtigt anerkannt wird. Die deutsche Regierung wünscht, sich über alle schwierigen Fragen politischer und wirtschaftlicher Natur mit den anderen Nationen friedlich und vertraglich auseinanderzusetzen. Sie weiß, dass jeder militärische Akt in Europa auch im Falle seines vollständigen Gelingens, gemessen an seinen Opfern, in keinem Verhältnis steht zum möglichen endgültigen Gewinn. [...]

Paul Meier-Benneckenstein (Hrsg.), Dokumente der deutschen Politik, 2. Aufl., Berlin 1937

Hitlers Erklärung vor dem Reichstag am 21. Mai 1935

[...] So groß auch die Besorgnisse sein mögen, ich halte es mit meinem Verantwortungsgefühl als Führer der Nation und als Kanzler des Reiches unvereinbar, auch nur einen Zweifel über die Möglichkeit der Aufrechterhaltung des Friedens auszusprechen. Die Völker wollen ihn. Es muss den Regierungen möglich sein, ihn zu bewahren. Ich glaube, dass die Wiederherstellung der deutschen Wehrkraft zu einem Element dieses Friedens werden wird, nicht weil wir beabsichtigen, sie zu einer sinnlosen Größe zu steigern, sondern weil die einfache Tatsache ihrer Existenz ein gefährliches Vakuum in Deutschland beseitigt. Deutschland hat nicht die Absicht, seine Rüstungen ins Uferlose zu steigern. Wir besitzen keine 10000 Bombenflugzeuge und werden sie auch nicht bauen, im Gegenteil. Wir haben uns selbst jene Begrenzung auferlegt, die nach unserer Überzeugung den Schutz der Nation gewährleistet, ohne gegen den Gedanken der Möglichkeit einer kollektiven Sicherheit und ihrer Regelung zu verstoßen. Wir würden am glücklichsten sein, wenn eine solche Regelung uns die Voraussetzungen geben würde, den Fleiß unseres Volkes für nützlichere Produktionen verwenden zu können als für die Herstellung von Instrumenten zur Zerstörung von Menschenleben und Gütern. Möge es auch den anderen Völkern gelingen, der wahren Sehnsucht ihres Inneren mutigen Ausdruck zu verleihen! Wer in Europa die Brandfackel des Krieges erhebt, kann nur das Chaos wünschen. Wir aber leben in der festen Überzeugung, dass sich in unserer Zeit nicht erfüllt der Untergang des Abendlandes, sondern seine Wiederauferstehung. Dass Deutschland zu diesem großen Werk einen unvergänglichen Beitrag liefern möge, ist unsere stolze Hoffnung und unser unerschütterlicher Glaube.

Max Domarus, Hitler. Reden und Proklamationen 1932-1945. Band 1, Wiesbaden

Hitlers Rede vor der deutschen Presse am 10. November 1938

[...] Die Umstände haben mich gezwungen, jahrzehntelang fast nur vom Frieden zu reden. Nur unter der fortgesetzten Betonung des deutschen Friedenswillens und der Friedensabsichten war es mir möglich, dem deutschen Volk Stück für Stück die Freiheit zu erringen und ihm die Rüstung zu geben, die immer wieder für den nächsten Schritt als Voraussetzung notwendig war. Es ist selbstverständlich, dass eine solche jahrzehntelang betriebene Friedenspropaganda auch ihre bedenk-

lichen Seiten hat; denn es kann nur zu leicht dahin führen, dass sich in den Gehirnen vieler Menschen die Auffassung festsetzt, dass das heutige Regime an sich identisch sei mit dem Entschluss und dem Willen, den Frieden unter allen Umständen zu bewahren. Das würde aber nicht nur zu einer falschen Beurteilung der Zielsetzung dieses Systems führen, dass die Deutsche Nation, statt den Ereignissen gegenüber gewappnet zu sein, mit einem Geist erfüllt wird, der auf die Dauer als Defaitismus gerade die Erfolge des heutigen Regimes nehmen würde und nehmen müsste. Der Zwang war die Ursache, warum ich jahrelang nur vom Frieden redete. Es war nunmehr notwendig, das deutsche Volk psychologisch allmählich umzustellen und ihm langsam klarzumachen, dass es Dinge gibt, die, wenn sie nicht mit friedlichen Mitteln durchgesetzt werden können, mit Mitteln der Gewalt durchgesetzt werden müssen. Dazu war es aber notwendig, nicht etwa nun die Gewalt als solche zu propagieren, sondern es war notwendig, dem deutschen Volk bestimmte außenpolitische Vorgänge so zu beleuchten, dass die innere Stimme des Volkes selbst langsam nach der Gewalt zu schreien begann. Das heißt also, bestimmte Vorgänge so zu beleuchten, dass im Hirn der breiten Masse des Volkes ganz automatisch allmählich die Überzeugung ausgelöst wurde: wenn man das eben nicht im Guten abstellen kann, dann muss man es eben mit Gewalt abstellen; so kann es aber auf keinen Fall weitergehen. Diese Arbeit hat Monate erfordert, sie wurde planmäßig begonnen, planmäßig fortgeführt, verstärkt. Viele haben sie nicht begriffen, meine Herren; viele waren der Meinung, das sei doch alles etwas übertrieben. Das sind jene überzüchteten Intellektuellen, die keine Ahnung haben, wie man ein Volk letzten Endes zu der Bereitschaft bringt, geradezustehen, auch wenn es zu blitzen und zu donnern beginnt. [...]

Wilhelm Treue (Hrsg.), Rede Hitlers vor der deutschen Presse am 10. November 1938,
in: Vierteljahreshefte für Zeitgeschichte, Jg. 6, 1958, S. 175 ff.

Hitlers Absicht zur Durchsetzung seiner militärischen Ziele im September 1936

[...] Wenn es uns nicht gelingt, in kürzester Frist die deutsche Wehrmacht in der Ausbildung, in der Aufstellung der Formationen, in der Ausrüstung und vor allem auch in der geistigen Erziehung zur ersten Armee der Welt zu entwickeln, wird Deutschland verloren sein! Es haben sich daher dieser Aufgabe alle anderen Wünsche bedingungslos unterzuordnen.
Ich stelle damit folgende Aufgabe:
1. Die deutsche Wehrmacht muss in vier Jahren einsatzfähig sein.
2. Die deutsche Wirtschaft muss in vier Jahren kriegsfähig sein.
Darüber muss man sich doch klar sein, dass die Wiedergewinnung der verlorenen Gebiete nicht durch feierliche Anrufung des lieben Herrgotts erfolgt oder durch fromme Hoffnung auf einen Völkerbund, sondern nur durch Waffengewalt.
Heute werde ich von der nüchternen Erkenntnis geleitet, dass man verlorene Gebiete nicht durch die Zungenfertigkeit geschliffener parlamentarischer Mäuler zurückgewinnt, sondern durch ein geschliffenes Schwert zu erobern hat, also durch einen blutigen Kampf.
Wenn wir aber heute in Europa von neuem Grund und Boden reden, können wir in erster Linie nur an Russland und die ihm untertanen Randstaaten denken. [...]

Die territoriale Ausweitung Deutschlands von 1935 bis 1939

Die Karte unten zeigt die territoriale Ausweitung Deutschlands zwischen 1935 und 1939, also vor Beginn des Zweiten Weltkriegs. Zuerst entschloss sich das seit dem Versailler Vertrag unter Mandat des Völkerbundes stehende Saarland in einer Volksabstimmung 1935 zum Anschluss an das Deutsche Reich. Darauf folgte die Besetzung des nach dem Ersten Weltkrieg entmilitarisierten Rheinlandes im März 1936, die sich Hitler nachträglich durch eine Volksabstimmung legitimieren ließ. Im März 1938 wurde schließlich nach einer Reihe von Einschüchterungen und Drohungen gegen die österreichische Regierung Österreich als „Ostmark" ins Reich eingegliedert. Auch hier gab es eine nachträgliche Volksabstimmung zum sogenannten „Anschluss". Sämtliche dieser Aktionen stießen weder auf Widerstand der örtlichen Bevölkerung noch der Westmächte, obwohl die Remilitarisierung des Rheinlands einen Verstoß gegen die Verträge von Versailles und Locarno darstellte. Hitler schritt daher im September 1938 zum nächsten Teil seines Plans, der Zerschlagung der Tschechoslowakei. Zunächst forderte er die Eingliederung des Sudetenlandes, eines von Sudetendeutschen besiedelten Gebietes in der damaligen Tschechoslowakei, in das Deutsche Reich. Nach Vermittlungsversuchen der Westmächte (vor allem Großbritannien), die einen neuen europäischen Krieg befürchteten, wurde das Sudentenland schließlich im Münchener Abkommen vom 29. September 1938 dem Deutschen Reich abgetreten. Dieses Abkommen kam allerdings ohne tschechische Beteiligung zustande. Im März 1939 marschierten deutsche Truppen in die Tschechoslowakei ein, um dort das „Protektorat Böhmen und Mähren" zu errichten. Die Slowakei wurde zum deutschen Satellitenstaat erklärt, in ihrem westlichen Grenzgebiet wurde eine sogenannte „Schutzzone" eingerichtet, in der deutsche Soldaten stationiert waren. Im gleichen Monat besetzten deutsche Truppen zudem das litauische Memelgebiet, das im Versailler Vertrag abgetreten worden war und unter litauischer Verwaltung stand. Durch einen erzwungenen Rückgabevertrag wurde auch dieses Gebiet wieder in das Deutsche Reich eingegliedert. Zu diesem Zeitpunkt war Hitlers offensichtlich aggressiver außenpolitischer Konfrontationskurs nicht mehr zu ignorieren, sodass Großbritannien sich gezwungen sah, die Souveränität Polens zu garantieren und ihm im Fall eines Angriffs seine Unterstützung zuzusichern.

Hitlers „Anschlussrede" auf dem Heldenplatz in Wien am 15. März 1938

Die NS-Außenpolitk von 1933 bis 1939

Ziel: Revision des Versailler Vertrages

20. Juli 1933: Reichskonkordat mit dem Papst
16. Oktober 1933: Verlassen der Abrüstungskonferenz und des Völkerbundes
26. Januar 1934: Nichtangriffspakt mit Polen
13. Januar 1935: Abstimmung im Saarland (über 90 Prozent für eine Eingliederung ins Reich)
16. März 1935: Wiedereinführung der Wehrpflicht
18. Juni 1935: Deutsch-britisches Flottenabkommen (Flottenstärke: 35 Prozent der britischen Flotte)
7. März 1936: Kündigung des Locarnovertrages und Einmarsch ins Rheinland
11. Juli 1936: Abkommen mit Österreich
1.-16. August 1936: Olympische Spiele in Berlin
25. November 1936: Antikominternpakt (Abkommen zwischen dem Deutschen Reich und Japan zur Bekämpfung des Kommunismus und Absicherung der beiderseitigen Politik gegenüber der Sowjetunion; Beitritte u. a. Italiens 1937, Mandschukuos, Ungarns und Spaniens 1939
5. November 1937: Hoßbach-Protokoll (Kriegsplanungen Hitlers)
13. März 1938: „Anschluss“ Österreichs
15. September 1938: Chamberlain besucht Hitler in Berchtesgaden, Hitler erklärt Gewaltverzicht, Chamberlain erkennt die Abtretung des Sudetengebietes an.
18. September 1938: Deutscher Aufmarsch an der tschechischen Grenze
23. September 1938: Mobilmachung der tschechoslowakischen Armee
25. September 1938: Frankreich beruft Reservisten ein. Englische Flotte in Kriegsbereitschaft
29. September 1938: Unterzeichnung des „Münchner Abkommens“ durch Chamberlain, Daladier, Mussolini und Hitler (Appeasement-Politik)
30. September 1938: Hitler und Chamberlain erklären, dass ihre Nationen niemals mehr gegeneinander Krieg führen werden.
1. Oktober 1938: Besetzung des Sudetenlandes; Angliederung an das Deutsche Reich
6. Oktober 1938: Bildung einer slowakischen Regierung unter Tiso
10. Oktober 1938: Besetzung des Sudetenlandes abgeschlossen
14. März 1939: Unabhängigkeit der Slowakei
14. März 1939: Der tschechische Präsident Hacha in Berlin
15. März 1939: Die Tschechoslowakei wird als Staat aufgelöst
15. März 1939: Besetzung der Rest-Tschechei
16. März 1939: Proklamation zur Errichtung des Reichsprotektorat „Böhmen-Mähren“
28. April 1939: Kündigung des deutsch-englischen Flottenabkommens und des deutsch-polnischen Nichtangriffspaktes
23. August 1939: Hitler-Stalin-Pakt (deutsch-sowjetischer Nichtangriffspakt)

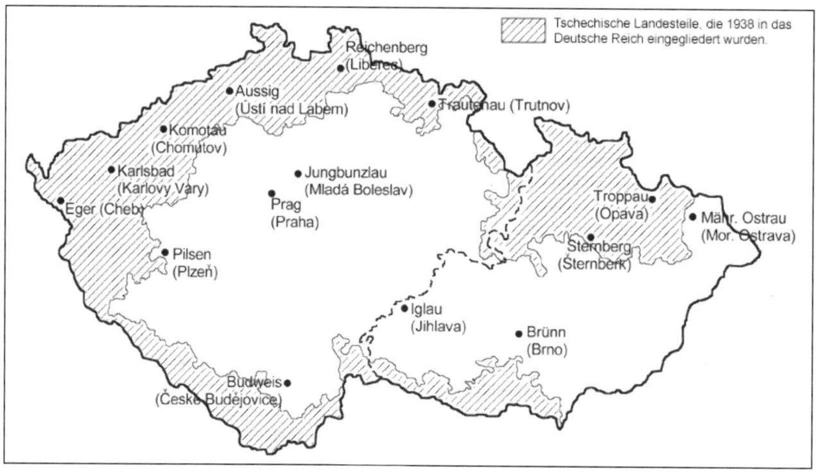

GE	Name: ______________________	Datum: ____________	

Die NS-Außenpolitik von 1933 bis 1939 (1)

Hitlers Weg in den Krieg

❶ Welche großen außenpolitischen Ziele verfolgte Hitler?

- ____
- ____
- ____

❷ Die Karte unten zeigt die einzelnen Schritte, die zum Zweiten Weltkrieg führten. Finde sie heraus.

① Austritt aus dem ____________________ (19. Oktober 1933)
② Allgemeine ____________________ (16. März 1935)
③ Besetzung des ____________________ (7. März 1936)
④ Beschleunigte ____________________ (ab August 1936)
⑤ Teilnahme am ____________________ (1936–1939)
⑥ „Anschluss" ____________________ (13. März 1938)
⑦ Einmarsch ins ____________________ (1. Oktober 1938)
⑧ Besetzung der Rest-____________________ (15. März 1939)
als „____________ ____________ - ____________"
⑨ Einmarsch in das ____________gebiet (23. März 1939)
⑩ Kündigung des deutsch-englischen Flottenabkommens und des deutsch-polnischen Nichtangriffspaktes (April 1939), Hitler-Stalin-Pakt (August 1939)

Deutsche Truppen in Düsseldorf

„Anschluss" Österreichs (Feldkirch)

Einmarsch ins Sudetenland

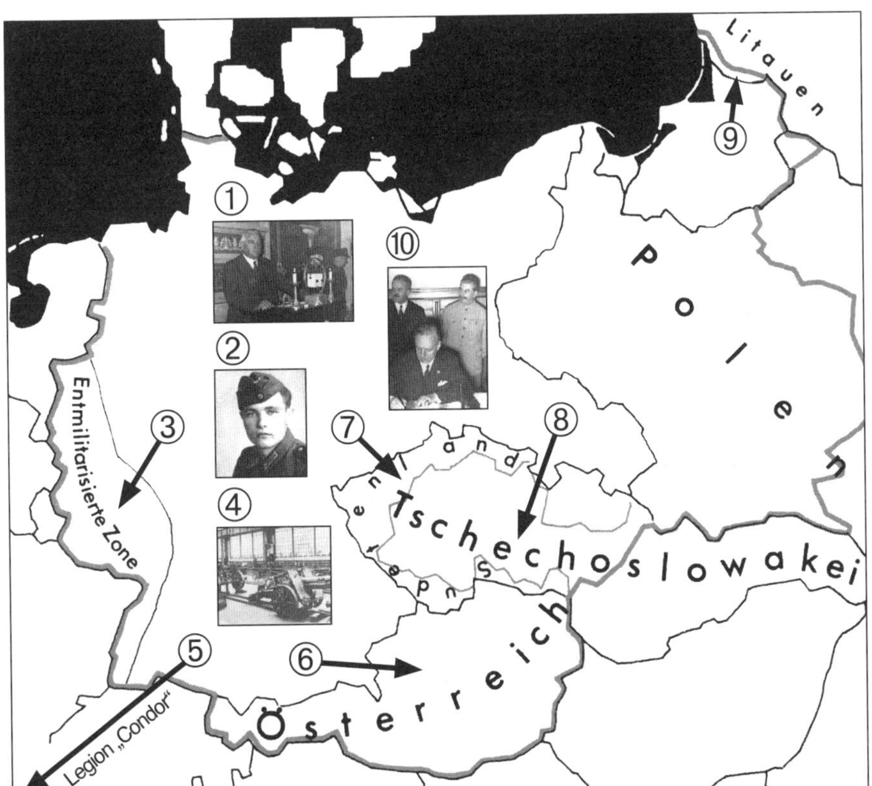

GE Lösung

Die NS-Außenpolitik von 1933 bis 1939 (1)
Hitlers Weg in den Krieg

❶ Welche großen außenpolitischen Ziele verfolgte Hitler?

- *Annullierung des Versailler Vertrages von 1918*
- *Schaffung eines Großdeutschen Reiches*
- *Eroberung von Lebensraum im Osten*

❷ Die Karte unten zeigt die einzelnen Schritte, die zum Zweiten Weltkrieg führten. Finde sie heraus.

① Austritt aus dem *Völkerbund* (19. Oktober 1933)
② Allgemeine *Wehrpflicht* (16. März 1935)
③ Besetzung des *Rheinlandes* (7. März 1936)
④ Beschleunigte *Aufrüstung* (ab August 1936)
⑤ Teilnahme am *Spanischen Bürgerkrieg* (1936–1939)
⑥ „Anschluss“ *Österreichs* (13. März 1938)
⑦ Einmarsch ins *Sudetenland* (1. Oktober 1938)
⑧ Besetzung der Rest-*Tschechei* (15. März 1939)
als „*Protektorat* *Böhmen* - *Mähren*“
⑨ Einmarsch in das *Memel*gebiet (23. März 1939)
⑩ Kündigung des deutsch-englischen Flottenabkommens und des deutsch-polnischen Nichtangriffspaktes (April 1939), Hitler-Stalin-Pakt (August 1939)

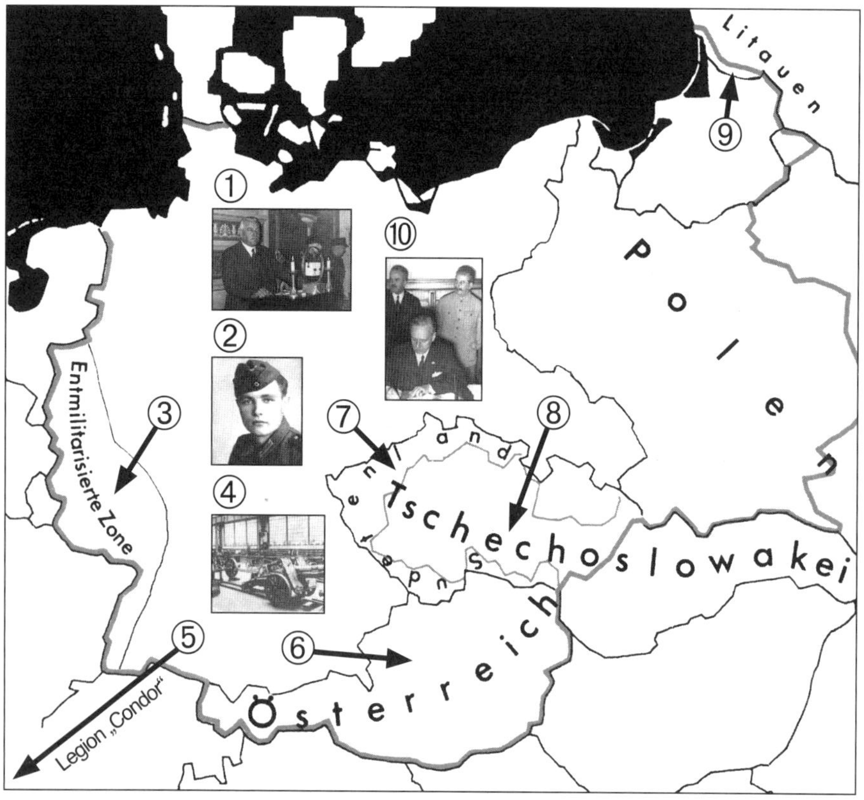

Deutsche Truppen in Düsseldorf

„Anschluss“ Österreichs (Feldkirch)

Einmarsch ins Sudetenland

GE	Name: ______________________	Datum: ____________

Die NS-Außenpolitik von 1933 bis 1939 (2)

Hitlers Weg in den Krieg

❸ Wo täuschte Hitler Friedensbereitschaft vor?

- ______________________
- ______________________
- ______________________
- ______________________
- ______________________
- ______________________

❷ Wie reagierten die ausländischen Mächte auf Hitlers militärische Aktionen?

① Besetzung des Rheinlands:

____

② „Anschluss“ Österreichs:

____

③ Einmarsch ins Sudetenland:

____

④ „Zerschlagung“ der Rest-Tschechei/„Reichsprotektorat“ Böhmen/Mähren:

____

⑤ Einmarsch in das Memelgebiet und die Forderung an Polen, die Freie Stadt Danzig ans Deutsche Reich angliedern zu lassen:

____

⑥ Überfall auf Polen:

____

❸ Welche Ergebnisse brachte das Münchner Abkommen vom 29. September 1938? Was bedeutete in diesem Rahmen „Appeasement-Politik“?

____

____

____

____

❹ Erkläre die Karikatur links.

____

____

____

GE	Name:	Datum:	

Die NS-Außenpolitik von 1933 bis 1939 (2)
Hitlers Weg in den Krieg

❸ Wo täuschte Hitler Friedensbereitschaft vor?

- *Nichtangriffspakt mit Polen (Januar 1934)*
- *Deutsch-britisches Flottenabkommen (Juni 1935)*
- *Abkommen mit Österreich (Juli 1936)*
- *Münchner Abkommen (September 1938)*
- *Kriegsverzichterklärung Hitlers/Chamberlains (September 1938)*
- *Hitler-Stalin-Pakt (August 1939)*

❷ Wie reagierten die ausländischen Mächte auf Hitlers militärische Aktionen?

① Besetzung des Rheinlands:

Keine Reaktion; wurde als interne deutsche Angelegenheit bewertet

② „Anschluss" Österreichs:

Kein Protest des Auslandes, da breite Zustimmung Österreichs; interne Angelegenheit

③ Einmarsch ins Sudetenland:

Massive Proteste (auch Russlands), dann Nachgeben und Stillhalten der Großmächte

④ „Zerschlagung" der Rest-Tschechei/„Reichsprotektorat" Böhmen/Mähren:

Britische und französische Garantieerklärungen für Rumänien und Polen im Aggressionsfall

⑤ Einmarsch in das Memelgebiet und die Forderung an Polen, die Freie Stadt Danzig ans Deutsche Reich angliedern zu lassen:

Kriegsvorbereitungen auf Hochtouren; Polen lehnt die Forderung Hitlers ab

⑥ Überfall auf Polen:

Großbritannien und Frankreich erklären dem Deutschen Reich den Krieg.

❸ Welche Ergebnisse brachte das Münchner Abkommen vom 29. September 1938? Was bedeutete in diesem Rahmen „Appeasement-Politik"?

Großbritannien (Chamberlain), Frankreich (Daladier) und Italien (Mussolini) stimmten darin der Abtretung des Sudetenlandes durch die Tschechoslowakei an das Deutsche Reich zu, beendeten damit die Sudetenkrise und beseitigten so kurzzeitig die von Deutschland ausgehende Kriegsgefahr. Der Begriff „Appeasement" bezeichnet eine Politik des Nachgebens, vor allem totalitären Staaten gegenüber.

❹ Erkläre die Karikatur links.

Hitler ist nach ausländischer Meinung ein Aggressor (Uniform, Säbel, Adler), der zwar vom Frieden redet (Anzug, Blume, Friedenstaube), aber insgeheim den Krieg will.

Die Hoßbach-Niederschrift vom 5. November 1937

Anwesend:
Der Führer und Reichskanzler, der Reichskriegsminister Generalfeldmarschall von Blomberg, der Oberbefehlshaber des Heeres Generaloberst Freiherr von Fritsch, der Oberbefehlshaber der Kriegsmarine Generaladmiral Dr. h. c. Raeder, der Oberbefehlshaber der Luftwaffe Generaloberst Göring, der Reichsminister des Auswärtigen Freiherr von Neurath, Oberst Hoßbach.

Der Führer stellte einleitend fest, dass der Gegenstand der heutigen Besprechung von derartiger Bedeutung sei, dass dessen Erörterung in anderen Staaten wohl vor das Forum des Regierungskabinetts gehörte, er – der Führer – sähe aber gerade im Hinblick auf die Bedeutung der Materie davon ab, diese in dem großen Kreise des Reichskabinetts zum Gegenstand der Besprechung zu machen. Seine nachfolgenden Ausführungen seien das Ergebnis eingehender Überlegungen und der Erfahrungen seiner viereinhalbjährigen Regierungszeit; er wolle den anwesenden Herren seine grundlegenden Gedanken über die Entwicklungsmöglichkeiten und -notwendigkeiten unserer außenpolitischen Lage auseinandersetzen, wobei er im Interesse einer auf weite Sicht eingestellten deutschen Politik seine Ausführungen als seine testamentarische Hinterlassenschaft für den Fall seines Ablebens anzusehen bitte.
Der Führer führte sodann aus: Das Ziel der deutschen Politik sei die Sicherung und die Erhaltung der Volksmasse und deren Vermehrung. Somit handele es sich um das Problem des Raumes. Die deutsche Volksmasse verfüge über 85 Millionen Menschen, die nach der Anzahl der Menschen und der Geschlossenheit des Siedlungsraumes in Europa einen in sich so fest geschlossenen Rassekern darstelle, wie er in keinem anderen Land wieder anzutreffen sei und wie er andererseits das Anrecht auf größeren Lebensraum mehr als bei anderen Völkern in sich schlösse. Wenn kein dem deutschen Rassekern entsprechendes politisches Ergebnis auf dem Gebiet des Raumes vorläge, so sei das eine Folge mehrhundertjähriger historischer Entwicklung und bei Fortdauer dieses politischen Zustandes die größte Gefahr für die Erhaltung des deutschen Volkstums auf seiner jetzigen Höhe. Ein Aufhalten des Rückganges des Deutschtums in Österreich und in der Tschechoslowakei sei ebenso wenig möglich als die Erhaltung des augenblicklichen Standes in Deutschland selbst. Statt Wachstum setze Sterilisation ein, in deren Folge Spannungen sozialer Art nach einer Reihe von Jahren einsetzen müssten, weil politische und weltanschauliche Ideen nur solange von Bestand seien, als sie die Grundlage zur Verwirklichung der realen Lebensansprüche eines Volkes abzugeben vermöchten. Die deutsche Zukunft sei daher ausschließlich durch die Lösung der Raumnot bedingt, eine solche Lösung könne naturgemäß nur für eine absehbare, etwa 1–3 Generationen umfassende Zeit gesucht werden. [...]
Wenn die Sicherheit unserer Ernährungslage im Vordergrund stände, so könne der hierfür notwendige Raum nur in Europa gesucht werden, nicht aber ausgehend von liberalistisch-kapitalistischen Auffassungen in der Ausbeutung von Kolonien. Es handele sich nicht um die Gewinnung von Menschen, sondern von landwirtschaftlich nutzbarem Raum. Auch die Rohstoffgebiete seien zweckmäßiger im unmittelbaren Anschluss an das Reich in Europa und nicht in Übersee zu suchen, wobei die Lösung sich für ein bis zwei Generationen auswirken müsse. Was darüber hinaus in späteren Zeiten notwendig werden sollte, müsse nachfolgenden Geschlechtern überlassen bleiben. Die Entwicklung großer Weltgebilde gehe nun einmal langsam vor sich, das deutsche Volk mit seinem starken Rassekern finde hierfür die günstigsten Voraussetzungen inmitten des europäischen Kontinents. Dass jede Raumerweiterung nur durch Brechen von Widerstand und unter Risiko vor sich gehen könne, habe die Geschichte aller Zeiten – Römisches Weltreich, Englisches Empire – bewiesen. Auch Rückschläge seien unvermeidbar. Weder früher noch heute habe es herrenlosen Raum gegeben, der Angreifer stoße stets auf den Besitzer. Für Deutschland laute die Frage, wo größter Gewinn unter geringstem Einsatz zu erreichen sei. Die deutsche Politik habe mit den beiden Hassgegnern England und Frankreich zu rechnen, denen ein starker deutscher Koloss inmitten Europas ein Dorn im Auge sei, wobei beide Staaten eine weitere deutsche Erstarkung sowohl in Europa als auch in Übersee ablehnten und sich in dieser Ablehnung auf die Zustimmung aller Parteien stützen könnten. In der Errichtung deutscher militärischer Stützpunkte in Übersee sähen beide Länder eine Bedrohung ihrer Überseeverbindungen, eine Sicherung des deutschen Handels und rückwirkend eine Stärkung der deutschen Position in Europa. [...]

Zur Lösung der deutschen Frage könne es nur den Weg der Gewalt geben, dieser niemals risikolos sein. Die Kämpfe Friedrichs des Großen um Schlesien und die Kriege Bismarcks gegen Österreich und Frankreich seien von unerhörtem Risiko gewesen und die Schnelligkeit des preußischen Handelns 1870 habe Österreich vom Eintritt in den Krieg ferngehalten. Stelle man an die Spitze der nachfolgenden Ausführungen den Entschluss zur Anwendung von Gewalt unter Risiko, dann bleibe noch die Beantwortung der Fragen „wann" und „wie". Hierbei seien drei Fälle zu entscheiden:

Fall 1: Zeitpunkt 1943–1945. Nach dieser Zeit sei nur noch eine Veränderung zu unseren Ungunsten zu erwarten. Die Aufrüstung der Armee, Kriegsmarine, Luftwaffe sowie die Bildung des Offizierkorps seien annähernd beendet. Die materielle Ausstattung und Bewaffnung seien modern, bei weiterem Zuwarten läge die Gefahr ihrer Veraltung vor. Besonders der Geheimhaltungsschutz der „Sonderwaffen" ließe sich nicht immer aufrecht erhalten. Die Gewinnung von Reserven beschränke sich auf die laufenden Rekrutenjahrgänge, ein Zusatz aus älteren unausgebildeten Jahrgängen sei nicht mehr verfügbar. Im Verhältnis zu der bis dahin durchgeführten Aufrüstung der Umwelt nähmen wir an relativer Stärke ab. Wenn wir bis 1943/45 nicht handelten, könne infolge des Fehlens von Reserven jedes Jahr die Ernährungskrise bringen, zu deren Behebung ausreichende Devisen nicht verfügbar seien. Hierin sei ein „Schwächungsmoment des Regimes" zu erblicken. Zudem erwarte die Welt unseren Schlag und treffe ihre Gegenmaßnahmen von Jahr zu Jahr mehr. Während die Umwelt sich abriegele, seien wir zur Offensive gezwungen. Wie die Lage in den Jahren 1943/45 tatsächlich sein würde, wisse heute niemand. Sicher sei nur, dass wir nicht länger warten können.

Auf der einen Seite die große Wehrmacht mit der Notwendigkeit der Sicherstellung ihrer Unterhaltung, das Älterwerden der Bewegung und ihrer Führer, auf der anderen Seite die Aussicht auf Senkung des Lebensstandards und auf Geburteneinschränkung ließen keine andere Wahl als zu handeln. Sollte der Führer noch am Leben sein, so sei es sein unabänderlicher Entschluss, spätestens 1943/45 die deutsche Raumfrage zu lösen. Die Notwendigkeit zum Handeln vor 1943/45 käme im Fall 2 und 3 in Betracht.

Fall 2: Wenn die sozialen Spannungen in Frankreich sich zu einer derartigen innenpolitischen Krise auswachsen sollten, dass durch letztere die französische Armee absorbiert und für eine Kriegsverwendung gegen Deutschland ausgeschaltet würde, sei der Zeitpunkt zum Handeln gegen die Tschechei gekommen.

Fall 3: Wenn Frankreich durch einen Krieg mit einem anderen Staat so gefesselt ist, dass es gegen Deutschland nicht „vorgehen" kann. Zur Verbesserung unserer militär-politischen Lage müsse in jedem Fall einer kriegerischen Verwicklung unser erstes Ziel sein, die Tschechei und gleichzeitig Österreich niederzuwerfen, um die Flankenbedrohung eines etwaigen Vorgehens nach Westen auszuschalten. Bei einem Konflikt mit Frankreich sei wohl nicht damit zu rechnen, dass die Tschechei am gleichen Tage wie Frankreich uns den Krieg erklären würde. In dem Maße unserer Schwächung würde jedoch der Wille zur Beteiligung am Kriege in der Tschechei zunehmen, wobei ihr Eingreifen sich durch einen Angriff nach Schlesien, nach Norden oder nach Westen bemerkbar machen könne. Sei die Tschechei niedergeworfen, eine gemeinsame Grenze Deutschland-Ungarn gewonnen, so könne eher mit einem neutralen Verhalten Polens in einem deutsch-französischen Konflikt gerechnet werden. Unsere Abmachungen mit Polen behielten nur solange Geltung, als Deutschlands Stärke unerschüttert sei. Bei deutschen Rückschlägen müsse ein Vorgehen Polens gegen Ostpreußen, vielleicht auch gegen Pommern und Schlesien in Rechnung gestellt werden. Bei Annahme einer Entwicklung der Situation, die zu einem planmäßigen Vorgehen unsererseits in den Jahren 1943/45 führe, sei das Verhalten Frankreichs, Englands, Italiens, Polens, Russlands voraussichtlich folgendermaßen zu beurteilen: An sich glaube der Führer, dass mit hoher Wahrscheinlichkeit England, voraussichtlich aber auch Frankreich die Tschechen bereits im Stillen abgeschrieben und sich damit abgefunden hätten, dass diese Frage eines Tages durch Deutschland bereinigt würde. Die Schwierigkeiten des Empire und die Aussicht in einen lang währenden europäischen Krieg erneut verwickelt zu werden, seien bestimmend für eine Nichtbeteiligung Englands an einem Kriege gegen Deutschland. Die englische Haltung werde gewiss nicht ohne Einfluss auf die Frankreichs sein. Ein Vorgehen Frankreichs ohne die englische Unterstützung und in der Voraussicht, dass seine Offensive an unseren Westbefestigungen sich festlaufe, sei wenig wahrscheinlich. Ohne die Hilfe Englands sei auch nicht mit einem Durchmarsch Frankreichs durch Belgien und Holland zu rechnen, der auch bei einem Konflikt mit Frankreich für uns außer Betracht bleiben müsse, da es in jedem Fall die Feindschaft Englands zur Folge haben müsste.

Naturgemäß sei eine Abriegelung im Westen in jedem Fall während der Durchführung unseres Angriffs gegen die Tschechei und Österreich notwendig. Hierbei sei zu berücksichtigen, dass die Verteidigungsmaßnahmen der Tschechei von Jahr zu Jahr an Stärke zunähmen und dass auch eine Konsolidierung der inneren Werte der österreichischen Armee im Laufe der Jahre stattfände. Wenn auch die Besiedelung insbesondere der Tschechei keine dünne sei, so könne die Einverleibung der Tschechei und Österreichs den Gewinn von Nahrungsmitteln für fünf bis sechs Millionen Menschen bedeuten unter Zugrundelegung, dass eine zwangsweise Emigration aus der Tschechei von zwei, aus Österreich von einer Million Menschen zur Durchführung gelange. Die Angliederung der beiden Staaten an Deutschland bedeute militär-politisch eine wesentliche Entlastung infolge kürzerer, besserer Grenzziehung, Freiwerdens von Streitkräften für andere Zwecke und der Möglichkeit der Neuaufstellung von Truppen bis in Höhe von etwa 12 Divisionen, wobei auf eine Million Einwohner eine neue Division entfalle. [...]
Das Maß der Überraschung und der Schnelligkeit unseres Handelns sei für die Stellungnahme Polens entscheidend. Gegen ein siegreiches Deutschland wird Polen – mit Russland im Rücken – wenig Neigung haben, in den Krieg einzutreten. Einem militärischen Eingreifen Russlands müsse durch die Schnelligkeit unserer Operationen begegnet werden; ob ein solches überhaupt in Betracht kommen werde, sei angesichts der Haltung Japans mehr als fraglich.
Trete der Fall 2 – Lahmlegung Frankreichs durch einen Bürgerkrieg – ein, so sei infolge Ausfall des gefährlichsten Gegners die Lage jederzeit zum Schlag gegen die Tschechei auszunutzen.
In gewisse Nähe sähe der Führer den Fall 3 gerückt, der sich aus den derzeitigen Spannungen im Mittelmeer entwickeln könne und den er eintretendenfalls zu jedem Zeitpunkt, auch bereits im Jahre 1938, auszunutzen entschlossen sei [...]
Wenn Deutschland diesen Krieg zur Erledigung der tschechischen und österreichischen Frage ausnutze, so sei mit Wahrscheinlichkeit anzunehmen, dass England – im Kriege mit Italien liegend – sich nicht zu einem Vorgehen gegen Deutschland entschließen würde. Ohne die englische Unterstützung sei eine kriegerische Handlung Frankreichs gegen Deutschland nicht zu erwarten.
Der Zeitpunkt unseres Angriffs auf die Tschechei und Österreich müsse abhängig von dem Verlauf des italienisch-englisch-französischen Krieges gemacht werden und läge nicht etwa gleichzeitig mit der Eröffnung der kriegerischen Handlungen dieser drei Staaten. Der Führer denke auch nicht an militärische Abmachungen mit Italien, sondern wolle in eigener Selbstständigkeit und unter Ausnutzung dieser sich nur einmal bietenden günstigen Gelegenheit den Feldzug gegen die Tschechei beginnen und durchführen, wobei der Überfall auf die Tschechei „blitzartig schnell" erfolgen müsse. [...]
Generaloberst von Fritsch erwähnte, dass es gerade Zweck einer durch ihn angeordneten Studie dieses Winters sei, die Möglichkeiten der Führung der Operationen gegen die Tschechei unter besonderer Berücksichtigung der Überwindung des tschechischen Festungssystems zu untersuchen; der Generaloberst brachte ferner zum Ausdruck, dass er unter den obwaltenden Verhältnissen davon absehen müsse, seinen am 10. November beginnenden Auslandsurlaub durchzuführen. Diese Absicht lehnte der Führer mit der Begründung ab, dass die Möglichkeit des Konfliktes noch nicht als so nahe bevorstehend anzusehen sei. Gegenüber dem Einwand des Außenministers, dass ein italienisch-englisch-französischer Konflikt noch nicht in so greifbarer Nähe sei als es der Führer anzunehmen schiene, stellte der Führer als den ihm hierfür möglich erscheinenden Zeitpunkt den Sommer 1938 hin. Zu den seitens des Feldmarschalls von Blomberg und des Generalobersten von Fritsch hinsichtlich des Verhaltens Englands und Frankreichs angestellten Überlegungen äußerte der Führer in Wiederholung seiner bisherigen Ausführungen, dass er von der Nichtbeteiligung Englands überzeugt sei und daher an eine kriegerische Aktion Frankreichs gegen Deutschland nicht glaube. Sollte der in Rede stehende Mittelmeerkonflikt zu einer allgemeinen Mobilmachung in Europa führen, so sei unsererseits sofort gegen die Tschechei anzutreten, sollten dagegen die am Kriege nicht beteiligten Mächte ihr Desinteressement erklären, so habe sich Deutschland diesem Verhalten zunächst anzuschließen. Generaloberst Göring hielt angesichts der Ausführungen des Führers es für geboten, an einen Abbau unseres militärischen Spanienunternehmens zu denken. Der Führer stimmte dem insoweit zu, als er den Entschluss zu einem geeigneten Zeitpunkt fassen wolle.

Für die Richtigkeit: Oberst d. G., gez. Hoßbach

NS-Archiv. Dokumente zum Nationalsozialismus © Jürgen Langowski, 2010

Annexionspolitik des Deutschen Reiches von 1936 bis 1939

+ Österreich	+ Rheinland	+ Sudetenland	+ Memelgebiet
+ Rest-Tschechei (Protektorat Böhmen/Mähren)	+ Ost- und Südpolen (Generalgouvernement)	+ Danzig	

Vom „Blitzkrieg“ zum Weltkrieg

Lerninhalte:

- Wissen um die wichtigsten Kriegsereignisse von 1939 bis 1945
- Wissen um den Anlass zum Zweiten Weltkrieg
- Wissen um die Ereignisse, die zum Zusammenbruch des Deutschen Reiches führten
- Kennenlernen von Lyrik zur Thematik „Krieg“

Arbeitsmittel/Medien:

- Arbeitsblätter 1/2/3/4 mit Lösungen (Folien 6/7/8/9)
- Informationsblätter 1/2/3/4: Der Zweite Weltkrieg
- Folien 1/2/3: Übersichtskarte Zweiter Weltkrieg in Europa/Stalingrad (Texte und Fotos)
- Folien 4/5: Karikatur: Der Sumpf © VG Bild-Kunst 2010, Bonn/Gedichte zum Krieg
- DVD 4656632: Der Nationalsozialismus III – Holocaust/2. Weltkrieg (2007; 20 Minuten; farbig)
- Video 4202697: Die Schlacht von Dünkirchen 1940 (2001; 20 Minuten; farbig)
- DVD- Filme: Stalingrad (1993; 132 Min.; Vilsmaier), D-Day (1998; 3-teilige Doku; je 60 Min.) Der Soldat James Ryan (1998; 163 Min.; Spielberg)

Folie 1

- Achsenmächte
- Verbündete der Achsenmächte
- Besetzte Gebiete
- Neutrale Staaten
- Vorstöße der Alliierten bis zum Zusammenbruch 1945

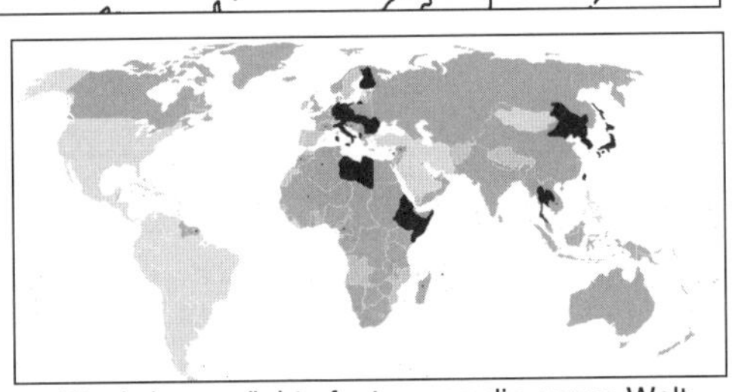
Die Achsenmächte fast gegen die ganze Welt

- Polenfeldzug
- Finnisch-sowjetischer Winterkrieg
- Dänemark-, Norwegen-feldzug
- Westfeldzug
- Luftschlacht um England
- Nordafrika-feldzug
- Balkanfeldzug
- Russland-feldzug

Verlaufsskizze (2 Unterrichtseinheiten + Filme)

I. Motivation

Stummer Impuls Aussprache Wiederholung	L heftet Karte an	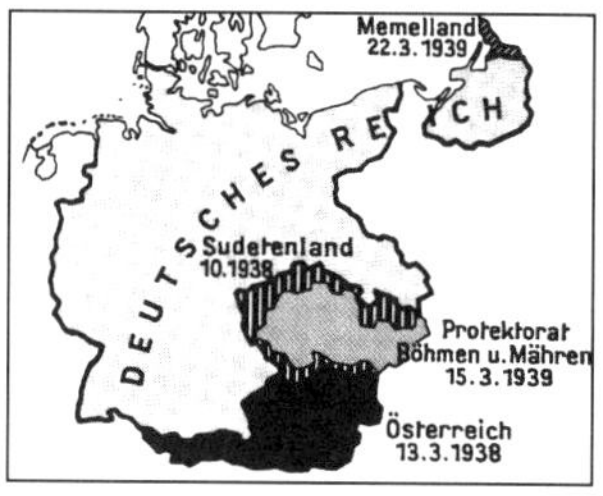 Annexionspolitik Hitlers
Impuls Aussprache Zielangabe	Tafelanschrift	L: Eine Aktion Hitlers brachte das Fass zum Überlaufen. Überfall auf Polen **Der Zweite Weltkrieg**

II. Begegnung/Erarbeitung

	Informationsblätter 1/2/3/4 (S. 157/158/159/160)	Der Zweite Weltkrieg
Gruppenarbeit		L: Fasse den Weltkrieg kurz zusammen. Berichte nur über die wichtigsten Ereignisse.
Ergebnis	Tafelanschrift	Polenfeldzug – Winterkrieg – Dänemark-, Norwegenfeldzug – Westfeldzug – Luftschlacht um England – Nordafrikafeldzug – Balkanfeldzug – Russlandfeldzug
Zusammenfassung	Arbeitsblätter 1/2 (S. 161/163)	Vom „Blitzkrieg" zum Weltkrieg (1/2)
Kontrolle	Folien 6/7 (S. 162/164)	
Hausaufgabe	Internet	L: Krieg im Pazifik Pearl Harbour
Leitfragen Aussprache		① Warum konnten die großen deutschen Anfangserfolge nicht den Krieg zugunsten Deutschlands entscheiden? (Front zu lang) ② Welches Ziel hatte Hitler im Auge, als er in Richtung auf das Kaspische Meer vorstieß? (Erdölquellen) ③ Was bezweckte Hitler mit seinem Angriff auf Ägypten? (Suezk.)
Zusammenfassung	DVD	Der Nationalsozialismus III – Holocaust/2. Weltkrieg

III. Wertung

Stummer Impuls Erlesen Stummer Impuls Erlesen Zusammenfassung Kontrolle	Folien 2/3 (S. 165/166) Folien 4/5 (S. 169/170) Arbeitsb. 3 (S. 167) Folie 8 (S. 168)	Stalingrad. Stalingrad war der Wendepunkt im Zweiten Weltkrieg. Hitler verlor den Mythos der Unbesiegbarkeit. A. P. Weber: Der Sumpf/Gedichte zum Krieg Vom „Blitzkrieg" zum Weltkrieg (3)

IV. Sicherung

Zusammenfassung Zusammenfassung Kontrolle	Folie 1 (S. 155) Arbeitsb. 4 (S. 171) Folie 9 (S. 172)	Der Zweite Weltkrieg in Europa/Achsenmächte Der Zweite Weltkrieg: Zusammenfassung

V. Vertiefung

	DVD (Auswahl)	① D-Day; ② Der Soldat James Ryan ③ Stalingrad
Aussprache		
Aussprache	Video	Die Schlacht von Dünkirchen 1940

Der Zweite Weltkrieg

Der Überfall auf Polen (1. September 1939–6. Oktober 1939)

Am 1. September 1939 maschierte die deutsche Wehrmacht ohne vorherige Kriegserklärung in Polen ein. Der Zweite Weltkrieg hatte begonnen. Die von der SS nur vorgetäuschten Vorfälle im Grenzgebiet zwischen Deutschland und Polen dienten als Vorwand für den Überfall. In der Nacht wurde ein polnisches Munitionslager vor Danzig vom Meer aus zerstört. Die polnische Regierung forderte daraufhin Hilfe von Frankreich und Großbritannien an, welche Deutschland bereits am folgenden Tag ein Ultimatum stellten, sich aus Polen zurückzuziehen, was Hitler aber nicht befolgte, woraufhin die beiden Großmächte am 3. September 1939 dem Deutschen Reich den Krieg erklärten. Frankreich und England beschränkten sich allerdings bloß auf den Abwurf von Flugblättern, um den deutschen Angriff zu verurteilen. Nur zur See kam es verstärkt zu Gefechten zwischen den Alliierten und der deutschen Marine. Besonders der U-Boot-Krieg wurde mit aller Härte geführt. Bereits am 17. September wurde der polnische Widerstand von der Wehrmacht zerschlagen und der polnische Staat brach zusammen. Die neue Taktik des Blitzkrieges hatte Erfolg. Die polnische Luftwaffe wurde durch Überraschungsangriffe der deutschen Luftflotte schon am Boden zerstört. Anschließend drangen Panzereinheiten mit starker Artillerieunterstützung tief ins Landesinnere vor, wobei die Bombardierung von Verkehrsknotenpunkten und Städten Verteidigungsmaßnahmen entscheidend behinderte. Deutsche Truppen schlossen die Hauptstadt Warschau ein. Am 27. und 28. September wurde die Stadt bombardiert und schließlich eingenommen. Die letzten polnischen Truppen kapitulierten am 6. Oktober 1939, was als Ende des Polenfeldzugs gilt. Über 60 000 polnische Soldaten waren gefallen, rund 900 000 gerieten in Kriegsgefangenschaft. Durch die Bombardements der Städte kamen außerdem 25 000 Zivilisten ums Leben. Die Wehrmacht hatte durch den erbitterten Widerstand ihrer Gegner 14 000 Soldaten verloren. Am 8. Oktober 1939 teilten das Deutsche Reich und die Sowjetunion im Abkommen von Brest-Litowsk das polnische Gebiet auf. Die nach dem Ersten Weltkrieg abgetretenen polnischen Gebiete und weitere Gebiete Zentralpolens wurden an das Deutsche Reich angegliedert, Ostpolen fiel an die Sowjetunion. Dem Blitzkrieg gegen Polen folgte eine Besatzung mit Deportationen und weiteren Anfeindungen gegen die polnische Bevölkerung.

Die Besetzung Dänemarks und Norwegens (6. April 1940–9. Mai 1940)

Um kriegswichtige Rohstoffe wie das schwedische Eisenerz und das finnische Nickel zu sichern, entschloss sich der deutsche Generalstab am 21. Februar 1940 zum Angriff und der anschließenden Besetzung von Dänemark und Norwegen. Anfang März begannen erste Angriffe der deutschen Marine gegen britische Seestreitkräfte. Am 5. April 1940 wurden von den Alliierten die Küsten vor Norwegen vermint und weitere Truppen zur Besetzung nach Norwegen entsendet. Nur einen Tag später begann die deutsche Wehrmacht mit dem Angriff auf Dänemark. Da die Alliierten nicht mit einem Angriff Deutschlands rechneten, war die Gegenwehr gegen die deutschen Einheiten nicht groß. Dänemark wurde kampflos an Deutschland übergeben. Bereits am 10. April besetzten zahlreiche deutsche Kampfverbände weite Teile von Norwegen. Allerdings kam es zwischen der deutschen und englischen Marine zu zahlreichen schweren Schlachten, in deren Verlauf viele Kriegsschiffe auf beiden Seiten zerstört wurden. Aufgrund der Übermacht der deutschen Armee beschloss Churchill noch im April 1940 den Abzug aller alliierten Soldaten aus Norwegen. Der norwegische Widerstand beschränkte sich von da ab nur noch auf Sabotage- und Guerillaaktionen.

Der Westfeldzug (10. Mai 1940–22. Juni 1940)

Der Westfeldzug begann am 10. Mai 1940 mit dem Angriff der deutschen Truppen und endete am 22. Juni 1940 mit der Kapitulation Frankreichs. Schon von Beginn an planten Hitler und sein Generalstab den Angriff auf Frankreich sowie die neutralen Länder Belgien, Luxemburg und die Niederlande. Die Franzosen glaubten sich gut vorbereitet, da sie mit der Maginot-Linie an der deutschen Grenze eine starke Festung errichtet hatten, die jeden deutschen Angriff abwehren sollte. Der deutsche Generalstab durchkreuzte die Defensivtaktik der Franzosen jedoch, indem er bei seinem Angriff die Maginot-Linie einfach zu umgehen und stattdessen über Belgien und Holland nach Frankreich zu gelangen trachtete.

Am 10. Mai 1940 begann der Einmarsch deutscher Truppen in Belgien, in die Niederlande und Luxemburg. Der Hauptstoß erfolgte durch die belgischen Ardennen, was die Alliierten völlig überrraschte. Zudem erwies sich die deutsche „Blitzkrieg“-Strategie mit ihrem kombinierten Panzer- und Luftwaffeneinsatz der alliierten Verteidigungsstrategie als überlegen. Außerdem waren die französischen Panzer und ihre Kriegsführung veraltet. Den Deutschen gelang es, bis Ende Mai bis zum Ärmelkanal vorzudringen und die brititschen und französischen Truppen zu trennen. Belgien und die Niederlande hatten schon nach wenigen Tagen kapitulieren müssen. Hunderttausende britische Soldaten wurden bei Dünkirchen eingeschlossen, konnten aber größtenteils nach England entkommen. Nach dieser Niederlage konnten sich die französischen Truppen nicht mehr lange halten. Am 5. Juni begann die Schlacht um Paris, am 14. Juni marschierte die Wehrmacht in Paris ein. Kurz darauf bat die französische Regierung um Waffenstillstand, der am 22. Juni 1940 in Compiègne geschlossen wurde. England bereitete sich auf eine Invasion der Deutschen vor, Europa war fast vollständig in der Hand Hitlers und in den besetzten Gebieten begann der Terror.

Die Luftschlacht um England (13. August 1940–September 1940)

Die Luftschlacht um England stellte die größte Luftoffensive des Zweiten Weltkriegs dar. Sie begann am 13. August 1940. Das Ziel Hitlers war, die Lufthohheit über England zu gewinnen. Sie sollte den Weg bahnen, um eine Invasion der britischen Inseln erfolgreich abzuschließen. Die Deutschen machten ihre Rechnung jedoch ohne das britische Radarsystem, das die englische Küste überwachte. Mithilfe dieses modernen und effektiven Frühwarnsystems konnten die Briten die deutschen Flugzeuge schon bei ihrem Start in Frankreich orten und deren Flugrouten verfolgen. Diese Daten wurden ausgewertet und an die britischen Jagdgeschwader übermittelt. So wurden die deutschen Flugzeuge bereits in der Luft abgefangen, noch bevor sie britisches Gebiet erreichen konnten. Es gab immense Verluste auf deutscher Seite und England hielt den deutschen Angriffen stand. Im Frühjahr 1941 wurde der Luftkrieg eingestellt. Bis zu diesem Zeitpunkt verlor die deutsche Luftwaffe über 2200 Maschinen.

Der Balkanfeldzug (6. April 1941–Mai 1941)

Der Balkanfeldzug sollte den Vormarsch der deutschen Armee auf die Sowjetunion vorbereiten. Deshalb wurden Griechenland und Jugoslawien am 6. April 1941 von der deutschen Wehrmacht ohne jegliche Kriegserklärung angegriffen. Unterstützung bekamen die Deutschen dabei von Italien und Ungarn. Über Ungarn, Bulgarien, Rumänien und von der Steiermark her fielen deutsche Truppen in Jugoslawien ein. Fast zeitgleich griffen ungarische und italienische Armeen an. Der Luftangriff auf Belgrad, an dem 480 Stukas und Bomber sowie 250 Jagdflugzeuge beteiligt waren, hatte vernichtende Ausmaße unter der zivilen Bevölkerung. Am 12. April wurde Belgrad eingenommen. Jugoslawien kapitulierte. Griechenland wurde von Bulgarien aus überfallen. Die deutschen Armeen marschierten in Saloniki ein. Nach etlichen Kämpfen wurden die Griechen zurückgedrängt und auf dem Rückzug im Katarra-Pass eingekesselt. Die offizielle Kapitulation Griechenlands erfolgte am 23. April. Am 20. Mai landeten deutsche Fallschirmspringer auf Kreta. Trotz herber Verluste gelang den Deutschen die Eroberung der Insel.

Der Überfall auf die Sowjetunion (22. Juni 1941–31. Januar 1943)

Am 22. Juni 1941 morgens um 4.15 Uhr begann der deutsche Angriff auf die Sowjetunion. 3200000 Soldaten überschritten die sowjetische Grenze auf einer Länge von 580 Kilometern. Stalin hoffte noch auf eine friedliche Lösung, als deutsche Panzerspitzen sowjetische Städte und Dörfer in Schutt und Asche legten und zahllose Soldaten der Roten Armee und Zivilisten ihr Leben lassen mussten. Am Mittag des ersten Angriffstages hatte die Luftwaffe bereits mehr als tausend sowjetische Flugzeuge zerstört. Dies entsprach einem Viertel der russischen Luftstreitkräfte. Am 26. Juni war die Wehrmacht bereits 300 Kilometer vorgerückt. Hinter den kämpfenden Truppen folgten Gruppen der SS und des SD, die sofort mit der Ermordung von Juden, Sinti und Roma begannen und Erschießungen von Kommissaren und Soldaten der Roten Armee vornahmen.
Am 21. Juli begann die Luftwaffe mit Bombardements auf Moskau. Mit dem Wintereinbruch im September 1941 stieg die Hoffnung der Russen, die bis Leningrad, Kalinin, Charkow und Rostow

zurückgedrängt worden waren. Am 19. September fiel Kiew, Leningrad war kurz davor. Als am 12. Oktober acht russische Armeen besiegt wurden, gerieten rund 650000 russische Soldaten in deutsche Gefangenschaft, in der sie nur der Tod erwartete. Im Dezember 1941 konnte die Wehrmacht jedoch nicht weiter vordringen, da vor Moskau eine russische Großoffensive weitere militärische Erfolge der Achsenmächte verhinderte. Das „Unternehmen Barbarossa" – ursprünglich als Blitzkrieg geplant – drohte nun genauso wie der Angriff gegen England zu scheitern. Besonders das sehr kalte Klima im russischen Winter bereitete den unvorbereiteten Truppen, die nicht mehr schnell genug mit Kleidung versorgt werden konnten, starke Probleme. Der Vormarsch der Deutschen kam zum Stehen. Als Anfang Dezember 1941 zwei Versuche, den Verteidigungsring um Moskau zu durchbrechen, fehlschlugen, ging die Rote Armee zum Gegenangriff über. Von da ab befand sich die Wehrmacht auf dem Rückzug.

Der Kriegseintritt der USA (7. Dezember 1941)

Am 7. Dezember griff Japan ohne Vorwarnung Pearl Harbour, einen amerikanischen Stützpunkt auf Hawaii, an und versuchte die USA von dort zu vertreiben. Nachdem das deutsche Konzept des Blitzkriegs bereits mehrmals Erfolg gezeigt hatte, glaubten die Asiaten, mit dieser Taktik auch die Amerikaner in Pearl Harbour besiegen zu können. Japan war auf die Vorherrschaft im ostasiatischen Raum aus und wollte die Öffnung für den Welthandel, den die USA erzielt hatten, rückgängig machen. Die USA erklärten Japan am 11. Dezember gemeinsam mit Großbritannien den Krieg.

Der Kriegsschauplatz Nordafrika (11. Februar 1941–13. Mai 1943)

Der deutsche Generalleutnant Erwin Rommel unterstützte ab dem 11. Februar 1941 Italien in Nordafrika. Nach mehreren deutschen Offensiven landeten am 8. November 1942 amerikanische und britische Soldaten in Casablanca und Algier und eröffneten den Zweifrontenkrieg in Nordafrika. Im Frühjahr 1942 wurden die Achsenmächte eingeschlossen und kapitulierten schließlich am 13. Mai 1943 bei Tunis.

Stalingrad – die Kriegswende im Osten (August 1942–Februar 1943)

Im Verlauf der deutschen Sommeroffensive von 1942 erreichte die 6. Armee unter General Paulus Ende August Stalingrad. Bis Mitte November eroberte sie rund 90 Prozent der Stadt. Während sich deutsche Stoßtrupps in erbittert geführten Häuser- und Straßenkämpfen verschlissen, führte der sowjetische Generalstab frische Kräfte um Stalingrad heran. Am 19. November 1942 begann die Rote Armee eine zangenförmige Großoffensive, die zur Einschließung der gesamten 6. Armee sowie von Teilen der 4. Panzerdivision und Überresten der rumänischen 3. und 4. Armee führte. Rund 250000 deutschen und 30000 rumänischen Soldaten war der Rückzug versperrt.

Hitler erklärte Stalingrad daraufhin zum Symbol für den deutschen Siegeswillen. Zugleich verband er mit der Eroberung des strategisch bedeutenden Rüstungs- und Verkehrszentrums an der Wolga einen persönlichen Prestigeerfolg über seinen schärfsten Gegner Stalin. Ein Gesuch von General Paulus, im Westen aus dem 2000 Quadratkilometer großen Kessel ausbrechen zu dürfen, lehnte Hitler strikt ab. Vielmehr vertraute er den leeren Versprechungen Görings, die Eingeschlossenen bis zur geplanten Befreiung hinreichend aus der Luft versorgen zu können. Dafür aber fehlten der Wehrmacht im Winter 1942/43 jedoch die erforderlichen Kapazitäten. Deutsche Versuche zur Evakuierung der eingekesselten Soldaten scheiterten am heftigen sowjetischen Widerstand. Mit seinem am 23. Dezember erneuerten Durchhaltebefehl überließ Hitler die 6. Armee schließlich ihrem Schicksal. Hunger und Krankheiten dezimierten die Truppe. Der russische Winter mit über 40 Grad minus forderte Tausende Opfer unter den nur unzulänglich gegen die eisigen Temperaturen ausgerüsteten Soldaten. Bis zum 18. Januar 1943 mussten die deutschen Truppen sämtliche Verteidigungslinien aufgeben und sich vollständig in das Stadtgebiet von Stalingrad zurückziehen, wo sie in zwei Teilkessel gespalten wurden. Paulus kapitulierte am 31. Januar 1943 mit seinen ihm verbliebenen Einheiten im südlichen Kessel. Zwei Tage später ergaben sich auch die ausgezehrten Truppen im Nordkessel.

Stalingrad glich einem Trümmerfeld. Etwa 150000 deutsche Soldaten waren im Kessel den Kämpfen, der Kälte oder dem Hunger zum Opfer gefallen. Rund 91000 Mann gerieten in sowjetische Kriegsgefangenschaft, aus der nur 6000 Überlebende bis 1956 nach Deutschland zurückkehrten.

Die erste für die Wehrmacht vernichtende Niederlage im Krieg gegen die Sowjetunion veränderte die Kriegssituation nachhaltig. Das Gesetz des Handelns ging nunmehr auf die Rote Armee über. Weitreichender als die militärischen Folgen waren die Auswirkungen auf die Moral der deutschen Bevölkerung. Ein Großteil der von der Dimension dieser Niederlage erschütterten Deutschen erkannte den Wendepunkt des Kriegs an der Ostfront. Auch der Versuch der deutschen Führung, den Untergang der 6. Armee als grandioses Heldenepos darzustellen sowie die Ausrufung des „Totalen Kriegs" durch Joseph Goebbels am 18. Februar 1943, beseitigten die aufkommenden Zweifel am deutschen Endsieg nicht.

Deutscher Rückzug an allen Fronten (6. Juni 1944–Mai 1945)

Trotz der Bemühungen von General Rommel, den sogenannten „Atlantikwall" gegen eine Invasion der Alliierten zu verstärken, landeten diese am 6. Juni 1944 in der Normandie in Frankreich. Dieser Tag wird auch als D-Day bezeichnet. Bis zum Ende des Tages wurden 8000 alliierte Fallschirmspringer, 155000 Soldaten und eine Vielzahl an schwimmfähigen Panzern an Land gebracht. Die deutsche Armee konnte der Invasion nichts entgegensetzen. Dies lag unter anderem daran, dass der deutsche Generalstab die Invasion nicht in der Normandie erwartet hatte. Die Landung war für die Alliierten trotzdem sehr verlustreich. Allein in der ersten Angriffswelle wurden 70 Prozent aller Soldaten getötet. An der Invasion waren insgesamt 6700 Schiffe und 13000 Flugzeuge beteiligt. Trotzdem konnten die Alliierten die strategisch wichtige Stadt Caen erst am 18. Juli 1944 einnehmen. Damit war der Ausbruch aus der Normandie gelungen.

Vier Tage später, am 22. Juli 1944, erreichten russische Verbände die polnische Grenze. In Italien hatten sich die Deutschen bereits bis Florenz zurückziehen müssen.

Am 14. August 1944 begannen die Alliierten mit ihrem Vorstoß nach Paris. Gleichzeitig landeten 94000 Soldaten an der französischen Mittelmeerküste. Nach heftigen Gefechten, bei denen 50000 deutsche Soldaten fielen, marschierten französische Panzertruppen am 24. August 1944 in Paris ein. Einen Tag später kapitulierte die deutsche Besatzung von Paris. Am selben Tag rückten die Briten bis zur Seine vor.

Am 2. September 1944 wurde die belgische Grenze überschritten. Am 5. September war auch Brüssel befreit.

In Jugoslawien drängten Russen und Partisanen die Deutschen zurück. Griechenland musste aufgegeben werden. Die Alliierten erreichten Aachen und zerstörten die Stadt vollständig.

Trotz einer zehn Tage dauernden Offensive in den Ardennen vom 16. Januar 1945 ging der Rückzug der Wehrmacht weiter. Am 20. Januar drang die Rote Armee in Ostpreußen ein, am 31. Januar stand sie an der Oder.

Am 16. März 1945 überschritten die Amerikaner bei Remagen den Rhein. Einen Monat später begann die Schlacht um Berlin. Die Rote Armee stieß auf erbitterten Widerstand. Die Westmächte konnten währenddessen das Ruhrgebiet einnehmen und bis nach Leipzig und Nürnberg vorrücken.

Der deutsche Widerstand war gebrochen. Das Reich zerfiel, während Hitler in seinem Bunker in Berlin noch auf eine Wende hoffte. Am 30. April 1945 nahm sich Hitler zusammen mit seiner Frau das Leben.

Die bedingungslose Kapitulation (6. Mai 1945)

Am 7. Mai 1945 gab die Wehrmacht die bedingungslose Kapitulation bekannt, die am 8. Mai von General Jodl unterzeichnet wurde.

Der Zweite Weltkrieg war zu Ende. Während dieser sechs Jahre verloren unter anderem 3250000 deutsche Soldaten, 3600000 deutsche Zivilisten, 485000 britische Soldaten und Zivilisten, 365000 amerikanische Soldaten und über 20000000 russische Soldaten und Zivilisten ihr Leben.

Insgesamt schätzt man die Zahl der Menschenverluste im Zweiten Weltkrieg auf über 66 Millionen. 35 Millionen Menschen wurden verwundet, 30 Millionen heimatlos und 15 Millionen waren auf der Flucht. Größere Flüchtlingsströme und Bevölkerungsbewegungen hat es in der Menschheitsgeschichte nicht gegeben. Fast ganz Europa lag in Trümmern. Die englischen und amerikanischen Bombenangriffe hatten fast alle größeren deutschen Städte zerstört.

GE	Name:	Datum:	

Vom „Blitzkrieg“ zum Weltkrieg (1)
Der siegreiche Vormarsch

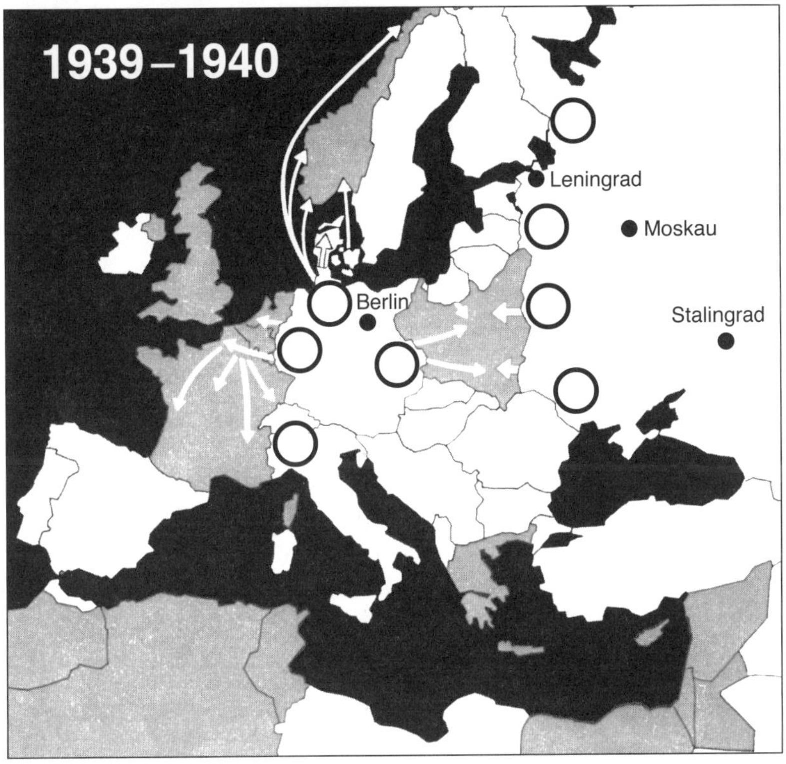

Die „Blitzkriege“

① Am 1. September 1939 greift Hitler Polen an und erobert innerhalb weniger Wochen ganz West- und Mittelpolen.
② Im September 1939 besetzt Stalin im Einvernehmen mit Hitler Ostpolen.
③ Ab Oktober 1939 erzwingt Stalin im „finnisch-russischen Winterkrieg“ den Zugang zur freien Ostsee.
④ Im April 1940 überfällt Hitler Dänemark und Norwegen, gewinnt den Erzhafen Narvik und bedroht England.
⑤ Im Mai 1940 überfällt Hitler Holland und Belgien und besetzt zunächst halb Frankreich.
⑥ Im Juni 1940 greift Italien als Deutschlands Verbündeter Frankreich ohne Erfolg an.
⑦ Im Juni 1940 geht die sowjetische Expansion nach Westen weiter, Stalin besetzt die baltischen Länder und Teile von Rumänien.

Die Eroberungen im Osten

① Hitler kommt ab März 1941 Italien in Nordafrika zu Hilfe, Angriff auf Ägypten scheitert.
② Alliierte Kräfte bedrohen im Juni 1941 die Türkei und verhindern ihren Kriegseintritt zugunsten Deutschlands.
③ Hitler erobert ab April 1941 Jugoslawien, Griechenland und Kreta. Ziel: Beherrschung des östlichen Mittelmeeres. Die übrigen Balkanstaaten werden Verbündete Deutschlands.
④ Hitler überfällt am 22. Juni 1941 die Sowjetunion und stößt weit nach Russland hinein.
⑤ Amerikanisch-englische Truppen landen im November 1942 in Algerien und verbünden sich mit französischen Truppen.

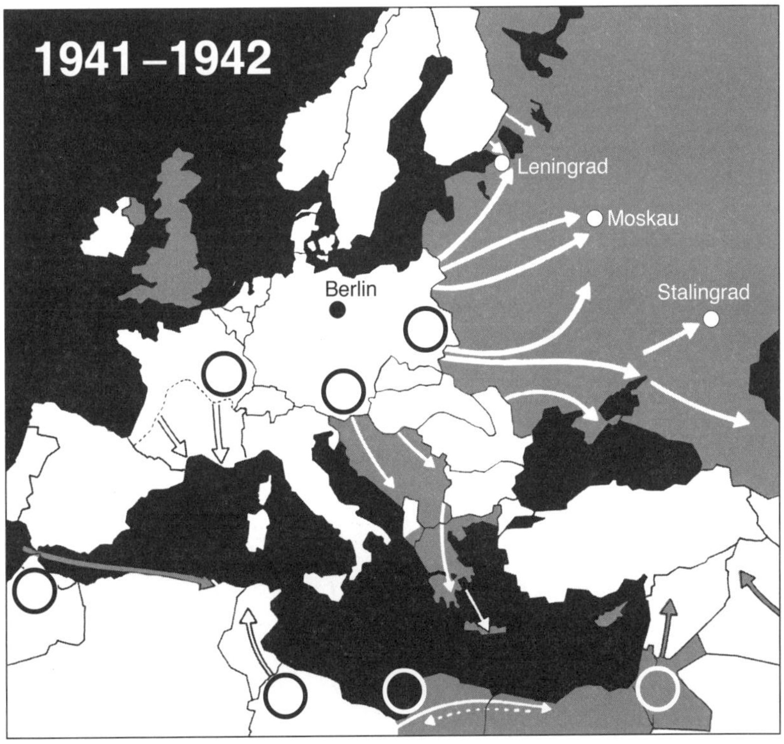

⑥ Deutsche Truppen besetzen am 9. November 1942 die französische Kolonie Tunis.
⑦ Deutsche Truppen besetzen am 11. November 1942 Restfrankreich.

GE	Name:	Datum:	

Vom „Blitzkrieg“ zum Weltkrieg (1)
Der siegreiche Vormarsch

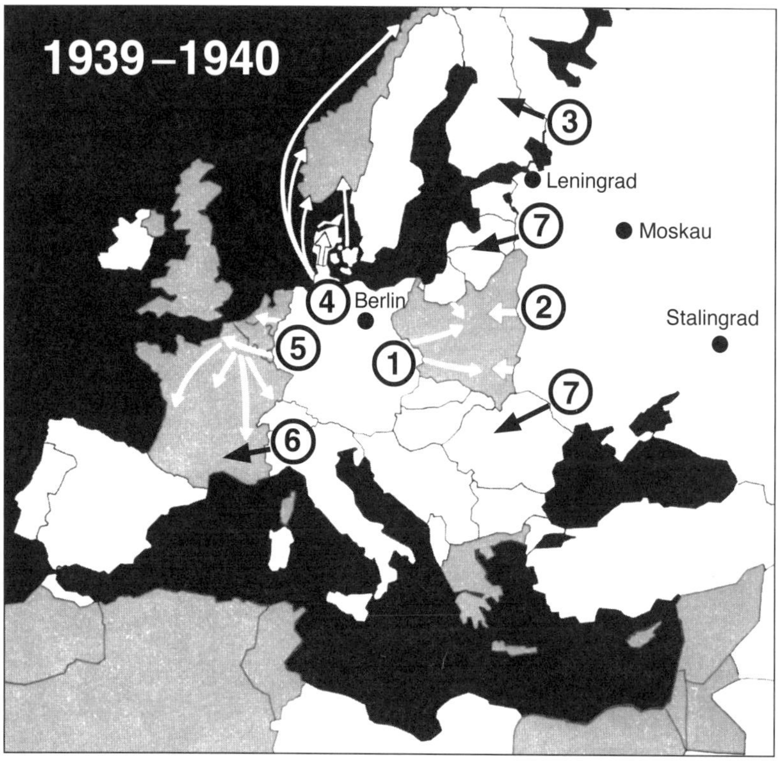

Die „Blitzkriege“

① Am 1. September 1939 greift Hitler Polen an und erobert innerhalb weniger Wochen ganz West- und Mittelpolen.
② Im September 1939 besetzt Stalin im Einvernehmen mit Hitler Ostpolen.
③ Ab Oktober 1939 erzwingt Stalin im „finnisch-russischen Winterkrieg“ den Zugang zur freien Ostsee.
④ Im April 1940 überfällt Hitler Dänemark und Norwegen, gewinnt den Erzhafen Narvik und bedroht England.
⑤ Im Mai 1940 überfällt Hitler Holland und Belgien und besetzt zunächst halb Frankreich.
⑥ Im Juni 1940 greift Italien als Deutschlands Verbündeter Frankreich ohne Erfolg an.
⑦ Im Juni 1940 geht die sowjetische Expansion nach Westen weiter, Stalin besetzt die baltischen Länder und Teile von Rumänien.

Die Eroberungen im Osten

① Hitler kommt ab März 1941 Italien in Nordafrika zu Hilfe, Angriff auf Ägypten scheitert.
② Alliierte Kräfte bedrohen im Juni 1941 die Türkei und verhindern ihren Kriegseintritt zugunsten Deutschlands.
③ Hitler erobert ab April 1941 Jugoslawien, Griechenland und Kreta. Ziel: Beherrschung des östlichen Mittelmeeres. Die übrigen Balkanstaaten werden Verbündete Deutschlands.
④ Hitler überfällt am 22. Juni 1941 die Sowjetunion und stößt weit nach Russland hinein.
⑤ Amerikanisch-englische Truppen landen im November 1942 in Algerien und verbünden sich mit französischen Truppen.

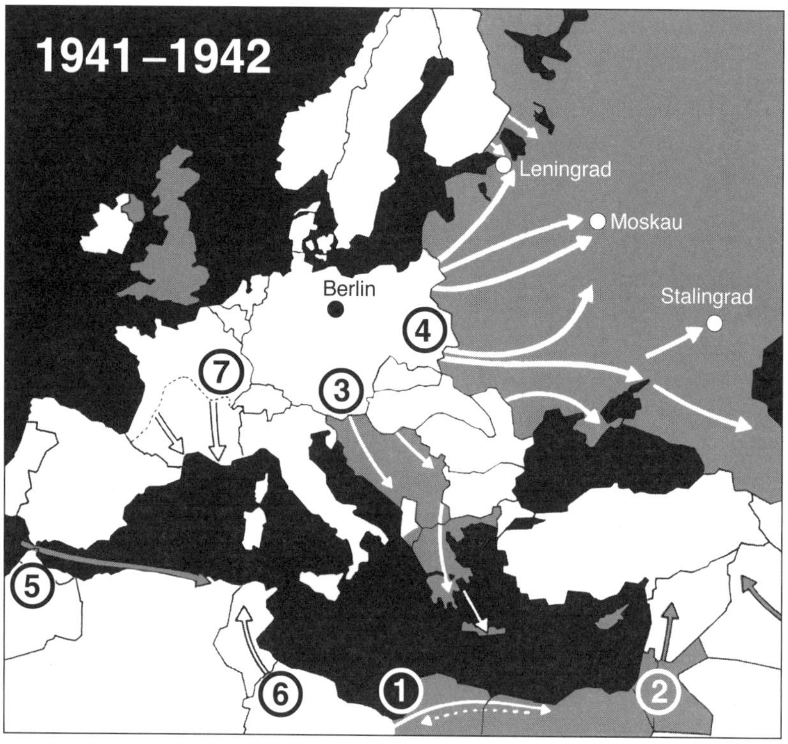

⑥ Deutsche Truppen besetzen am 9. November 1942 die französische Kolonie Tunis.
⑦ Deutsche Truppen besetzen am 11. November 1942 Restfrankreich.

GE Name: ______________________ Datum: ____________

Vom „Blitzkrieg“ zum Weltkrieg (2)
Die Wende

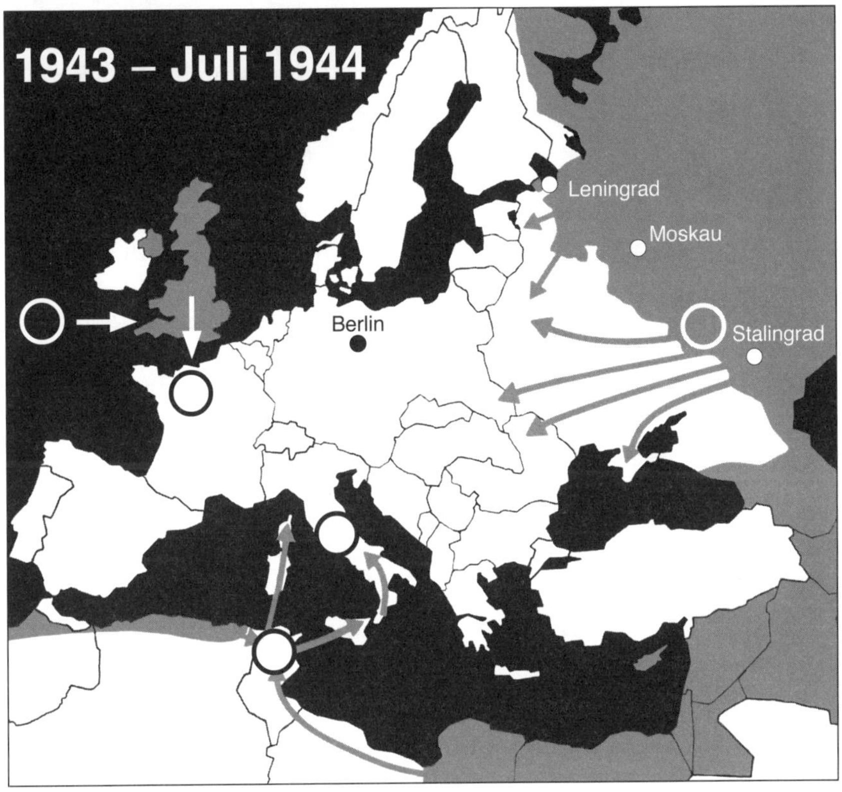

① Der Untergang der deutschen ____. Armee in ________ ________ Anfang 1943 bedeutet die Wende des Krieges. Mit aller Macht treiben die russischen Soldaten die deutschen Truppen nach ____________ zurück und überschreiten erstmals im Juli 1944 die Grenzen des „Großdeutschen Reiches“.

② Im Juli 1943 nach der Kapitulation der deutsch-italienischen Streitkräfte in Tunis landen die Alliierten in ______________, _________________ und ______________. Sie gewinnen damit die Herrschaft über das westliche Mittelmeer.

③ Der Vormarsch der Alliierten in Italien erfolgt ab September 1943. Gleichzeitig kapituliert die italienische Armee und Benito ____________________ wird gestürzt.

④ Ab Frühjahr 1944 schaffen die ________ Truppen und Kriegsmaterial in großen Mengen nach ____________. Ziel ist die Vorbereitung der _____________ in Frankreich.

⑤ Am 6. Juni 1944 landen die Alliierten in Nordfrankreich, erringen die absolute Lufthoheit und durchbrechen die deutschen Verteidigungsstellungen am ______________.

GE | Lösung

Vom „Blitzkrieg“ zum Weltkrieg (2)
Die Wende

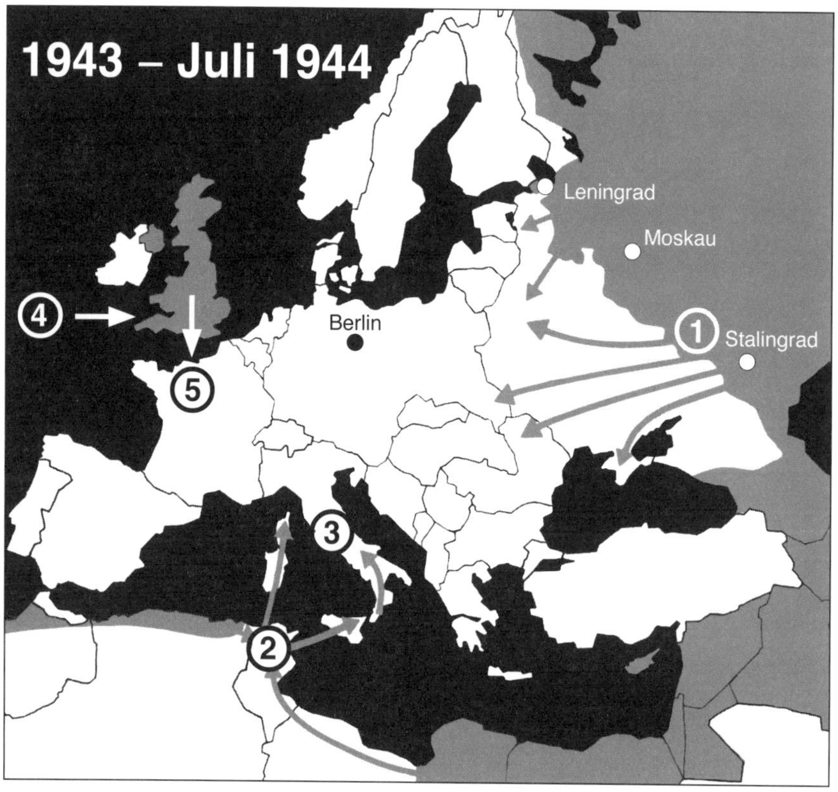

① Der Untergang der deutschen *6*. Armee in *Stalin-grad* Anfang 1943 bedeutet die Wende des Krieges. Mit aller Macht treiben die russischen Soldaten die deutschen Truppen nach *Westen* zurück und überschreiten erstmals im Juli 1944 die Grenzen des „Großdeutschen Reiches“.

② Im Juli 1943 nach der Kapitulation der deutsch-italienischen Streitkräfte in Tunis landen die Alliierten in *Sizilien*, *Sardinien* und *Korsika*. Sie gewinnen damit die Herrschaft über das westliche Mittelmeer.

③ Der Vormarsch der Alliierten in Italien erfolgt ab September 1943. Gleichzeitig kapituliert die italienische Armee und Diktator Benito *Mussolini* wird gestürzt.

④ Ab Frühjahr 1944 schaffen die *USA* Truppen und Kriegsmaterial in großen Mengen nach *England*. Ziel ist die Vorbereitung der *Landung* in Frankreich.

⑤ Am 6. Juni 1944 landen die Alliierten in Nordfrankreich, erringen die absolute Lufthoheit und durchbrechen die deutschen Verteidigungsstellungen am *Atlantik*.

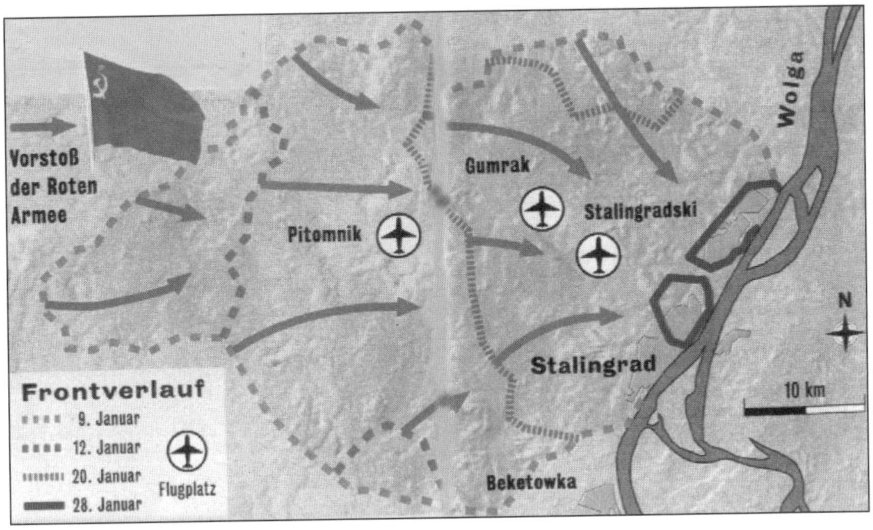

Stalingrad

November 1942: Die 6. deutsche Armee ist bei Stalingrad eingekesselt. Über den Verlauf der Kämpfe berichtet das Kriegstagebuch des Wehrmachtsführungsstabes:

25. November 1942: Die eingeschlossene 6. Armee hat alle ihre Fronten gehalten, ihre Versorgungslage ist aber kritisch und es ist wegen des ungünstigen Winterwetters und der feindlichen Jagdüberlegenheit sehr zweifelhaft, ob die von der Armee als täglicher Nachschubbedarf angeforderten 700 Tonnen Verpflegung, Munition, Treibstoff usw. auf dem Luftwege in den Kessel geschafft werden können. Bei der Luftflotte IV befinden sich nur 298 Transportflugzeuge, gebraucht werden etwa 500. Der kommandierende General des bei Stalingrad eingesetzten VIII. Fliegerkorps, Generaloberst Freiherr von Richthofen, hat dem Führer daher vorgeschlagen, dass sich die 6. Armee zunächst nach Westen absetzen solle, um später wieder anzugreifen. Der Führer hat dies aber von vornherein abgelehnt.
10. Januar 1943: Der augenblickliche tägliche Verpflegungssatz für die 6. Armee besteht aus 75 g Brot, 200 g Pferdefleisch einschließlich Knochen, 12 g Fett, 11 g Zucker und 1 Zigarette. Bis zum 20. Januar werden sämtliche Pferde geschlachtet sein.
23. Januar 1943: Die gestern Abend von General Zeitzler gestellte Frage, ob der 6. Armee nunmehr die Genehmigung zur Kapitulation gegeben werden könne, ist vom Führer verneint worden. Die Armee soll bis zum letzten Mann weiterkämpfen, um Zeit zu gewinnen. Auf einen dementsprechenden Funkspruch des Führers an die 6. Armee hat Generaloberst Paulus geantwortet: Ihre Befehle werden ausgeführt, es lebe Deutschland!
2. Februar 1943: Morgens trifft der letzte Funkspruch der 6. Armee aus Stalingrad ein.

Weihnachten in der Hölle

Kälte, Hunger, Kugelhagel: Den Tod vor Augen harrten an Weihnachten 1942 Tausende deutsche und sowjetische Soldaten in den Ruinen Stalingrads aus. Dieter Peeters, Horst Zank und Günter Koschorrek waren dabei. 300000 deutsche und verbündete Soldaten sitzen seit dem 19. November in der Falle. Eine Million Rotarmisten haben den Kessel um die Wolgametropole geschlossen, bringen seitdem Hitlers Eroberungskrieg zum Stillstand. Die Zeche für dessen Größenwahn zahlen die Soldaten der 6. Armee. Rund 1600 von ihnen sterben jeden Tag. Wer nicht in den Kämpfen fällt, krepiert durch Hunger, Kälte und Krankheit. „Es waren junge Leute wie er, die Hitler für seine Pläne verheizte. Seit der Kesselschließung am 19. November wurde die Lage für uns Soldaten jeden Tag schlimmer. Es war kalt, es gab nichts zu Essen. Für ein kleines Stückchen Brot und im Vertrauen auf Rettung ließen wir uns immer wieder zum Einsatz bewegen", berichtet der damals 23-jährige Horst Zank. Die Versorgung mit Lebensmitteln, Winterkleidung und Munition war nur noch aus der Luft möglich. 550 Tonnen täglich brauchte die Armee. Fünf mal mehr als die Luftwaffe einfliegen konnte. Abgeworfene Verpflegungsbomben wurden oft von denen geplündert, die sie fanden. Für viele andere blieb nichts übrig. Die meisten hungerten selbst an den Feiertagen: „Wir haben weder zu Weihnachten noch zu Silvester irgendetwas an Sonderzuteilungen erhalten. Seit der Einkesselung bin ich noch keinen einzigen Tag richtig satt geworden", schrieb Flaksoldat Harry Wolter aus Bassum seinen Eltern. Es war das Letzte, was sie von ihm hörten. Dieter Peeters sah seine Freunde sterben: „Täglich verhungerten Soldaten. Sie fielen plötzlich tot um. Manche aßen sogar das Fleisch der Leichen." Er selbst kam dem Tod nur knapp davon. Bei einem Einsatz traf er mit seinen Kameraden auf russische Panzer. „Sie entdeckten uns, hielten direkt auf die vor mir liegende Gruppe zu. Die Panzer wälzten sich durch die offenen Deckungslöcher und zermalmten mit ihren Ketten die im Schnee liegenden Soldaten. Ich stellte mich tot, die Panzer entfernten sich."

Jens Ostrowski, Stalingrad: Der eisigen Hölle entronnen © Westdeutsche Zeitung, 31. Januar 2008

Fotos von Stalingrad

GE	Name: ______________________	Datum: ____________	

Vom „Blitzkrieg“ zum Weltkrieg (3)

Der Zusammenbruch

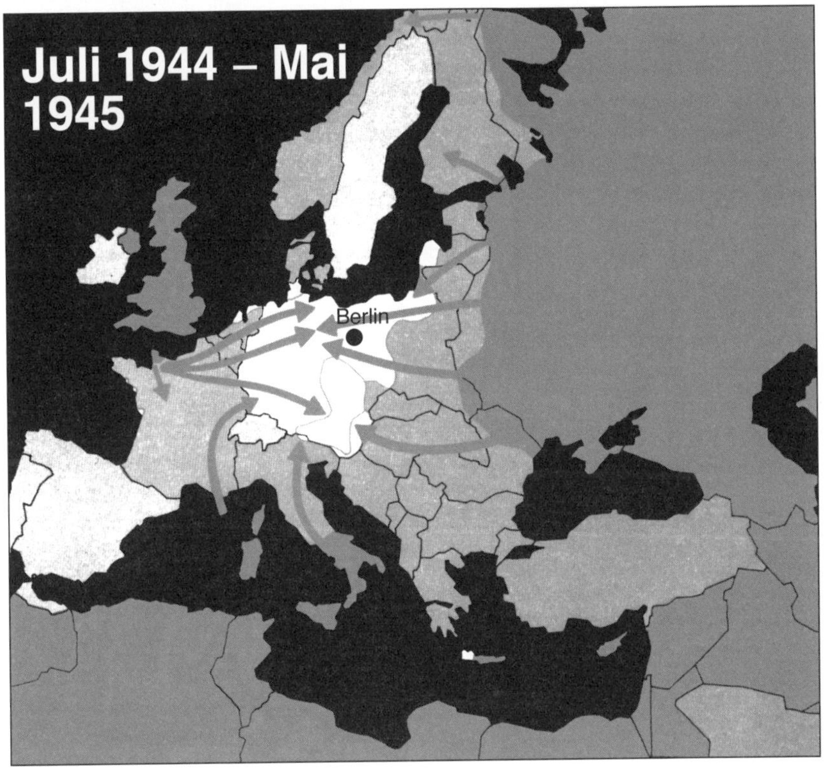

Ab Juli 1944 dringen alliierte Streitkräfte von allen Seiten unaufhaltsam in das deutsche Reichsgebiet ein. Die ______________________ ist völlig an die amerikanischen und englischen Luftflotten übergegangen. Bei Tag und Nacht ____________________ sie deutsche Städte und legen die Nachschublinien lahm. Auf den Straßen stauen sich endlose ____________________kolonnen.

Im April 1945 schließen sowjetische Armeen ____________ ein. Hitler gibt den Krieg verloren und begeht am 29. April 1945 ________________. Am 8. Mai 1945 unterzeichnet Generaloberst Jodl die bedingungslose ______________________ Deutschlands.

Vom „Blitzkrieg“ zum Weltkrieg (3)

Der Zusammenbruch

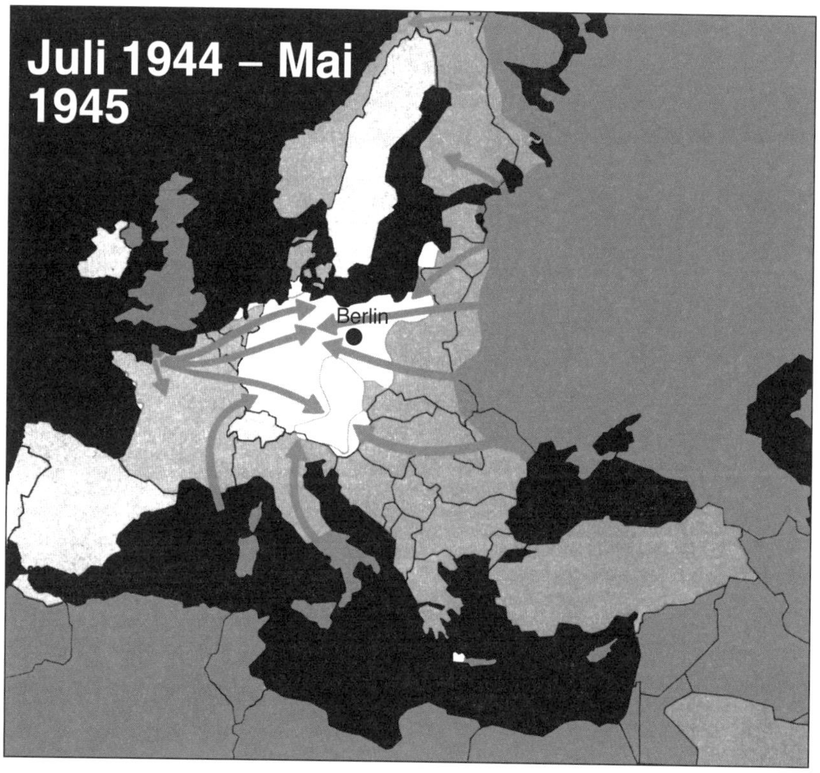

Ab Juli 1944 dringen alliierte Streitkräfte von allen Seiten unaufhaltsam in das deutsche Reichsgebiet ein. Die *Lufthoheit* ist völlig an die amerikanischen und englischen Luftflotten übergegangen. Bei Tag und Nacht *bombardieren* sie deutsche Städte und legen die Nachschublinien lahm. Auf den Straßen stauen sich endlose *Flüchtlings*kolonnen.

Im April 1945 schließen sowjetische Armeen *Berlin* ein. Hitler gibt den Krieg verloren und begeht am 29. April 1945 *Selbstmord*. Am 8. Mai 1945 unterzeichnet Generaloberst Jodl die bedingungslose *Kapitulation* Deutschlands.

KUNST WERK

A. Paul Weber, Der Sumpf © VG Bild-Kunst, Bonn 2011

Kriegslied

Sengen, brennen, schießen, stechen,
Schädel spalten, Rippen brechen,
spionieren, requirieren,
patrouillieren, exerzieren,
fluchen, bluten, hungern, frieren...
So lebt der edle Kriegerstand,
die Flinte in der linken Hand,
das Messer in der rechten Hand –
mit Gott, mit Gott, mit Gott,
mit Gott für König und Vaterland.

Aus dem Bett von Lehm und Jauche
zur Attacke auf dem Bauche!
Trommelfeuer – Handgranaten –
Wunden – Leichen – Heldentaten –
bravo, tapfere Soldaten!
So lebt der edle Kriegerstand,
das Eisenkreuz am Preußenband,
die Tapferkeit am Bayernband,
mit Gott, mit Gott, mit Gott,
mit Gott für König und Vaterland.

Stillgestanden! Hoch die Beine!
Augen gradeaus, ihr Schweine!
Visitiert und schlecht befunden.
Keinen Urlaub. Angebunden.
Strafdienst extra sieben Stunden.
So lebt der edle Kriegerstand.
Jawohl, Herr Oberleutenant!
Und zu Befehl, Herr Leutenant!
Mit Gott, mit Gott, mit Gott,
mit Gott für König und Vaterland.

Vorwärts mit Tabak und Kümmel!
Bajonette. Schlachtgetümmel.
Vorwärts! Sterben oder Siegen!
Deutscher kennt kein Unterkriegen.
Knochen splittern, Fetzen fliegen.
So lebt der edle Kriegerstand.
Der Schweiß tropft in den Grabenrand,
das Blut tropft in den Straßenrand,
mit Gott, mit Gott, mit Gott,
mit Gott für König und Vaterland.

Angeschossen – hochgeschmissen –
Bauch und Därme aufgerissen.
Rote Häuser – blauer Äther –
Teufel! Alle heiligen Väter!...
Mutter! Mutter!! Sanitäter!!!
So stirbt der edle Kriegerstand,
in Stiefel, Maul und Ohren Sand
und auf das Grab drei Schippen Sand –
mit Gott, mit Gott, mit Gott,
mit Gott für König und Vaterland.

Erich Mühsam (1878–1934)

Unseren Toten

Wind! Kommst du nach Osten in Steppe und Sumpf
und weiter zum Wolgastrand;
so grüß' unsre Toten dort,
die Helden im fernen Land.
Sag': In der Heimat, da blüht jetzt der erste Mohn
und die Stare im Apfelbaum brüten schon;
kräftig und hoch steht im Felde der junge Klee
und die Lerchen steigen und singen wie eh' und je.
Wind, sag' es den Toten,
sag' es behutsam und leis;
Wind, vergiss es nicht –
sie liebten Deutschland so heiß!

Sterne! Seht ihr im Norden das eisige Land
und spürt ihr sein tiefes Weh,
so grüßt unsre Toten dort,
die Helden in Nordlands Schnee.
Sagt: In der Heimat, da spielt jetzt so manches Kind
und in goldene Haare greift leiser Wind;
Korn wogt im Felde und duftet im ersten Blüh'n
und die liebe Erde steht leuchtend im Maiengrün.
Sterne, sagt es den Toten,
sie ruhen in Nordlands Eis;
Sterne, vergesst es nicht –
sie liebten Deutschland so heiß!

Sonne! Kommst du nach Westen zum Dünenrand
und weiter zum grauen Meer,
so grüß' unsre Toten dort,
die Helden vom deutschen Heer.
Sag': In der Heimat beginnt jetzt die schönste Zeit,
wo in schattigen Wäldern der Kuckuck schreit,
Trollblumen leuchten und Löwenzahnflocken wehn
und in hellen Farben die Wiesen in Blüte stehn.
Sonne, sag' es den Toten,
sie ruhen in Düne und Meer,
Sonne, vergiss es nicht –
sie liebten Deutschland so sehr! ...

Ursel Peter (1923–1970)

Mein Bruder war ein Flieger

Mein Bruder war ein Flieger
Eines Tages bekam er eine Kart
Er hat seine Kiste eingepackt
Und südwärts ging die Fahrt.

Mein Bruder ist ein Eroberer
Unserm Volke fehlt's an Raum
Und Grund und Boden zu kriegen, ist
Bei uns ein alter Traum.

Der Raum, den mein Bruder eroberte
Liegt im Guadarramamassiv
Er ist lang einen Meter achtzig
Und einen Meter fünfzig tief.

Bertolt Brecht (1898–1956)

GE	Name: ______________________	Datum: ____________	

Zusammenfassung: Der Zweite Weltkrieg

① Deutscher Vormarsch (1939–1942)

❶ „Blitzkrieg" gegen ______________________ (1. bis 28. September 1939)

❷ Feldzug nach ______________________ und ______________________ (9. April bis 9. Juni 1940)

❸ „Westfeldzug" gegen ______________________ und ____________-Staaten (10. Mai bis 22. Juni 1940)

❹ Die Luftschlacht um ______________________ (13. August 1940 bis Ende 1940)

❺ ____________________- Feldzug unter General Rommel (Februar 1941 bis November 1942)

❻ ____________________- Feldzug nach ______________________ und ______________________ (April 1941 bis Mai 1941)

❼ Unternehmen „Barbarossa": Angriff auf die ______________________ (ab 22. Juni 1941)

❽ Schlacht um ____________________ (Dezember 1941)

❾ Unternehmen „Zitadelle": Panzerschlacht von ______________ (Juli/August 1943)

② Die Wende

❶ Kriegseintritt der __________ nach dem japanischen Angriff auf ______________________ (Dezember 1941)

❷ Niederlage im U-Boot-Krieg (Einführung des _____________)

❸ Vernichtung der 6. Armee in ______________________ (Oktober 1942 bis Februar 1943)

③ Deutscher Rückzug (1943–1945)

❶ Rückzug an der _______________ von der Wolga zur Weichsel (Februar 1943 bis Juli 1944)

❷ Bombardierung Deutschlands durch ______________ und ____________________ Bombergeschwader (ab Mai 1944 bis April 1945)

❸ Landung der Alliierten in ____________________ (November 1942)

❹ Landung der Alliierten in Sizilien, ________________, Sardinien und Korsika (Juli 1943)

❺ Landung der Alliierten in der ______________________ (Juli 1944)

© Evgenij Chaldej/AKG

❻ Befreiung ____________________; Einzug von General de Gaulles in Paris (August 1944)

❼ Vorstoß deutscher Truppen „____________________-offensive" (Dezember 1944)

❽ Einmarsch in Deutschland (ab Januar 1945)

❾ Eroberung von _______________ (April 1945)

❿ Bedingungslose deutsche ______________________ (7. bis 9. Mai 1945)

Hubert Albus: Von der NS-Diktatur bis 1946 • Bestell-Nr. 497 •

Zusammenfassung: Der Zweite Weltkrieg

① Deutscher Vormarsch (1939–1942)

❶ „Blitzkrieg" gegen *Polen* (1. bis 28. September 1939)

❷ Feldzug nach *Dänemark* und *Norwegen* (9. April bis 9. Juni 1940)

❸ „Westfeldzug" gegen *Frankreich* und *Benelux*-Staaten (10. Mai bis 22. Juni 1940)

❹ Die Luftschlacht um *England* (13. August 1940 bis Ende 1940)

❺ *Nordafrika*- Feldzug unter General Rommel (Februar 1941 bis November 1942)

❻ *Balkan*- Feldzug nach *Jugoslawien* und *Griechenland* (April 1941 bis Mai 1941)

❼ Unternehmen „Barbarossa": Angriff auf die *Sowjetunion* (ab 22. Juni 1941)

❽ Schlacht um *Moskau* (Dezember 1941)

❾ Unternehmen „Zitadelle": Panzerschlacht von *Kursk* (Juli/August 1943)

② Die Wende

❶ Kriegseintritt der *USA* nach dem japanischen Angriff auf *Pearl Harbour* (Dezember 1941)

❷ Niederlage im U-Boot-Krieg (Einführung des *Radars*)

❸ Vernichtung der 6. Armee in *Stalingrad* (Oktober 1942 bis Februar 1943)

③ Deutscher Rückzug (1943–1945)

❶ Rückzug an der *Ostfront* von der Wolga zur Weichsel (Februar 1943 bis Juli 1944)

❷ Bombardierung Deutschlands durch *englische* und *amerikanische* Bombergeschwader (ab Mai 1944 bis April 1945)

❸ Landung der Alliierten in *Algerien* (November 1942)

❹ Landung der Alliierten in Sizilien, *Italien*, Sardinien und Korsika (Juli 1943)

❺ Landung der Alliierten in der *Normandie* (Juli 1944)

© Evgenij Chaldej/AKG

❻ Befreiung *Frankreichs*; Einzug von General de Gaulles in Paris (August 1944)

❼ Vorstoß deutscher Truppen „*Ardennen*-offensive" (Dezember 1944)

❽ Einmarsch in Deutschland (ab Januar 1945)

❾ Eroberung von *Berlin* (April 1945)

❿ Bedingungslose deutsche *Kapitulation* (7. bis 9. Mai 1945)

Der totale Krieg

Lerninhalte:

- Wissen, was totaler Krieg bedeutet
- Kennenlernen der Rede von Goebbels im Berliner Sportpalast vom 18. Februar 1943
- Wissen um die Wirkung dieser Propagandarede
- Wissen um die Auswirkungen des totalen Krieges auf die Zivilbevölkerung
- Wissen um aktuelle Bezüge (Totaler Krieg – heute?)

Arbeitsmittel/Medien:

- Arbeitsblatt mit Lösung (Folie 4)
- Informationsblatt: Wollt ihr den totalen Krieg? (Rede von Goebbels)
- Folien 1/2: Zerbombtes Dresden/Definition „totaler Krieg“
- Folie 3: Bilder zum totalen Krieg
- DVD: Der Zweite Weltkrieg – Teil 2: Der totale Krieg (2002; 53 Minuten; farbig)
- DVD 4610595: Zwangsarbeiter im 2. Weltkrieg (2007; 20 Minuten; schwarz-weiß + farbig)
- DVD: Die Brücke (1959; 105 Minuten; farbig; Wicki)

Folien 1/2

Totaler Krieg ist ein aus der totalen Mobilisierung von Menschen und Material im Ersten Weltkrieg hervorgegangener und vom Nationalsozialismus übernommener Ausdruck, der von Joseph Goebbels am 18. Februar 1943 während der Rede im Berliner Sportpalast zur umfassenden Mobilisierung der Volksgemeinschaft verwendet wurde.
Ganz allgemein bezeichnet er die im 19. und 20. Jahrhundert zu beobachtende Tendenz, die gesellschaftlichen Ressourcen umfassend für eine industrialisierte Kriegsführung in Anspruch zu nehmen.
Der totale Krieg enthält folgende drei **Elemente**:

① Totale Mobilisierung: Freisetzung zusätzlicher Kräfte für die Front, Verstärkung der Rüstungsanstrengungen
② Totale Kontrolle: Gleichschaltung des Volkswillens
③ Totale Methoden: Verknüpfung von verschiedenen Waffentechniken und -systemen
④ Totale Kriegsziele: Umfassende Vernichtung des Gegners ohne Rücksicht auf eigene Verluste

Verlaufsskizze (1 Unterrichtseinheit + 3 Filme)

I. Motivation

Stummer Impuls Aussprache	Folie 1 (S. 173)	Zerbombte Stadt (Dresden)
Impuls Aussprache		L: Was ist totaler Krieg?
Zielangabe	Tafelanschrift	**Der totale Krieg**

II. Begegnung/Erarbeitung

Aussprache Definition	Folie 2 (S. 173)	Totaler Krieg Vier Kennzeichen des totalen Krieges
Aussprache	Informationsblatt (S. 175)	Wollt ihr den totalen Krieg?
Lehrervortrag	(u. U. Tondokument)	Rede von Joseph Goebbels im Berliner Sportpalast
Aussprache Gruppenarbeit		L: Untersuche und beurteile diese Rede (Aufbau/Rhetorik).
Zusammenfassung Gruppenberichte	Tafelanschrift	Die Rede ist übersät mit rhetorischen Figuren, die den Zuhörer zu überzeugen, ihn emotional anzusprechen oder zu manipulieren versuchten. Goebbels verwendet viele positive und negative Hochwertwörter, wie z. B. „Führer“, „Sieg“, „Volk“, „Heimat“ oder „Feind“ und „Weltpest“. Goebbels gebraucht darüber hinaus gehäuft religiöse Begriffe, die den „Glauben an den Führer“ und das gläubige „Vertrauen in den Führer“ stärken sollten.
Zusammenfassung	Arbeitsblatt (S. 177)	Der totale Krieg
Kontrolle	Folie 4 (S. 178)	

III. Wertung

Aussprache Diskussion	Folie 3 (S. 176)	Bilder: Der totale Krieg

IV. Sicherung

Zusammenfassung Aussprache	DVD	Der Zweite Weltkrieg – Teil 2: Der totale Krieg

V. Vertiefung

Aussprache	DVD DVD	① Die Brücke ② Zwangsarbeiter im 2. Weltkrieg

„Wollt ihr den totalen Krieg?“

Rede von Joseph Goebbels im Berliner Sportpalast vom 18. Februar 1943

... Das Judentum erweist sich hier wieder einmal als die Inkarnation des Bösen, als plastischer Dämon des Verfalls und als Träger eines internationalen kulturzerstörerischen Chaos. Wenn das feindliche Ausland gegen unsere antijüdische Politik scheinheilig Protest erhebt und über unsere Maßnahmen gegen das Judentum heuchlerische Krokodilstränen vergießt, so kann uns das nicht daran hindern, das Notwendige zu tun. Deutschland, jedenfalls hat nicht die Absicht, sich dieser jüdischen Bedrohung zu beugen, sondern vielmehr die, ihr rechtzeitig, wenn nötig unter vollkommener und radikalster Ausrottung des Judentums entgegenzutreten.
Ihr also, meine Zuhörer, repräsentiert in diesem Augenblick die Nation. Und an euch möchte ich zehn Fragen richten, die ihr mir und dem deutschen Volk vor der ganzen Welt, insbesondere aber vor unseren Feinden, die uns auch an ihrem Rundfunk zuhören, beantworten sollt:
Erstens: Die Engländer behaupten, das deutsche Volk habe den Glauben an den Sieg verloren. Ich frage euch: Glaubt ihr mit dem Führer und mit uns an den endgültigen totalen Sieg des deutschen Volkes? Ich frage euch: Seid ihr entschlossen, dem Führer in der Erkämpfung des Sieges durch dick und dünn und unter Aufnahme auch der schwersten persönlichen Belastung zu folgen?
Zweitens: Die Engländer behaupten, das deutsche Volk ist des Kampfes müde. Ich frage euch: Seid ihr bereit, dem Führer als Phalanx der Heimat hinter der kämpfenden Front stehend, diesen Kampf mit wilder Entschlossenheit und unbeirrt durch alle Schicksalsfügungen fortzusetzen, bis der Sieg in unseren Händen ist?
Drittens: Die Engländer behaupten, das deutsche Volk hat keine Lust mehr, sich der überhandnehmenden Kriegsarbeit, die die Regierung von ihm fordert, zu unterziehen. Ich frage euch: Seid ihr und ist das deutsche Volk entschlossen, wenn der Führer es befiehlt, zehn, zwölf und wenn nötig vierzehn Stunden täglich zu arbeiten und das Letzte herzugeben für den Sieg?
Viertens: Die Engländer behaupten, das deutsche Volk wehrt sich gegen die totalen Kriegsmaßnahmen der Regierung. Es will nicht den totalen Krieg, sondern die Kapitulation. Ich frage euch: Wollt ihr den totalen Krieg? Wollt ihr ihn, wenn nötig, totaler, radikaler, als wir ihn uns heute überhaupt noch vorstellen können?
Fünftens: Die Engländer behaupten, das deutsche Volk hat sein Vertrauen zum Führer verloren. Ich frage euch: Ist euer Vertrauen zum Führer heute größer, gläubiger und unerschütterlicher denn je? Ist eure Bereitschaft, ihm auf allen seinen Wegen zu folgen und alles zu tun, um den Krieg zum siegreichen Ende zu führen, eine absolute und uneingeschränkte?
Ich frage euch also **sechstens:** Seid ihr bereit, von nun an eure ganze Kraft einzusetzen und der Ostfront die Menschen und Waffen zur Verfügung zu stellen, die sie braucht, um dem Bolschewismus den tödlichen Schlag zu versetzen?
Ich frage euch **siebtens:** Gelobt ihr mit heiligem Eid der Front, dass die Heimat mit starker Moral hinter ihr steht und ihr alles geben wird, was sie nötig hat, um den Sieg zu erkämpfen?
Ich frage euch **achtens:** Wollt ihr, insbesondere ihr Frauen selbst, dass die Regierung dafür sorgt, dass auch die deutsche Frau ihre ganze Kraft der Kriegsführung zur Verfügung stellt und überall da, wo es nur möglich ist, einspringt, um Männer für die Front frei zu machen und damit ihren Männern an der Front zu helfen?
Ich frage euch **neuntens:** Billigt ihr, wenn nötig, die radikalsten Maßnahmen gegen einen kleinen Kreis von Drückebergern und Schiebern, die mitten im Krieg Frieden spielen und die Not des Volkes zu eigensüchtigen Zwecken ausnützen wollen? Seid ihr damit einverstanden, dass, wer sich am Kriege vergeht, den Kopf verliert?
Ich frage euch **zehntens** und zuletzt: Wollt ihr, dass, wie das nationalsozialistische Parteiprogramm gebietet, gerade im Krieg gleiche Rechte und gleiche Pflichten vorherrschen, dass die Heimat die schweren Belastungen des Krieges solidarisch auf ihre Schultern nimmt und dass sie für hoch und niedrig und arm und reich in gleicher Weise verteilt werden?
Ich habe euch gefragt, ihr habt mir eure Antwort gegeben: Ihr seid ein Stück Volk, durch euren Mund hat sich damit die Stellungnahme der Deutschen manifestiert, ihr habt euren Feinden das zugerufen, was sie wissen müssen, damit sie sich keinen Illusionen und falschen Vorstellungen hingeben. Somit sind wir, wie von der ersten Stunde unserer Macht an und durch alle die zehn Jahre hindurch fest und brüderlich mit dem deutschen Volk vereint. Der mächtigste Bundesgenosse, den es auf der Welt gibt, das Volk selbst, steht hinter uns und ist entschlossen, mit dem Führer, koste es, was es wolle, unter Aufnahme auch der schwersten Opfer, den Sieg kämpfend zu erstreiten.

Nun, VOLK, steh auf und Sturm brich los!

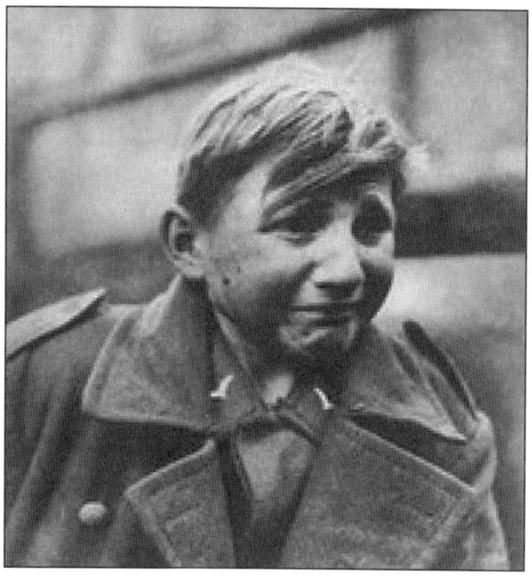

Volkssturm propaganda poster
Um Freiheit und Leben
Volkssturm

GE	Name: ______________________	Datum: ____________	

Der totale Krieg

Am 18. Februar 1943 proklamierte Reichspropagandaminister Joseph Goebbels öffentlich den totalen Krieg. Unter dem unmittelbaren Eindruck der Katastrophe von Stalingrad appellierte er in einer frenetischen und von den 3000 ausgesuchten Anwesenden ekstatisch bejubelten Rede im Berliner Sportpalast an den Durchhaltewillen der deutschen Bevölkerung.

Beurteile die Propagandarede von J. Goebbels.

____

____

____

____

____

Bereits einen Monat zuvor hatte Adolf Hitler die totale Mobilisierung sämtlicher personeller und materieller Ressourcen im Deutschen Reich und in den besetzten Gebieten für den angestrebten „______________“ angeordnet. Alle Männer zwischen _____ und _____ sowie Frauen zwischen _____ und _____ Jahren konnten zur Reichsverteidigung herangezogen werden. Mit der Erweiterung der Wehrpflicht ab August 1943 wurden Hitlerjungen unter _____ Jahren direkt aus Wehrertüchtigungslagern in die Wehrmacht eingezogen. Dem durch Einziehung zur Armee entstandenen Arbeitskräfte__________ begegnete der „Generalbevollmächtigte für den Arbeitseinsatz“, Fritz Sauckel, vor allem mit der verstärkten Anwerbung und Rekrutierung von ______________ ________. Mit der Mobilisierung der letzten Reserven in der __________ und an der ___________ ging eine Verschärfung des ______________ und des Kriegsstrafrechts einher. Die Zahl der Todesurteile wegen Zweifels am militärischen Sieg oder Wehrkraft_______________ erhöhten sich sprunghaft. Alle kriegsunwichtigen Betriebe wurden geschlossen und weite Teile der Bevölkerung zur Arbeit in der ______________ industrie verpflichtet, bei einer wöchentlichen Arbeitszeit von über _____ Stunden. Urlaubssperren, Einschränkungen der Strom- und Gasversorgung sowie Verbote von Sport- und Kulturveranstaltungen prägten entschieden das Alltagsleben der Deutschen. Die Bildung des ______________ aller waffenfähigen Männer zwischen 16 und 65 Jahren im Herbst 1944 führte schließlich zu weiteren sinnlosen Opfern in der Zivilbevölkerung.

GE | Lösung

Der totale Krieg

Am 18. Februar 1943 proklamierte Reichspropagandaminister Joseph Goebbels öffentlich den totalen Krieg. Unter dem unmittelbaren Eindruck der Katastrophe von Stalingrad appellierte er in einer frenetischen und von den 3000 ausgesuchten Anwesenden ekstatisch bejubelten Rede im Berliner Sportpalast an den Durchhaltewillen der deutschen Bevölkerung.

Beurteile die Propagandarede von J. Goebbels.

Die Rede ist übersät mit rhetorischen Figuren, die den Zuhörer zu überzeugen, ihn emotional anzusprechen oder zu manipulieren versuchten. Goebbels verwendet viele positive und negative Hochwertwörter, wie z. B. „Führer“, „Sieg“, „Volk“, „Heimat“ oder „Feind“ und „Weltpest“. Goebbels gebraucht darüber hinaus gehäuft religiöse Begriffe, die den „Glauben an den Führer“ und das gläubige „Vertrauen in den Führer“ stärken sollten.

Bereits einen Monat zuvor hatte Adolf Hitler die totale Mobilisierung sämtlicher personeller und materieller Ressourcen im Deutschen Reich und in den besetzten Gebieten für den angestrebten „*Endsieg*“ angeordnet. Alle Männer zwischen *16* und *65* sowie Frauen zwischen *17* und *45* Jahren konnten zur Reichsverteidigung herangezogen werden. Mit der Erweiterung der Wehrpflicht ab August 1943 wurden Hitlerjungen unter *18* Jahren direkt aus Wehrertüchtigungslagern in die Wehrmacht eingezogen. Dem durch Einziehung zur Armee entstandenen Arbeitskräfte*mangel* begegnete der „Generalbevollmächtigte für den Arbeitseinsatz“, Fritz Sauckel, vor allem mit der verstärkten Anwerbung und Rekrutierung von *Fremd- und Zwangsarbeitern*. Mit der Mobilisierung der letzten Reserven in der *Heimat* und an der *Front* ging eine Verschärfung des *Terrors* und des Kriegsstrafrechts einher. Die Zahl der Todesurteile wegen Zweifels am militärischen Sieg oder Wehrkraft*zersetzung* erhöhten sich sprunghaft. Alle kriegsunwichtigen Betriebe wurden geschlossen und weite Teile der Bevölkerung zur Arbeit in der *Rüstungs*industrie verpflichtet, bei einer wöchentlichen Arbeitszeit von über *70* Stunden. Urlaubssperren, Einschränkungen der Strom- und Gasversorgung sowie Verbote von Sport- und Kulturveranstaltungen prägten entschieden das Alltagsleben der Deutschen. Die Bildung des *Volkssturmes* aller waffenfähigen Männer zwischen 16 und 65 Jahren im Herbst 1944 führte schließlich zu weiteren sinnlosen Opfern in der Zivilbevölkerung.

Bomben auf Deutschland

Lerninhalte:

- Wissen um die Flächenbombardements auf Deutschlands Städte
- Wissen um die Bombardierung Dresdens vom 13. bis 15. Februar 1945
- Wissen um die schrecklichen Wirkungen dieser Bombardements
- Kenntnis der psychologischen Wirkungen dieser Bombardierungen
- Wissen um die furchtbaren Folgen von Bombardierungen früher und heute

Arbeitsmittel/Medien:

- Arbeitsblatt mit Lösung (Folie 8)
- Bild für die Tafel: Verdunkeln
- Folie 1: Karte von Deutschland mit bombardierten Städten (Karte auf Arbeitsblatt)
- Folien 2/3/4/5: Inferno von Dresden/Es war Napalm/Napalm-Opfer
- Folie 6: Bilder von und um Bombardierungen
- Folie 7: Erich Wünsche, Zyklus Apokalypse Dresden aus: Axel Rodenberger, Der Tod von Dresden. © Franz Müller-Rodenberger, Franfurt am Main 1963
- DVD 4602594: Der Bombenkrieg 1940 bis 1945 (2008; 19 Minuten; farbig)

Folie 5

Napalm-Opfer: Irakische Soldaten im Golfkrieg 1991

Verlaufsskizze (1 Unterrichtseinheit + Film)

I. Motivation

Stummer Impuls	Tafel (S. 183)	Bild: Verdunkeln (Dresden)
Aussprache Impuls		L: Thema der Stunde?
Aussprache Zielangabe	Tafelanschrift	**Bomben auf Deutschland**

II. Begegnung/Erarbeitung

Aussprache		
Stummer Impuls	Folie 1 (S. 185)	Karte mit bombardierten deutschen Städten
Aussprache	Folien 2/3 (S. 181/182)	Das Inferno von Dresden
Erlesen Aussprache		
Stummer Impuls	Folie (S. 187)	Es war Napalm
Aussprache Diskussion		Sinn oder Unsinn von Flächenbombardements

III. Wertung

Stummer Impuls	Folie 6 (S. 188)	Bilder: Bombardierungen
Aussprache Stummer Impuls	Folie 5 (S. 179)	Napalm-Opfer: Irakische Soldaten im Golfkrieg 1991
Aussprache Stummer Impuls	Folie 7 (S. 184)	Erich Wünsche: Apokalyse Dresden 1945
Aussprache		

IV. Sicherung

Zusammenfassung Aussprache Kontrolle	Arbeitsblatt (S. 185) Folie 8 (S. 186)	Bomben auf Deutschland

V. Vertiefung

Aussprache	DVD	Der Bombenkrieg 1940 bis 1945 

Das Inferno von Dresden

Höhepunkt des Krieges gegen die Zivilbevölkerung sollte die „Operation Thunderclap" darstellen, durch die man mit einem einzigen riesigen Luftangriff die deutsche Kapitulation herbeiführen wollte. Dieses Unternehmen kam zwar nicht zustande, fand jedoch in einer Serie von Bombardements gegen Dresden in der Nacht vom 13. auf den 14. Februar 1945 und an den beiden darauffolgenden Tagen seine Entsprechung. Der Zerstörung Dresdens lagen wohl weniger militärische Notwendigkeiten zugrunde – als offizielles Ziel waren die Rangierbahnhöfe genannt –, sondern eher das Bemühen der Westalliierten, gegenüber den Sowjets bei den anstehenden Verhandlungen über das geschlagene Deutsche Reich eigene Waffenstärke zu demonstrieren. In der Einweisung der britischen Besatzungen hieß es:

„Dresden ist außerdem die größte, bislang unbombardierte, bebaute, städtische Fläche, die der Gegner noch innehat. In der Mitte des Winters mit westwärts strömenden Flüchtlingen und Reservetruppen überfüllt, sind Unterkünfte nunmehr sehr begehrt, nicht nur um Arbeiter, Flüchtlinge und Truppen unterzubringen, sondern auch, um aus anderen Gebieten verlagerten Ministerien Quartier zu schaffen. Einst für sein Porzellan berühmt, hat sich Dresden heute zu einem Industriezentrum von hervorragender Bedeutung entwickelt. Dresden besitzt wie andere Großstädte ein umfangreiches Netz von Telefon- und Eisenbahnverbindungen und ist von großer Bedeutung für die Kontrolle der Verteidigung jenes Abschnitts der Front, der vom Durchbruch durch Marschall Konjew bedroht ist. Die Ziele des Angriffs bestehen darin, den Gegner an einer Stelle zu treffen, wo er es am meisten spürt, hinter einer sich bereits in Auflösung befindlichen Front, und auf diese Weise gleichzeitig auch den Russen zu zeigen, wenn sie die Stadt erreichen, was das Bomber Command anrichten kann."

Die bei Kriegsausbruch 647000 Einwohner zählende Stadt beherbergte 1945 schätzungsweise 25000 Flüchtlinge und Evakuierte in ihren Mauern; für alle war hinsichtlich des Luftschutzes ungewöhnlich schlecht gesorgt. Bei dem ersten, 22.13 Uhr beginnenden Bombardement von 235 Lancaster-Flugzeugen fielen innerhalb von 15 Minuten 270 Minen-, 1094 Spreng- und über 140000 Brandbomben auf die Altstadt. In das entstandene Inferno warfen drei Stunden später 551 britische Bomber erneut 480 Minen-, 1005 Spreng- und fast 289000 Brandbomben. Dem Doppelschlag folgten zwei Tagangriffe von 311 bzw. 210 US-amerikanischen B-17, deren Begleitjäger in der Umgebung im Tiefflug Flüchtlingskolonnen beschossen. In der brennenden Stadt kam es zu Vorgängen, die jenen von Hamburg glichen. Die Brände nach dem ersten Angriff entfachten einen Feuersturm, der von Süden nach Norden, von den Räcknitzhöhen bis weit über die Elbe hinüber nach Neustadt reichte und von Westen nach Osten, vom Ostragehege bis nach Blasewitz. Er war vier Kilometer breit und sieben Kilometer lang. Inmitten dieses Chaos spielten sich unbeschreibliche Szenen ab:

„Den Altmarkt füllte eine tobende Menschenmenge. Umgehängte Decken und angefeuchtete Kleider trockneten rasch in der steigenden Siedehitze. Sie begannen zu brennen. Dazu erstickender Qualm. Ein Feuersturm, der Staub, Ruß, Dreck, Mörtel als glühende Funken in die Gesichter der Menschen peitschte, in kürzester Zeit die Augen verschloss und kaum noch ein Atmen ermöglichte, machte die Unglücklichen wahnsinnig. Das Einatmen der glühenden Luft erzeugte einen würgenden Hustenreiz. Das große Sterben begann. Wer zusammenstürzte, brannte beim Berühren des Asphalts im nächsten Augenblick lichterloh. Das Ende kam dann rasch. Aber die Menschen verbrannten nicht zu Asche. Sie wurden kleiner und schrumpften immer mehr zusammen. Arme und Beine brannten ab. Und zum Schluss blieb nichts weiter übrig, als ein dreiviertel Meter langer schwarzer Torso, der einem verkohlten Baumstamm glich."

Als vordringliches Ziel in der tagelang brennenden Stadt stellte sich die Bergung und Bestattung der Toten dar, die, da die Friedhöfe der Stadt nicht ausreichten, auf Pferdekarren in Massengräber vor die Tore zum Heidefriedhof transportiert wurden:

„Wahllos lagen die Opfer durch- und übereinander. Frauen, Kinder, Männer. Wenn der Wagen vollgeladen war, zuckelte das Pferd mit seiner schrecklichen Ladung ab. Arme, Beine, Köpfe baumelten herab. Kein Mensch achtete darauf. Auch nicht, ob ein Körper entblößt dalag. Gefangene, meist Russen, und Ostarbeiter schichteten inzwischen die Leichen auf Haufen.

Ein nicht abreißender Zug von Pferdefuhrwerken ging in alle Richtungen. Die Wagen kamen leer zurück, um erneut beladen zu werden. Und das Tag für Tag. Die Arbeit war grausig, entsetzlich. Der Anblick der Toten, in unzähligen Mengen zu Haufen aufgetürmt, teilweise stark verwest, teilweise mit grässlichen Verstümmelungen, war unerträglich. Das Tempo selbst dieser rasch vorgenommenen primitiven Massenbeerdigungen reichte aber nicht aus, denn infolge des milden Wetters begannen die Leichen in Verwesung überzugehen. Dadurch verbreitete sich über der völlig zerstörten Innenstadt ein pestilenzartiger Gestank ... Es blieb keine Wahl mehr, als die ... Genehmigung zur Verbrennung der Leichen zu geben, die auf dem Altmarkt stattfand, wo aus Eisenträgern riesige Roste gebaut wurden, auf denen jeweils etwa 500 Leichen zu Scheiterhaufen aufeinandergeschichtet, mit Benzin getränkt und verbrannt wurden.“

Die Frage, wie viele Opfer die Angriffe auf Dresden forderten, lässt sich bis heute nicht zuverlässig beantworten. Der Zusammenbruch eines geordneten Verwaltungswesens, die Unklarheit über den Umfang der sich in Dresden aufhaltenden Flüchtlingsmassen und – vor allem – eine vielfach emotional geführte Diskussion über den politisch-militärischen Sinn des Massakers verursachten erhebliche Übertreibungen, so als reiche die blutige Wirklichkeit nicht. Mittlerweile dürfte feststehen, dass in jener Schreckensnacht mindestens 35000 Menschen ihr Leben verloren. Hunderttausende Dresdner verstärkten nun auch den Strom der 6 Millionen Bombenevakuierten, der sich von 1943 an in den Osten und Südosten des Deutschen Reiches ergoss, um sich in den letzten Kriegsmonaten umzukehren. Beispiellos war auch die Fülle der ausgebrannten architektonischen Kostbarkeiten, etwa Zwinger, Oper, Hofkirche, Schloss und Frauenkirche. Bei der Zerstörung Dresdens handelte es sich nicht nur um den schwersten konventionellen Angriff, der bis dahin in Europa geflogen worden war. Auch dass die Stadt binnen weniger Stunden mit alles zermalmender Wucht niedergebrannt wurde, in einer Schnelligkeit, einem Umfang und einer Vollständigkeit der Verwüstung, die bis dahin beispiellos war, macht das Ereignis zur Jahrhundertkatastrophe, das „Höllenfeuer aus Menschenhand“ zum Fanal, zur fortdauernden Anklage gegen den Krieg.

Opfer und Schäden

In der US-amerikanischen wie englischen Öffentlichkeit mehrten sich angesichts der Berichte über Dresden kritische Stimmen zur strategischen Luftoffensive; die britische politische Führung suchte sogar von der Verantwortung hierfür abzurücken. Trotzdem gingen die Angriffe auf den zusammengeschrumpften nationalsozialistischen Herrschaftsbereich praktisch unvermindert weiter. Zahlreiche kleinere Städte wie etwa Halberstadt und Plauen fielen in den letzten Kriegsmonaten Bomben zum Opfer. Erst am 6. April stellte Luftmarschall Harris fest, für seine Bomber gebe es keine lohnenden Ziele in Deutschland mehr. Dennoch kamen beispielsweise am 3. Mai 1945 infolge eines tragischen Irrtums rund 7000 KZ-Häftlinge bei einem Angriff auf zwei in der Lübecker Bucht ankernden Transportschiffen ums Leben. Bei Ende des Krieges in Europa hatte die Zerstörung Deutschlands ein Ausmaß erreicht, das selbst einen Attila oder Dschingis Khan erschrecken musste.

So entsteht bei der Betrachtung der Schäden, die der Luftkrieg gegen Ziele in Deutschland in den Grenzen von 1937 hervorgerufen hat, trotz vieler statistischer Unzulänglichkeiten eine Bilanz des Schreckens. Nahezu zwei Millionen Tonnen Bomben hatten alliierte Flugzeuge abgeworfen. Unter der Zivilbevölkerung waren 410000 Tote zu beklagen, denen 32000 Ausländer und Kriegsgefangene sowie 23000 Angehörige von Polizei und Wehrmacht hinzuzurechnen sind. Zusammen mit den 128000 Bombenopfern unter den Flüchtlingen aus Ostdeutschland belief sich die Zahl der Luftkriegstoten somit auf 593000 Menschen. Rund 896000 Personen erlitten Verwundungen, zum Teil mit Todesfolge. Etwa dreieinhalb Millionen Wohnungen wurden unbewohnbar; 400 Millionen Kubikmeter Schutt türmten sich in den Städten.

Der Nationalsozialismus. Das bittere Ende, Band 3

Der Feind sieht Dein Licht
Verdunkeln!

Altes Mütterchen im Zwinger

© Erich Wünsche

Von Flammen auf der Pillnitzer Straße eingeschlossen

© Erich Wünsche

GE	Name:	Datum:

Bomben auf Deutschland

❶ Der Luftkrieg ist eine Form der Kriegführung, bei der militärische Operationen hauptsächlich aus der Luft durchgeführt werden. Es existieren vier Arten der Luftkriegführung:

① Krieg aus der Luft:

② Krieg in der Luft:

③ Krieg gegen Luftstreitkräfte:

④ Flächenbombardement:

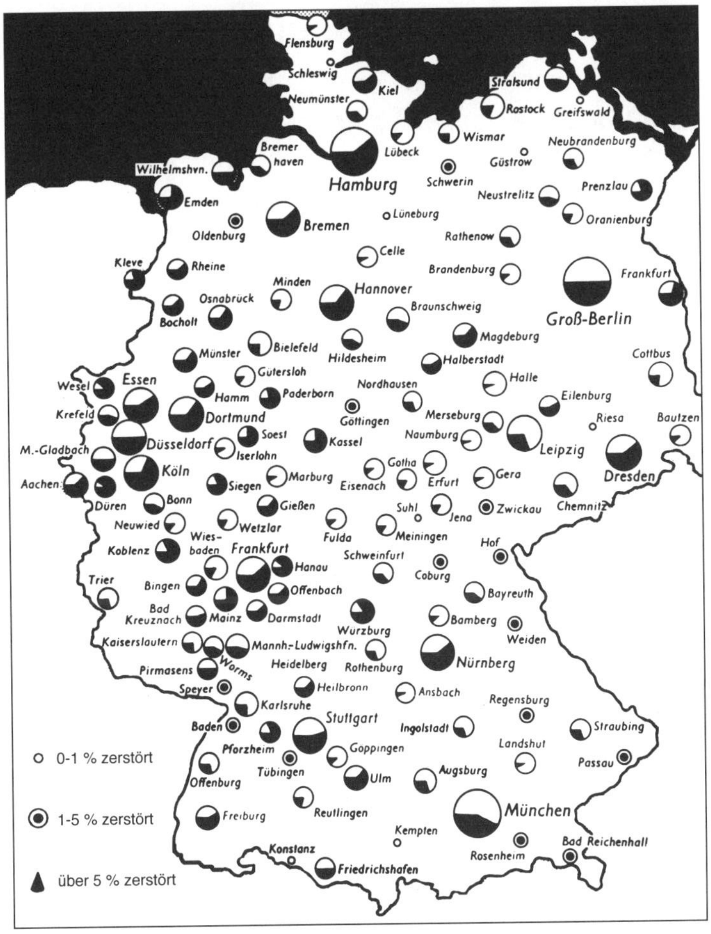

❷ Welche größeren Städte Deutschlands wurden zu mehr als 50 Prozent zerstört?

❸ Welche Auswirkungen hatten die Flächenbombardements?

❹ Auch Präzisionsangriffe auf Industrieanlagen galten als kriegsentscheidend. Warum?

❺ Luftangriffe auf zivile Ziele – heftig umstritten!

A. P. Weber: Die Mutter (1934)

Hubert Albus: Von der NS-Diktatur bis 1946 • Bestell-Nr. 497 •

Bomben auf Deutschland

❶ Der Luftkrieg ist eine Form der Kriegführung, bei der militärische Operationen hauptsächlich aus der Luft durchgeführt werden. Es existieren vier Arten der Luftkriegführung:

① Krieg aus der Luft:
Aufklärung und Bekämpfung von Bodenzielen durch Aufklärungsflugzeuge und Bomber

② Krieg in der Luft:
Bekämpfung feindlicher Flugzeuge durch Jagdflugzeuge

③ Krieg gegen Luftstreitkräfte:
Bekämpfung feindlicher Flugzeuge durch Flugabwehr (Flak)

④ Flächenbombardement:
Flächenhafte Zerstörung auch ziviler, nicht verteidigter Bodenziele durch Bomber (große Städte)

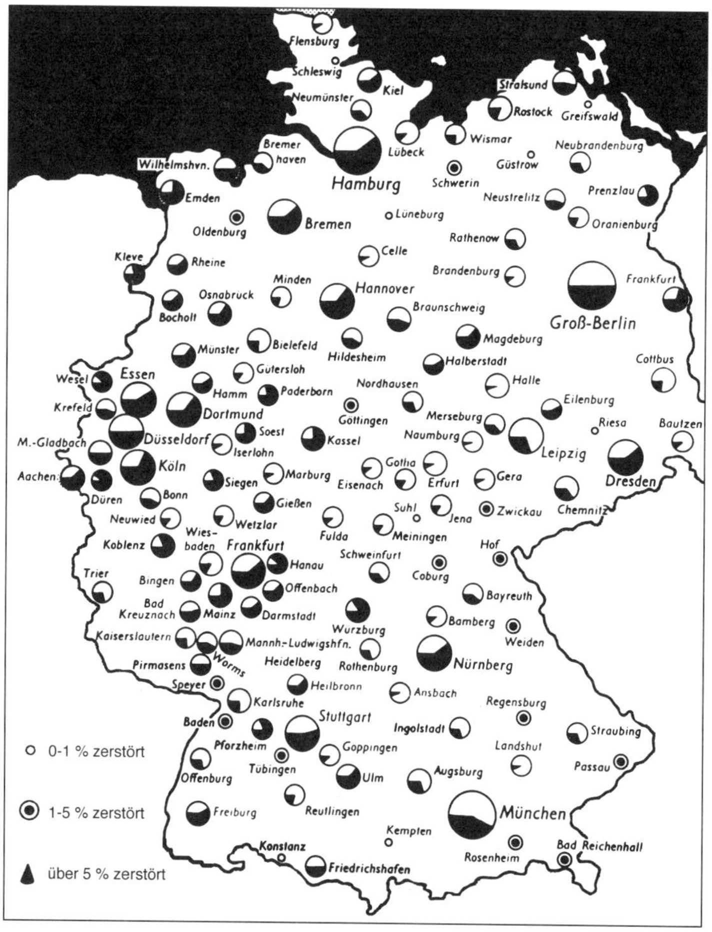

❷ Welche größeren Städte Deutschlands wurden zu mehr als 50 Prozent zerstört?
Hamburg, Bremen, Hannover, Essen, Dortmund, Düsseldorf, Köln, Frankfurt, Dresden, Stuttgart, Nürnberg, Ulm, Freiburg, Pforzheim, Heilbronn, Würzburg, Hanau, Offenbach, Darmstadt, Mainz, Bingen, Koblenz, Gießen, Kassel, Soest, Paderborn, Münster, Osnabrück, Kleve, Rheine, Emden, Kiel, Wesel, Aachen, Düren, Magdeburg, Frankfurt/Oder

❸ Welche Auswirkungen hatten die Flächenbombardements?
Die hatten zum einen eine demoralisierende Wirkung auf die Kampfkraft der Frontsoldaten, die ihre Heimat mit Frauen und Kindern nicht mehr geschützt sahen, zum anderen auf die Arbeitskraft der Arbeiter in der Rüstungsindustrie. Erhebliche Produktionseinbußen waren die Folge.

❹ Auch Präzisionsangriffe auf Industrieanlagen galten als kriegsentscheidend. Warum?
Die Amerikaner erreichten Mitte 1944 eine Halbierung der Ölproduktion. Im Frühjahr 1945 legten sie die Benzinversorgung Deutschlands lahm, was zum raschen Kriegsende führte.

❺ Luftangriffe auf zivile Ziele – heftig umstritten!
Sie forderten eine ungeheuere Zahl unschuldiger Opfer. Es wären effizientere und weniger zerstörerische Alternativen zu den Flächenbombardements möglich gewesen.

A. P. Weber: Die Mutter (1934)
© VG Bild-Kunst, Bonn 2011

Es war Napalm

Dresden nach dem Bombardement

Das Wort „Terrorangriff“ kehrte am 11. September 2001 in die deutsche Sprache zurück, nachdem es lange verpönt gewesen war. Und schon scheint es wieder verschwunden zu sein, man hört es nicht mehr, schon gar nicht im Zusammenhang mit der Bombardierung Dresdens. Jedermann hütet sich vor seiner Verwendung, obwohl sich seine Geschichte nicht nur in die Goebbels-Propaganda, sondern auch in die DDR zurückverfolgen lässt. Die Gründe liegen nicht in der Sache, sondern in der gegenwärtigen Sprachpolitik.

Man wird von einer Waffe nicht leichtfertig sagen, dass sie an sich böse sei. Schwert und Schild und Lanze sind Instrumente eines Kampfes, in dem beide Seiten die gleiche Chance haben, und das gilt sogar noch für Gewehr und Panzer. Aber Napalm ist ein Kampfmittel, das schon seiner technischen Beschaffenheit nach einen teuflischen Charakter trägt. Es brennt nicht nur.

Fürs Leben gezeichnet

Napalm, das erst im Vietnam-Krieg zum Begriff wurde, ist ein Kampfstoff auf Kautschukbasis, mit Phosphor versetzt. Verbindet sich der Phosphor mit Luft, dann entzündet sich das Gemisch, und es lässt sich weder vom Körper abwaschen noch dauerhaft löschen: In dem Moment, da Luft an die Wunde kommt, entzündet es sich erneut. Wer auch nur einen Spritzer davon abbekommt, ist fürs Leben gezeichnet, wenn er denn davonkommt. Es ist ein technischer Experte, der in der Dresden-Dokumentation von Sebastian Dehnhardt über die Brandwaffen der Angriffe aufklärt: Es waren nicht Phosphor-, sondern Napalmbomben. Suchte man nach Vergleichbarem, dann käme man auf eine vergiftete Schwertspitze.

Drei Angriffswellen gingen über die Stadt: zwei nächtliche der Briten, wie es bei ihnen der Brauch war, und ein Tagesangriff der Amerikaner. Wie die Katastrophe ablief, weiß man im Wesentlichen. Diesmal ist nun alles auf die sehr bewegenden Berichte der Zeitzeugen und kurze szenische Nachstellungen ihrer Erzählungen konzentriert. Die britischen Täter, Mitglieder der Bomberbesatzungen, äußern sich so, wie Täter überall auf der Welt: Es war furchtbar, aber es ging nicht anders. „Es war ein normaler Einsatz, etwas, was man uns befohlen hatte und was wir ausführten“, sagt der Funker Alf White von der „Royal Air Force“.

„Ich bitte Gott um Vergebung“

Die einzige Ausnahme von dieser Verhaltenslehre der Kälte macht der amerikanische Kopilot Donald Nielsen: „Wir hatten nicht mehr den Eindruck, dass wir auf ein militärisches Ziel flogen. Es war, als würde man uns nur noch schicken, um Gebäude zu zerstören und Menschen zu töten. Ich habe Gott oft um Vergebung gebeten.“ Schade, dass in der Sendung alles fehlt, was nicht von unmittelbar Beteiligten erlebt und gesehen wurde. So vermisst man vor allem den Brief des 83-jährigen Gerhart Hauptmann: „Wer das Weinen verlernt hat, der lernt es wieder beim Untergang Dresdens.“

Immer wieder hat man über die Zahl der Toten gestritten, nie ohne den Gedanken der politischen Instrumentalisierung. Derzeit wird, auch im Kommentar der Sendung, eine offizielle Zahl von 35000 Opfern genannt; die wirkliche dürfte wegen des Feuersturms, der keine identifizierbaren Leichen hinterließ, wohl höher liegen. Mit ungesicherten Hochrechnungen sollte man dennoch vorsichtig sein. Beschämend sind gegenwärtig volksverhetzende Seiten im Internet, die unter dem Titel „No tears for Krauts“ den Abriss der Frauenkirche fordern oder unter der Schlagzeile „Heult doch!“, wie sie sagen, „Deutsche Opfermythen angreifen“ wollen. Man wünschte sich energische Staatsanwälte, die den einschlägigen Gesetzen auch einmal nach dieser Seite Geltung verschafften.

Lorenz Jäger © F.A.Z., 8. Februar 2005, Nr. 32 / Seite 38

A. P. Weber: Die Sirene (1934)
© VG Bild-Kunst, Bonn 2011

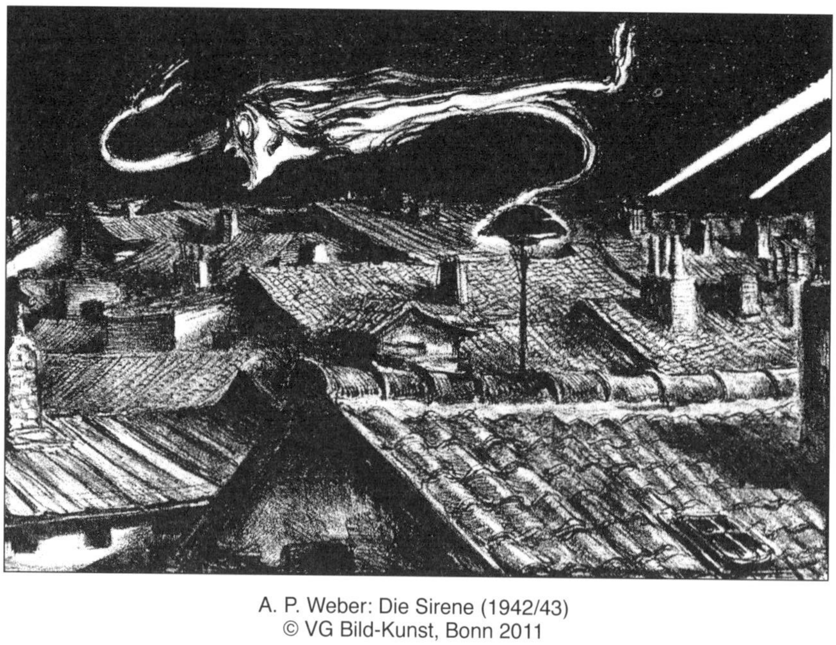

A. P. Weber: Die Sirene (1942/43)
© VG Bild-Kunst, Bonn 2011

Hubert Albus: Von der NS-Diktatur bis 1946 • Bestell-Nr. 497 •
© Oldenbourg Schulbuchverlag GmbH, München

Die bedingungslose Kapitulation

Lerninhalte:

- Wissen um die Ereignisse der bedingungslosen Kapitulation Deutschlands
- Wissen um die Atombombenabwürfe in Hiroshima und Nagasaki
- Wissen um die Zerstörungen dieser furchtbaren Waffe
- Kenntnis der Kapitulation Japans aufgrund der Atombombenabwürfe
- Kenntnis der kartografischen Situation Deutschlands im Jahre 1945

Arbeitsmittel/Medien:

- Arbeitsblatt 1 mit Lösung (Folie 6)
- Folie 1: Karte – Deutschland 1945
- Folie 2: Die bedingungslose Kapitulation Deutschlands
- Folie 3: Kapitulation
- Folie 4: Atombombenexplosion (Nagasaki)
- Folie 5: Hiroshima und Nagasaki
- DVD 4602315: „1945“ – Vom Ende zum Anfang (2005; 95 Minuten; sw+f)

Folie 1

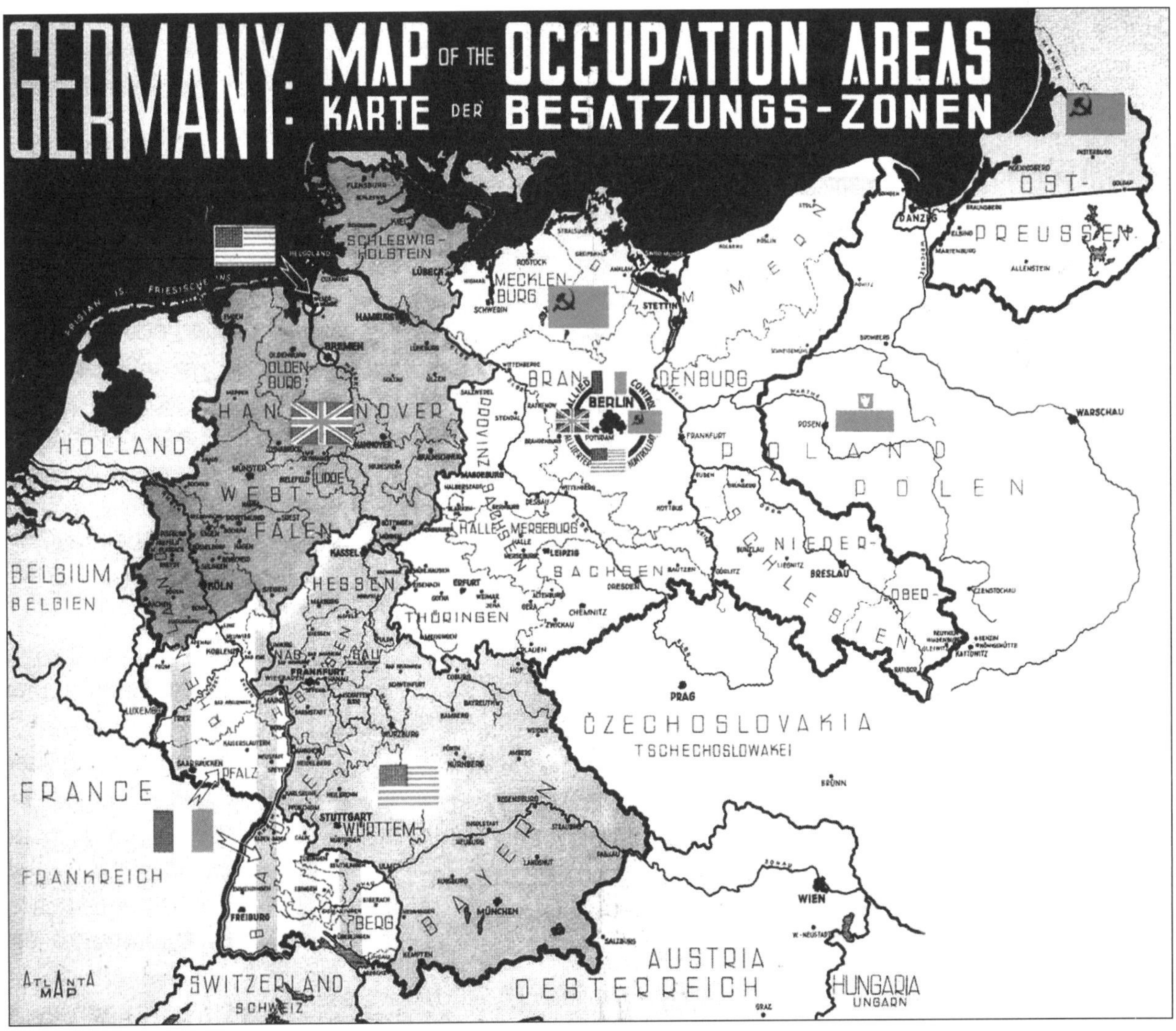

Verlaufsskizze (1 Unterrichtseinheit + Film)

I. Motivation

Stummer Impuls Lehrervortrag Aussprache	Folie 3 (S. 194)	Kapitulation
Vermutungen Zielangabe	Tafelanschrift	L: Thema der Stunde? **Die bedingungslose Kapitulation**

II. Begegnung/Erarbeitung

Impuls Schüler lesen Aussprache	Folie 2 (S. 193)	Die bedingungslose Kapitulation Deutschlands
Stummer Impuls Aussprache	Folie 1 (S. 189)	Karte: Deutschland 1945

III. Wertung

Impuls Ausprache	Folie 5	Bilder: Opfer des Atombombenabwurfs
Stummer Impuls Erlesen Aussprache	Folie 4	Atombombenexplosion (Hiroshima)
Aussprache		L: War der Abwurf der beiden Atombomben militärisch zu rechtfertigen?

IV. Sicherung

Zusammenfassung Aussprache Kontrolle	Arbeitsblatt (S. 191) Folie 6 (S. 192)	Die bedingungslose Kapitulation

V. Vertiefung

Aussprache	DVD	„1945“ – Vom Ende zum Anfang

GE	Name: ______________________	Datum: ____________	

Die bedingungslose Kapitulation

Als die Rote Armee in der Schlacht um Berlin schon im Stadtzentrum stand, beging Adolf Hitler am Nachmittag des 30. April 1945 Selbstmord. Zu seinem Nachfolger hatte er Großadmiral **Karl Dönitz** bestimmt. Aufgrund der vollkommen aussichtslosen militärischen Situation für Deutschland beabsichtigte dieser eine Teilkapitulation gegenüber den Westmächten. Dönitz wollte den Kampf gegen die Rote Armee noch fortsetzen, um möglichst viele „deutsche Menschen vor der Vernichtung durch den vordringenden bolschewistischen Feind zu retten" und sie nach Westen flüchten zu lassen. Zudem hoffte er, die Westmächte würden sich mit Deutschland gegen die Sowjetunion verbünden.

Dönitz beauftragte Generaloberst Alfred ____________, bei den Kapitulationsverhandlungen im amerikanischen Hauptquartier entweder eine Teilkapitulation zu vereinbaren oder aber eine viertägige Frist zwischen der Unterzeichnung einer Gesamtkapitulation und der Einstellung aller Gruppenbewegungen zu erhalten. General Dwight D. ____________ sah hierin den Versuch, das Bündnis der Alliierten zu sprengen, und bestand auf einer sofortigen und ____________________ Kapitulation, billigte jedoch eine Frist von 48 Stunden für die Übermittlung der Kapitulation an alle Truppenteile der Wehrmacht zu.

Am frühen Morgen des ___. Mai 1945 unterzeichnete Generaloberst Jodl im Namen des deutschen Oberkommandos die Gesamtkapitulation aller Streitkräfte im alliierten Hauptquartier in __________. Um den Beitrag der Roten Armee an der Befreiung Europas vom NS-Regime zu würdigen, wurde die Kapitulation nochmals im sowjetischen Hauptquartier in ______________________ unterzeichnet. Hier ratifizierten, wie von Josef Stalin gefordert und in Reims festgelegt, die hochrangigen deutschen Militärs Wilhelm Keitel, von Friedeburg und Stumpff in Anwesenheit von Marschall Schukow die Kapitulationsurkunde für alle Wehrmachtsteile kurz nach null Uhr in der Nacht zum 9. Mai 1945. Damit war der Zweite Weltkrieg in Europa ______________. Deutschland stand in den folgenden ________ Nachkriegsjahren unter alliierter Verwaltung.

Am 6. August 1945 folgte der Atombombenabwurf auf ______________. Am 9. August fiel eine zweite Atombombe auf eine japanische Stadt, diesmal ______________. Diese beiden Atombombenabwürfe waren die ersten und bisher einzigen Kriegseinsätze dieser Zerstörungswaffe neuen Typs. Sie töteten über ____________ Menschen und richteten schwere Verwüstungen an. Als tödliche Folge trat die Strahlenkrankheit auf. Die Notwendigkeit der Atombombeneinsätze für die Kapitulation Japans sind bis heute ____________. Am 2. September 1945 endete mit der Kapitulation Japans der Zweite Weltkrieg auch im pazifischen Raum.

GE | Lösung

Die bedingungslose Kapitulation

Als die Rote Armee in der Schlacht um Berlin schon im Stadtzentrum stand, beging Adolf Hitler am Nachmittag des 30. April 1945 Selbstmord. Zu seinem Nachfolger hatte er Großadmiral **Karl Dönitz** bestimmt. Aufgrund der vollkommen aussichtslosen militärischen Situation für Deutschland beabsichtigte dieser eine Teilkapitulation gegenüber den Westmächten. Dönitz wollte den Kampf gegen die Rote Armee noch fortsetzen, um möglichst viele „deutsche Menschen vor der Vernichtung durch den vordringenden bolschewistischen Feind zu retten" und sie nach Westen flüchten zu lassen. Zudem hoffte er, die Westmächte würden sich mit Deutschland gegen die Sowjetunion verbünden.

Dönitz beauftragte Generaloberst Alfred *Jodl*, bei den Kapitulationsverhandlungen im amerikanischen Hauptquartier entweder eine Teilkapitulation zu vereinbaren oder aber eine viertägige Frist zwischen der Unterzeichnung einer Gesamtkapitulation und der Einstellung aller Gruppenbewegungen zu erhalten. General Dwight D. *Eisenhower* sah hierin den Versuch, das Bündnis der Alliierten zu sprengen, und bestand auf einer sofortigen und *bedingungslosen* Kapitulation, billigte jedoch eine Frist von 48 Stunden für die Übermittlung der Kapitulation an alle Truppenteile der Wehrmacht zu.

Am frühen Morgen des *7*. Mai 1945 unterzeichnete Generaloberst Jodl im Namen des deutschen Oberkommandos die Gesamtkapitulation aller Streitkräfte im alliierten Hauptquartier in *Reims*. Um den Beitrag der Roten Armee an der Befreiung Europas vom NS-Regime zu würdigen, wurde die Kapitulation nochmals im sowjetischen Hauptquartier in *Berlin-Karlshorst* unterzeichnet. Hier ratifizierten, wie von Josef Stalin gefordert und in Reims festgelegt, die hochrangigen deutschen Militärs Wilhelm Keitel, von Friedeburg und Stumpff in Anwesenheit von Marschall Schukow die Kapitulationsurkunde für alle Wehrmachtsteile kurz nach null Uhr in der Nacht zum 9. Mai 1945. Damit war der Zweite Weltkrieg in Europa *beendet*. Deutschland stand in den folgenden *vier* Nachkriegsjahren unter alliierter Verwaltung.

Am 6. August 1945 folgte der Atombombenabwurf auf *Hiroshima*. Am 9. August fiel eine zweite Atombombe auf eine japanische Stadt, diesmal *Nagasaki*. Diese beiden Atombombenabwürfe waren die ersten und bisher einzigen Kriegseinsätze dieser Zerstörungswaffe neuen Typs. Sie töteten über *200 000* Menschen und richteten schwere Verwüstungen an. Als tödliche Folge trat die Strahlenkrankheit auf. Die Notwendigkeit der Atombombeneinsätze für die Kapitulation Japans sind bis heute *umstritten*. Am 2. September 1945 endete mit der Kapitulation Japans der Zweite Weltkrieg auch im pazifischen Raum.

Die bedingungslose Kapitulation Deutschlands

Am 7. Mai 1945 kapituliert die deutsche Wehrmacht in Reims vor den Westmächten, am 9. Mai in Berlin-Karlshorst vor der Sowjetunion. Der Zweite Weltkrieg ist mit dem 8. Mai in Europa endgültig zu Ende.

Am Abend dieses Tages kamen Vertreter des amerikanischen, britischen und französischen Militärs nach Berlin, ins sowjetische Hauptquartier in Karlshorst. Dort unterschrieb die Wehrmachtsführung in den frühen Morgenstunden des 9. Mai Deutschlands bedingungslose Kapitulation. Schon am 7. Mai hatte Generaloberst Alfred Jodl, der Chef des Wehrmachtsführungsstabes, im amerikanischen Hauptquartier in Reims (Frankreich) gegenüber General Eisenhower die bedingungslose Kapitulation unterzeichnet, die am 8. Mai um 23.01 Uhr in Kraft treten sollte. Auf Verlangen Stalins wurde der Akt nun im Machtbereich der Sowjetunion wiederholt. Generalfeldmarschall **Wilhelm Keitel** unterschrieb. Damit hatte die Anti-Hitler-Koalition gesiegt.

Die Kapitulation im Mai 1945 ist Ende und Neubeginn zugleich. Am 8. Mai gingen die zwölfjährige nationalsozialistische Gewaltherrschaft und der Zweite Weltkrieg zu Ende. Er war der größte und verheerendste Konflikt der Menschheitsgeschichte. Er nahm tatsächlich globale Ausmaße an. Nicht nur in Europa wurde gekämpft, auch in Asien, in Afrika und im Pazifik. Der Zweite Weltkrieg forderte über 60 Millionen Menschenleben. Ein Drittel von ihnen waren Zivilisten – Kinder, Frauen, Alte. Während und infolge des Zweiten Weltkrieges mussten 20 Millionen Menschen ihre Heimat verlassen. Sie wurden verschleppt, vertrieben oder flüchteten. Die Nationalsozialisten ermordeten sechs Millionen Juden aus den von deutschen Truppen besetzten Ländern. Viele Länder Europas lagen nach dem Zweiten Weltkrieg buchstäblich in Schutt und Asche. Besonders schlimm betroffen waren die Sowjetunion, Polen und Deutschland, von dem der Krieg ausgegangen war.
Mit dem 8. Mai 1945 sollte alles anders werden – ein Neubeginn. Deutschland wurde unter alliierte Militärverwaltung gestellt und in vier Besatzungszonen aufgeteilt. Es sollte entnazifiziert und entmilitarisiert werden; es musste Gebiete an die Nachbarländer abtreten und an die Siegermächte Reparationen zahlen. 50 Staaten der Antihitlerkoalition gründeten im Juni 1945 die Vereinten Nationen. Im Ergebnis des Zweiten Weltkrieges stärkten die USA ihre Stellung als Weltmacht, die Sowjetunion wurde erst jetzt eine. Deutschland, Italien und Japan büßten ihre Rolle als Großmächte ein, während Frankreich und Großbritannien aus dem Krieg gestärkt hervorgingen.

Der 8. Mai 1945 wurde und wird sehr unterschiedlich empfunden. Und seine Wertung hat sich im Laufe der Zeit gewandelt. Für die Nationalsozialisten und deren Gefolgsleute war es ein Tag der Niederlage und der totale Zusammenbruch – für die Hitler-Gegner ein Sieg. Die Überlebenden in Zuchthäusern und Konzentrationslagern empfanden den Tag wohl eher als Befreiung. So wurde der Tag auch in der DDR genannt – „Tag der Befreiung“. In der Bundesrepublik Deutschland dagegen beging man den 8. Mai jahrzehntelang als Tag der Kapitulation. 1985 begann ein Umdenken. Am 8. Mai jenes Jahres sprach Bundespräsident Weizsäcker als erster hochrangiger BRD-Politiker von einem „Tag der Befreiung“. „Der 8. Mai war ein Tag der Befreiung. Er hat uns alle befreit von dem menschenverachtenden System der nationalsozialistischen Gewaltherrschaft. Niemand wird um dieser Befreiung willen vergessen, welche schweren Leiden für viele Menschen mit dem 8. Mai erst begannen und danach folgten. Aber wir dürfen nicht im Ende des Krieges die Ursache für Flucht, Vertreibung und Unfreiheit sehen. Sie liegt vielmehr in seinem Anfang und im Beginn jener Gewaltherrschaft, die zum Krieg führte. Wir dürfen den 8. Mai 1945 nicht vom 30. Januar 1933 trennen.“

© MDR.de, 9. Mai 2005

Aufzeichnungen aus dem Tagebuch von Karl Deutmann aus Adlershof bei Berlin (DHM-Bestand)

Kapitulation

28. April 1945

Russische Soldaten begraben ihre toten Kameraden auf dem Marktplatz in Adlershof, in der Nähe des mit einem Löwenkopf verzierten Brunnens, vor dem auf einem kleinen Beet Frühlingsblumen blühen. Im Ort selbst ist die Ruhe wieder eingekehrt, im Stadtkern von Berlin kämpft die SS und wohl auch Soldaten den letzten, hoffnungslosen Kampf. Die russischen Geschütze, Werfer, Panzer und Flieger evakuieren die Zivilbevölkerung und legen die betreffenden Stadtteile in Trümmer.

8. Mai 1945

Meine Frau und ich wandern über Schöneweide und Treptow nach Berlin-Stralau. Es waren viele Gräber am Wege und Bewohner eines Hauses begruben ihre Toten in einer offenen, selbstgezimmerten Kiste im Vorgarten an der Straße. Was sonst von Bomben nicht zerstört war, war von Granaten getroffen. Ein furchtbares, trauriges Bild. Wie sinnlos, gewissenlos und verbrecherisch war dieser Widerstand. Die russischen Armeen hatten von Stalingrad bis Frankfurt a. d. Oder doch bewiesen, dass es für sie bei aller Tapferkeit des deutschen Soldaten, der übermüdet, verbittert und ohne Hoffnung war, nur noch ein Vorwärts gab. [...]

Es ist still geworden in uns, in so vielen Menschen, die sich frei fühlen von jeder Schuld an dieser großen, einmaligen Tragödie. Wir haben es gewusst; alles haben wir gewusst vom stillen Mord an den Gerechten, von der Arroganz und Überheblichkeit, von der Wertlosigkeit der vielen Mitläufer, von den Dieben und Schmarotzern in leitenden Stellungen, von der jämmerlichen Verräterseele des Käuflichen bis zur käuflichen Schauspielerin und den nadelgeschmückten Stümpern auf den höchsten geistigen, künstlerischen und kulturellen Stellen.

Wir haben Viehwagen vorüberfahren sehen, hinter deren mit Eisenstangen und Stacheldraht vergitterten Luftklappen die todesblassen Gesichter gefangener Juden vorüberrollten in den sicheren Tod und mussten schweigen, um unser Leben, um das arme Leben zu behalten.

Wir haben arbeiten müssen über alle Kraft, wir haben gehungert und gefroren, wir sind ausgebombt und mit dem Rest unserer Habe umgezogen.

Was taten sie im letzten Kampf um Berlin? Was taten die letzten Kämpfer der SS? Möge es die Nachwelt nicht vergessen. Sie vertrieben mit Flammenwerfern Frauen und Kinder aus den Bunkern, um selber darin kämpfen zu können. Sie richteten an der Kantstraße ein Auffangkommando ein und hingen hier einzelne Soldaten an der Straße auf, die den hoffnungslosen Kampf abgebrochen hatten.

Eines der traurigsten Kapitel deutscher Kriegsführung ist das Verhalten der SS bei den Kämpfen um den Alexanderplatz. Das zerstörte Polizeipräsidium, das Warenhaus Tietz, von dem der gewaltige Unterbau noch stand, der Bahnhof und die U-Bahn mit den umliegenden Häusern waren noch nach tagelangen erbitterten Kämpfen in den Händen der SS. Ganz in der Nähe aber an der Kirche liegt ein gewaltiger Tiefbunker, in welchem 2000 Menschen Schutz gesucht hatten. Der Bunker hatte eine Entbindungsstation, Sanitätsräume für Verwundete usw. und war überfüllt.

Acht Tage lang hatte der Kampf getobt. Mit Fliegerbomben hatte es angefangen, nun war der Ring um die Belagerten geschlossen. Es gab keine Lebensmittel, kein Licht, kein Wasser und kein Verbandszeug mehr. Männer, Frauen und noch mehr Kinder starben. Verwundete starben, Mütter starben bei oder nach der Geburt. Die Toiletten fließen nicht mehr ab, Verwesungsgeruch macht sich bemerkbar, wird unerträglich. Der Arzt sieht keinen Ausweg mehr, er befürchtet den Ausbruch von Typhus und befiehlt, die weiße Flagge zu hissen. Als der Bunkerwart die Flagge hisst, kommt ein SS-Kommando und befiehlt dem Bunkerrat bei Androhung sofortiger Erschießung, die weiße Flagge einzuziehen, was der Mann auch tut.

In der Nacht versuchen einige hundert Männer und Frauen aus dem Bunker zu entfliehen, sie werden von der SS mit Maschinengewehren zusammengeschossen. Da wagen es die übrigen nicht mehr, ergeben sich in ihr Schicksal.

Das ist das Ende vom „totalen Krieg“. Verkündet von einem Scharlatan, der ein Staatsmann sein wollte und bejubelt von einer Schar Auserwählter, die, satt und geborgen, eingeschläfert vom Wohlleben, damals noch nicht ahnten, dass der totale Krieg den Drücker von der Tür zu ihrem Leben schon in der Hand hielt.

Hiroshima und Nagasaki

Atombomben töten noch heute

Mehr als 200 000 Menschen starben bei der nuklearen Vernichtung Hiroshimas und Nagasakis. Die Überlebenden leiden noch heute an den Folgen der Verstrahlung. Eine Studie zeigt, dass Spätschäden vor allem diejenigen treffen, die zu der Zeit der Angriffe am jüngsten waren.
Tausende, die von der Atombombe nicht zu Asche verbrannt, von einstürzenden Gebäuden erschlagen oder von der Druckwelle getötet worden waren, starben einen qualvollen Tod: Hiroshima war verstrahlt, und viele Bewohner der japanischen Stadt vergifteten sich, weil sie den durch Staub und Dreck geschwärzten radioaktiven Regen tranken, der rund 20 Minuten nach der Explosion der Atombombe niederging.
Ein australischer Journalist nannte die rätselhafte Krankheit, die er bei seinem Besuch in Hiroshima im September 1945 beobachtete, „Atompest“: Den Opfern fielen die Haare aus, ihre Körper waren von roten Flecken übersät, die Menschen verbluteten innerlich.

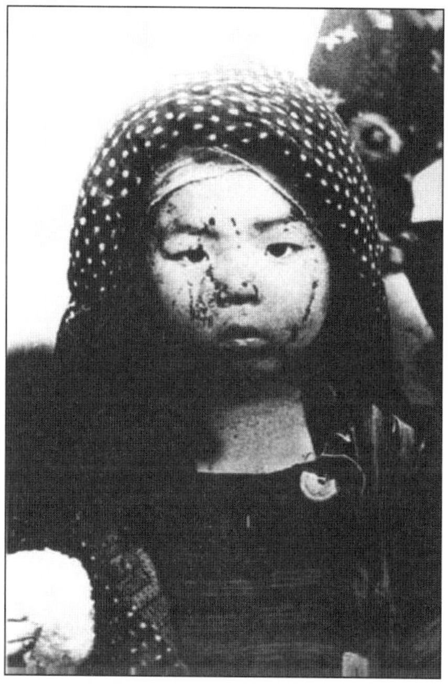

Auch nach über 60 Jahren nach dem Abwurf der Atombomben auf die japanischen Städte Hiroshima und Nagasaki leiden die Überlebenden unter den Folgen der Verstrahlung. Eine Studie mit 4091 Opfern der nuklearen Bombardements hat jetzt ergeben, dass 45 Prozent unter Schilddrüsenerkrankungen leiden. Je jünger die Opfer zum Zeitpunkt der Angriffe im Sommer 1945 waren und je größer die Strahlendosis, desto wahrscheinlicher sei das Auftreten einer Schilddrüsenerkrankung, schreibt ein Team um Misa Imaizumi von der Radiation Effects Research Foundation im „Journal of the American Medical Association“.
Die Forscher hatten die Bombenopfer zwischen 2000 und 2003 in Hiroshima und Nagasaki untersucht. Die Auswirkungen der Strahlen seien auch nach all den Jahrzehnten noch immer ernst. „Es ist nötig, die gesundheitliche Verfassung der Überlebenden weiterhin sorgfältig zu verfolgen“, erklärte Imaizumi.

3185 der 4091 Untersuchten hätten sich zur Zeit der Bombenangriffe in den beiden Städten befunden. Zwei Prozent davon hatten Schilddrüsenkrebs, fünf Prozent wiesen gutartige Tumore auf, acht Prozent hatten Zysten und knapp 15 Prozent Schilddrüsenknoten. Die Forscher schätzen, dass allein 37 Prozent der Fälle von Schilddrüsenkrebs von der Strahlenbelastung herrühren.

Am 6. August 1945 hatte der US-Bomber „Enola Gay“ die erste im Krieg eingesetzte Atombombe mit dem Spitznamen „Little Boy“ über Hiroshima abgeworfen. Von den 350 000 Bewohnern starben schätzungsweise mehr als 70 000 sofort. Bis Ende Dezember 1945 erhöhte sich die Zahl der Toten auf 140 000.
Drei Tage später warfen die Amerikaner eine zweite Atombombe über Nagasaki ab, die bis Dezember weitere 70 000 Menschen tötete.

© Spiegel online, 1. März 2006

Das Leben nach dem Krieg

Lerninhalte:

- Wissen um die Folgen der Bombardierung Deutschlands
- Wissen um die Not der Bevölkerung unmittelbar nach Kriegsende
- Wissen um die unglaubliche Leistung der sogenannten „Trümmerfrauen"
- Wissen um das Fehlen von Wohnungen und Energie
- Kenntnis der wirtschaftlichen Situation im Jahre 1945 (Schwarzer Markt)

Arbeitsmittel/Medien:

- Arbeitsblätter 1/2 mit Lösungsblättern (Folien 1/2)
- Vier Bilder für die Tafel: Trümmerfrauen/Schwarzmarkt/Süße Freiheit: Schokolade aus Amerika/Invalide
- Wortkarten: Fehlen von Energie/Wohnungsnot/Fehlen von Kleidung/Flüchtlinge/Kriegsgefangene/Heimkehrer/Invaliden/Hunger/Trümmerfrauen/Schwarzer Markt
- Infoblatt 1: Hunger und Not in der Nachkriegszeit
- Infoblatt 2: Schwarzmarkt in Berlin

Tafelbild

Fehlen von Energie

Wohnungsnot

Fehlen von Kleidung

Flüchtlinge

Kriegsgefangene

Heimkehrer

Invaliden

Hunger

Trümmerfrauen

Schwarzer Markt

Verlaufsskizze (1 Unterrichtseinheit + Film)

I. Motivation

Stummer Impuls Aussprache Vermutungen Zielangabe	Tafel Bilder (S. 202-204/207) Tafelanschrift	Trümmerfrauen/Schwarzmarkt/Süße Freiheit: Schokolade aus Amerika/Invalide L: Thema der Stunde? **Das Leben nach dem Krieg**

II. Begegnung/Erarbeitung

Impuls Schüler lesen Aussprache Zusammenfassung	Infoblatt 1 (S. 201) Tafel Wortkarten (S. 197)	Hunger und Not in der Nachkriegszeit Fehlen von Energie Wohnungsnot Fehlen von Kleidung Flüchtlinge Kriegsgefangene Heimkehrer Invaliden Hunger Trümmerfrauen Schwarzer Markt
Schüler verbalisieren zur jeder Wortkarte einige Sätze		

III. Wertung

Aussprache	Infoblatt 2 (S. 208)	Schwarzmarkt in Berlin

IV. Sicherung

Zusammenfassung Aussprache Kontrolle Zusammenfassung Aussprache Kontrolle	Arbeitsblatt 1 (S. 199) Folie 1 (S. 200) Arbeitsblatt 2 (S. 205) Folie 2 (S. 206)	Das Leben nach dem Krieg (1) Das Leben nach dem Krieg (2)

V. Vertiefung

Aussprache	DVD 	„Die Deutsche Frage I – Nachkriegszeit 1945-1949 Die DVD gliedert sich in einen übergreifenden Hauptfilm und sechs Filmmodule, die unterrichtsrelevante Aspekte vertiefen. Mit Blick auf die unmittelbare Nachkriegszeit beleuchtet der Hauptfilm (23 Min.) die alliierte Deutschlandpolitik, die in der Gründung zweier deutscher Staaten mündet. Die Module (je 12 Min.) beschreiben aus Sicht der deutschen Bevölkerung das Leben nach dem Krieg: Hunger und Entbehrung sind allgegenwärtig. Die Deutschen sollen entnazifiziert und zu Demokraten erzogen werden. Gleichzeitig wirft der Kalte Krieg seine Schatten auf den politischen und wirtschaftlichen Wiederaufbau in Ost und West. Hauptfilm und Module sind in sich geschlossen und einzeln einsetzbar.

GE | Name: ______________________ | Datum: ______________

Das Leben nach dem Krieg (1)

Fast ganz Europa lag 1945 in Trümmern. Elend, Not und Hunger gehörten zum Alltag der Überlebenden. Nach dem Bombardement der Alliierten waren die Schäden in Deutschland gewaltig.

❶ Was war alles zerstört?

____

____

____

____

❷ Bei Kriegsende waren in Deutschland Millionen Menschen unterwegs.

______________ waren zerrissen, Frauen suchten ihre ______________, Eltern ihre ______________, Kinder ihre Angehörigen. Soldaten kehrten in ihre zerstörten ______________ zurück. ______________, Vertriebene und Ausgebombte waren auf der Suche nach einem ______________ über dem Kopf. In den zerbombten Städten herrschte Wohnungsnot. ________ Zimmer diente als Wohnraum für ganze Familien. ______________, ______________, ______________ und ______________ wurden zu Notunterkünften umgestaltet. ______________, ________, ______________ und ______________ fehlten.

Die Hauptlast in dieser unmittelbaren Nachkriegszeit trugen die ______________. Viele Männer waren gefallen. Elf Millionen deutsche Soldaten befanden sich bei Kriegsende in ______________________. Die Frauen mussten nicht nur für die ______________ und ______________ sorgen, sondern auch die ______________ beseitigen. Sie leisteten die ersten Wiederaufbauarbeiten unter besonders schwierigen Bedingungen.

❸ „Kleine“ und „große“ Nazis bemühten sich unterzutauchen. Wie gelang ihnen das?

____

____

____

❹ Was waren „Displaced Persons”? Suche im Internet oder schlage in Lexika nach.

____

____

____

____

____

____

GE | Lösung

Das Leben nach dem Krieg (1)

Fast ganz Europa lag 1945 in Trümmern. Elend, Not und Hunger gehörten zum Alltag der Überlebenden. Nach dem Bombardement der Alliierten waren die Schäden in Deutschland gewaltig.

❶ Was war alles zerstört?

Ganze Städte lagen in Schutt und Asche. Straßen, Schienen und Brücken waren zerstört, Flüsse nicht passierbar, zahllose Lokomotiven, Waggons und Kraftfahrzeuge unbrauchbar.

❷ Bei Kriegsende waren in Deutschland Millionen Menschen unterwegs.

Familien waren zerrissen, Frauen suchten ihre *Männer*, Eltern ihre *Kinder*, Kinder ihre Angehörigen. Soldaten kehrten in ihre zerstörten *Wohnungen* zurück. *Flüchtlinge*, Vertriebene und Ausgebombte waren auf der Suche nach einem *Dach* über dem Kopf. In den zerbombten Städten herrschte Wohnungsnot. *Ein* Zimmer diente als Wohnraum für ganze Familien. *Keller*, *Dachböden*, *Viehställe* und *Baracken* wurden zu Notunterkünften umgestaltet. *Wasser*, *Kohle*, *Strom* und *Gas* fehlten.

Die Hauptlast in dieser unmittelbaren Nachkriegszeit trugen die *Frauen*. Viele Männer waren gefallen. Elf Millionen deutsche Soldaten befanden sich bei Kriegsende in *Gefangenschaft*. Die Frauen mussten nicht nur für die *Kinder* und *Alten* sorgen, sondern auch die *Trümmer* beseitigen. Sie leisteten die ersten Wiederaufbauarbeiten unter besonders schwierigen Bedingungen.

❸ „Kleine" und „große" Nazis bemühten sich unterzutauchen. Wie gelang ihnen das?

Vernichtung von belastenden Unterlagen, Veränderung des Äußeren, Wegzug, Auswanderung, Bestechung

❹ Was waren „Displaced Persons"? Suche im Internet oder schlage in Lexika nach.

Dazu gehörten vor allem ausländische Zwangsarbeiter und Kriegsgefangene, die während des Weltkrieges ins Deutsche Reich verschleppt worden waren, um in der Rüstungsindustrie und in der Landwirtschaft zu arbeiten und nun in ihre Heimat zurückkehren wollten.

Hunger und Not in der Nachkriegszeit

Zu essen, sich zu kleiden und ein Dach über dem Kopf zu haben, das sind die Grundbedürfnisse des Menschen. In den ersten Jahren nach der Kapitulation 1945 war es nicht einfach, sie zu befriedigen. Viele Deutsche hausten in Erdlöchern und ausgebombten Wohnungen, hatten kaum etwas anzuziehen, und ums tägliche Brot war es sehr schlecht bestellt.

Die Versorgung der deutschen Bevölkerung war vor 1945 besser. Die Nationalsozialisten wussten, dass ein hungriges Volk rasch kriegsmüde wird. Also plünderten sie die besetzten Länder aus und erreichen dadurch, dass es dem deutschen Volk während des Zweiten Weltkriegs weitaus besser ging als während des Ersten. Die Not- und Hungerjahre kamen erst nach 1945. Die Tagesrationen der Deutschen beliefen sich kurz vor dem Mai 1945 noch immer auf rund 2000 Kalorien pro Kopf im Durchschnitt. Damit war es bald vorbei. Nun teilten die Alliierten die Nahrungsmittel zu, und da es wenig davon gab, waren diese Zuteilungen knapp. Das wenige sollte annähernd gleich verteilt werden.

Nach dem Krieg bekamen die Schwerarbeiter die höchsten Zuteilungen, während der sprichwörtliche „Otto Normalverbraucher" mit erheblich weniger zufrieden sein musste. Eigentlich benötigt der erwachsene Mitteleuropäer bei leichter Arbeit täglich 2300 Kalorien, aber damals gab es nur knapp die Hälfte, die durchschnittliche Tagesration sank auf unter 1000 Kalorien.

Kein Wunder, dass nun jedes Stückchen Boden bebaut wurde, selbst die städtischen Anlagen. Wer einen Schrebergarten hatte, der zog sein eigenes Gemüse heran und hielt sich einen Stallhasen. Die Großstädter fuhren, wenn sie die Kraft und Möglichkeit hatten, am Wochenende hinaus und sammelten Löwenzahn, Brennnesseln, Eicheln und Geißfußblätter. Krähen und Eichhörnchen wurden gejagt, und es gab Bauerndörfer, in denen die Zahl der Hunde und Katzen stark rückläufig war. Die Menschen auf der Straße sahen miserabel aus: „Blickt man von den Kleidern auf die Gesichter, so wird deutlich, was es heißt, halb verhungert zu sein", schrieb ein fremder Journalist. „Was auffällt, ist nicht die Magerkeit, sondern die Gesichtsfarbe. Die Gesichter der Babys in den Kinderwägen sind leichenfahl; das Fleisch hat ein wächsernes oder seifenartiges Aussehen. Kleine Kinder sind gelb ... die Gesichter der wenigen Alten sind genauso totenblass. Es gibt Ausnahmen; aber rosige, runde Gesichter gehören gewöhnlich Prostituierten oder dem Personal in Diensten der Alliierten."

Essen zu besorgen war nicht einfach. Stundenlanges Anstehen in Schlangen war die Regel. Bezahlt wurde mit Geld und mit Lebensmittelmarken. Die Frau im Lebensmittelgeschäft verbrachte dann den Abend damit, die Marken auf alte Zeitungen aufzukleben, damit sie die Marken abliefern konnte und dafür neue Lebensmittel erhielt. Eine Folge dieser Knappheit war der Schwarzmarkt: Dort konnte man Güter erwerben, vor allem Fressalien, allerdings zu horrenden Preisen. Hier einige Beispiele: Im Juli 1947 zahlte man auf dem Schwarzmarkt für ein Brot 60 Mark, für ein Pfund Butter 350 Mark, für ein Ei 15 Mark, für ein Pfund Mehl 35 Mark, für ein Pfund Zucker 85 Mark, für ein Pfund Kaffee 600 Mark; 20 Zigaretten kosteten 150 Mark. Manche amerikanische „Besatzer-Familie" gab ihrer Putzfrau als Arbeitslohn für einen Tag 5 Zigaretten - gar nicht schlecht: 40 Mark! An den Sonntagen fuhren unzählige mit der Eisenbahn aufs Land, und die Bauern ließen sich gut bezahlen: Silbergeschirr und Schmuck, Bilder und Teppiche wanderten aufs Land: „Den Schmuck hat man als Butter aufgegessen, die Meißner Tassen trägt man jetzt als Schuh. So wächst dem Eigner, was er einst besessen, von Grund auf umgewandelt wieder zu!"

Der Winter 1946 auf 1947 war kalt, es fehlte an Brennstoff und an Essen - viele froren hungernd im Dunklen. 1947 gab es in den Städten Hungerdemonstrationen. Die Deutschen hatten gewaltig abgenommen. Aus Nürnberg - vormals „Stadt der Reichsparteitage" - besitzen wir Zahlen: Ihnen zufolge wog Ende 1945 der Durchschnittsmann im Alter von 20 bis 39 Jahren 64,4 kg, die Männer über 60 wogen noch 58,4 kg. Die Frauen aus den gleichen Altersgruppen wogen 57,1 kg bzw. 51,2 kg. In den folgenden Monaten nahmen die Nürnberger ab, der Tiefstand wurde im März 1948 erreicht: Die Männer zwischen 20 und 39 wogen jetzt noch 52,4 kg und die Männer über 60 nur noch 50,1 kg; Frauen noch einmal deutlich weniger. Erst in den nächsten Monaten nahm ihr Gewicht wieder zu, dann allerdings sehr rasch - bis zum Dezember 1948 um fast zehn Kilo!

Im März 1946 begann die britische Militärregierung, in ihrer Besatzungszone eine Kinderspeisung zu organisieren. Etwas später führten auch die Amerikaner in ihrer Zone eine Schulspeisung ein, die nach der spendenden Religionsgemeinschaft allgemein als „Quäker" bezeichnet wurde. Dann trafen die CARE-Pakete aus den USA ein. Sie waren in dieser schlechten Zeit Goldes wert. Wann wurde es besser? Eigentlich erst gegen Jahresmitte 1948, nach der Währungsreform. Die Ernte dieses Jahres war gut, es gab wieder eine brauchbare Währung, da ging es langsam aufwärts, ganz langsam - auf das Wirtschaftswunder zu.

Geschichte mit Pfiff

GE	Name: ____________	Datum: ________	

Das Leben nach dem Krieg (2)

Die Bevölkerung konnte nur unzureichend mit Lebensmitteln versorgt werden. ____________-____________ und Bezugsscheine gab es in Deutschland seit Kriegsbeginn. War die durchschnittliche Kalorienration einer Person kurz vor Kriegsende bereits auf etwa ________ Kalorien

abgesunken, pendelte sie sich bis Mitte 1946 auf rund ________ Kalorien ein. Für einen „Normalverbraucher" hieß dies beispielsweise, dass er täglich mit ________ Scheiben Brot, etwas Margarine, einem Löffel Milchsuppe und ________ Kartoffeln auskommen musste.

Zerstörte Felder, fehlende Maschinen und zu wenig Düngemittel bewirkten schlechte ________.

Die vorhandenen Lebensmittel konnten wegen der Zerstörung der ________________ und ____________________ kaum verteilt werden.

Der kalte Winter 1946/47 brachte Deutschland an die Grenze einer Katastrophe. Bis 1948 machten viele Männer und Frauen mit ____________-____________ und Hungerstreiks auf ihre Not aufmerksam. Die Einfuhr von Nahrung und Kohle durch die Besatzungsmächte rettete vielen das Leben. Güter waren knapp, weil die Hersteller sie für Ersatzgeschäfte benötigten. Sie tauschten sie gegen ______________ oder Lebensmittel für sich und ihre Belegschaften ein. Neben diesem „____________" entstand ein „______________" Markt. Dort wurden vor allem knappe Lebensmittel zu hohen Preisen verkauft oder gegen ______________ getauscht. So hätte ein Facharbeiter beispielsweise einen Monatslohn von etwa 250

Reichsmark hergeben müssen, um ein Pfund ____________ zu erhalten. Mit ______________ hingegen konnte man auf dem schwarzen Markt fast alles bekommen. Zwar war diese Form des Handels ______________, doch auch häufige überraschende ____________________ der Besatzungsmächte sowie der Polizei änderten an diesen Verhältnissen nichts.

Das Leben nach dem Krieg (2)

Die Bevölkerung konnte nur unzureichend mit Lebensmitteln versorgt werden. *Lebensmittel*-*karten* und Bezugsscheine gab es in Deutschland seit Kriegsbeginn. War die durchschnittliche Kalorienration einer Person kurz vor Kriegsende bereits auf etwa *2000* Kalorien

abgesunken, pendelte sie sich bis Mitte 1946 auf rund *1000* Kalorien ein. Für einen „Normalverbraucher" hieß dies beispielsweise, dass er täglich mit *zwei* Scheiben Brot, etwas Margarine, einem Löffel Milchsuppe und *zwei* Kartoffeln auskommen musste.

Zerstörte Felder, fehlende Maschinen und zu wenig Düngemittel bewirkten schlechte *Ernten*. Die vorhandenen Lebensmittel konnten wegen der Zerstörung der *Transportwege* und *Transportmittel* kaum verteilt werden.

Der kalte Winter 1946/47 brachte Deutschland an die Grenze einer Katastrophe. Bis 1948 machten viele Männer und Frauen mit *Hunger*-*märschen* und Hungerstreiks auf ihre Not aufmerksam. Die Einfuhr von Nahrung und Kohle durch die Besatzungsmächte rettete vielen das Leben. Güter waren knapp, weil die Hersteller sie für Ersatzgeschäfte benötigten. Sie tauschten sie gegen *Rohstoffe* oder Lebensmittel für sich und ihre Belegschaften ein. Neben diesem „*grauen*" entstand ein „*schwarzer*" Markt. Dort wurden vor allem knappe Lebensmittel zu hohen Preisen verkauft oder gegen *Wertgegenstände* getauscht. So hätte ein Facharbeiter beispielsweise einen Monatslohn von etwa 250

Reichsmark hergeben müssen, um ein Pfund *Butter* zu erhalten. Mit *Zigaretten* hingegen konnte man auf dem schwarzen Markt fast alles bekommen. Zwar war diese Form des Handels *verboten*, doch auch häufige überraschende *Fahndungsaktionen* der Besatzungsmächte sowie der Polizei änderten an diesen Verhältnissen nichts.

Schwarzmarkt in Berlin

24. Juni 1945:

An einer Straßenecke war ein wilder Schwarzhandel im Gange. Hier gab es alles zu kaufen oder zu tauschen. Für eine Armbanduhr je nach Qualität gaben russische Soldaten und Offiziere einige Pfund Butter, Fleisch, Tabak oder Geld an die Deutschen. Es gab Anzüge, Schuhe, Wäsche, Strümpfe, Oberhemden, Ringe, Taschenuhren und anderes mehr. Eine Zigarette kostete von 8 Mark bis 15 Mark aufwärts. Ein kleines Päckchen Tabak 150 Mark. Man konnte aber auch umgekehrt eine neue Kleiderbürste für eine Zigarette bekommen.

Ein russischer Offizier saß in einem Auto, hielt ein Messer in der Hand, und vor ihm stand ein Behälter mit Butter. Eine Dolmetscherin saß ihm gegenüber, reichte ihm die Uhren zur Prüfung zu und vermittelte dem Deutschen die Kilo- oder Pfundzahl an Butter oder Speck oder Büchsenfleisch. Für Goldsachen gab es Fettigkeiten; Schuhe usw. wurden in bar bezahlt. Es gab aber keinen Betrug. Was ausgemacht war, wurde eingehalten.

Ein G.P.U.-Offizier, der plötzlich mit einem Auto erschien, machte der Sache ein Ende. Um die Deutschen untereinander kümmerte er sich aber nicht. Als er später abgefahren war, ging die Sache fröhlich weiter.

5. August 1945:

Von Brotscheiben, in Öl gebacken, gelebt. Die Flasche Öl haben wir auf dem Tauschwege erworben. Am Nachmittag sind wir nach Berlin gefahren, um bei Bekannten unser Glück zu versuchen, auf dem Tauschwege etwas Lebensmittel zu bekommen. Es war umsonst. [...]

Später ließen wir uns am Nordhafen mit einer Fähre übersetzen, wanderten durch den Tiergarten bei Krall vorbei und besuchten die „Schwarze Börse" am Brandenburger Tor. Hier wird von amerikanischen und russischen Soldaten alles gekauft und verkauft, was es an Uhren, Kleidungsstücken, Ringen, Juwelen, Stiefeln, Ferngläsern, Fotoapparaten, Rasiermessern, Pelzmänteln, Strümpfen und seidener Damenwäsche noch gibt. Die Amerikaner und Engländer kaufen nur Uhren und Schmuck. Die Russen kaufen aber auch Kleidung für ihre Frauen und geben außer dem Kaufpreis noch Lebensmittel wie Butter, Wurst, Speck, Zucker und Brot. Die Amerikaner verkaufen den Russen ihre Armee-Armbanduhren, die sehr stabil sind, nachdem sie goldene deutsche gekauft haben. Die Deutschen aber kaufen von den Amerikanern wieder Toilettenseife, Zigarren, Zigaretten, Tabak und Schokolade. Aber zu schwindelnd hohen Preisen und nur für alliiertes Geld.

Es ist ein Rausch über die Menschen gekommen, zu tauschen, zu handeln, etwas lang entbehrt Schönes wieder einmal zu genießen; es zu besitzen um jeden Preis. Man trennt sich von Kostbarkeiten, um einmal wieder Speck zu essen, eine gute Zigarette zu rauchen, sich einmal wieder mit guter Seife zu waschen, ein Stückchen Schokolade zu essen. Aber bei den unerhörten Preisen ist dieser kleine Genuss in kurzer Zeit ein senkrechter Sprung in die Klauen der Armut.

7. August 1945:

Wir fuhren zur „Schwarzen Börse" am Brandenburger Tor. Eben angekommen und dem wilden Haufen zugesehen, ertönten die schrillen Pfeifen der deutschen Polizeibeamten. Hunderte von Menschen wandten sich zur Flucht, von allen Seiten umstellt. Amerikaner und Russen ließen sich nicht stören. Tausende deutscher Zivilpersonen, Männer, Frauen und Kinder, setzten sich in Bewegung und machten verzweifelte Bewegungen, aus dem Kessel herauszukommen. Obwohl wir weder gehandelt, noch etwas gekauft hatten, hätten wir mit allerlei Unannehmlichkeiten rechnen müssen. Nun hieß es, den klaren Kopf behalten. Wir folgten ruhig einer Anzahl Flüchtlingen in das Palais des Fürsten Blücher, um den Pariser-Platz zu erreichen. Der Ausgang war aber von der Polizei versperrt. Wir sprangen aber durch eine zerschossene Mauer in das Haus von Goebbels, um durch den Garten zu flüchten in der Hoffnung, einen Ausweg durch das zerschossene Propaganda-Ministerium auf die Straße zu finden. Aber auch hier war ein Entrinnen unmöglich. [...]

Später sind wir dann an der Seite zum Tiergarten hin vorsichtig Ausschau haltend durch ein Einschussloch in der Mauer gestiegen und befanden uns auf der Straße. Die Polizei hatte an dieser Stelle bereits unsere Zone passiert und war weitergegangen zum Brandenburger Tor. Der Kessel um die Händler, Käufer und Tauscher war geschlossen. Wir waren gerettet. Auf der Straße verkaufte ein Amerikaner schon wieder feste Seife und wir waren wenigstens einmal im Leben uneingeladen bei Goebbels im Garten. Vom „Schwarzen Markt" aber haben wir nun genug, meine Frau und ich.

Tagebuchaufzeichnungen von Karl Deutschmann aus Adlershof bei Berlin (DHM-Bestand, LeMO)

GE	Name: ______________________	Datum: __________	

Zweiter Weltkrieg: Was weißt du noch? (1)

❶ Welche Personen sind auf den Bildern dargestellt? Beruf/Position? (6 P.)

① ______________________________

② ______________________________

③ ______________________________

④ ______________________________

⑤ ______________________________

⑥ ______________________________

⑦ ______________________________

❷ Welchen Sachverhalt stellen die drei Bilder unten dar? (6 P.)

______________ ______________ ______________

______________ ______________ ______________

GE | Lösung

Zweiter Weltkrieg: Was weißt du noch? (1)

❶ Welche Personen sind auf den Bildern dargestellt? Beruf/Position? (6 P.)

① *Francisco Franco, spanischer Staatschef (General und Diktator) von 1939 bis 1975*
② *Benito Mussolini, faschistischer Diktator Italiens von 1922 bis 1943*
③ *Josef Stalin, diktatorischer Regierungschef der Sowjetunion von 1924 bis 1953*
④ *Winston Churchill, britischer Premierminister von 1940 bis 1945 und von 1951 bis 1955*
⑤ *Franklin D. Roosevelt, amerikanischer Präsident von 1933 bis 1945*
⑥ *Erwin Rommel, Generalfeldmarschall von 1942 bis 1945*
⑦ *Dwight „Ike“ D. Eisenhower, amerikanischer Präsident von 1953 bis 1961*

❷ Welchen Sachverhalt stellen die drei Bilder unten dar? (6 P.)

Eroberung Berlins 1945 durch die Rote Armee

Landung der USA in der Normandie (6. Juni 1945)

Erste Atombomben auf Japan (Hiroshima, Nagasaki)

GE	Name: ______________________	Datum: ______________	

Zweiter Weltkrieg: Was weißt du noch? (2)

❸ Wann begann der Zweite Weltkrieg? (1 P.)

O 1. Juni 1939 O 1. September 1939 O 1. September 1940 O 1. März 1939

❹ Welchen Namen hatte das Bündnis Deutschland-Italien-Japan? (1 P.)

O Alliierte O Allianz O Neutrale O Achsenmächte O Dreibund

❺ Welcher Beschluss wurde auf der Münchner Konferenz 1938 gefasst? (1 P.)

O Die Besetzung Österreichs durch die deutsche Wehrmacht
O Der Angriff auf Polen durch die deutsche Wehrmacht
O Die Besetzung der Rest-Tschechei durch deutsche Truppen
O Die Besetzung des Sudetenlandes durch die deutsche Wehrmacht

❻ Welche Stadt brachte die Wende im 2. Weltkrieg zuungunsten Deutschlands? (1 P.)

O Moskau O Leningrad O Verdun O Stalingrad O London

❼ Erkläre die Bedeutung der Karikatur unten. Wer sind die abgebildeten Personen? (7 P.)

❽ Warum gilt der Angriff auf Pearl Harbour als kriegsentscheidender Wendepunkt? (2 P.)

❾ Streiche die Städte durch, die durch Bomben nur geringfügig zerstört wurden. (6 P.)

Hamburg - Bremen - Regensburg - Essen - Passau - Dresden - Köln - Erfurt - Stuttgart - Nürnberg - Cottbus - Freiburg - Pforzheim - Wiesbaden - Würzburg - Hanau - Speyer

❿ Welcher Feldzug hatte den Decknamen „Operation Barbarossa"? (1 P.)

O Feldzug gegen Frankreich
O Feldzug gegen die Sowjetunion
O Feldzug gegen Dänemark und Norwegen

32 Punkte

Hubert Albus: Von der NS-Diktatur bis 1946 • Bestell-Nr. 497 •

GE Lösung

Zweiter Weltkrieg: Was weißt du noch? (2)

❸ Wann begann der Zweite Weltkrieg? (1 P.)

O 1. Juni 1939 ⊗ 1. September 1939 O 1. September 1940 O 1. März 1939

❹ Welchen Namen hatte das Bündnis Deutschland-Italien-Japan? (1 P.)

O Alliierte O Allianz O Neutrale ⊗ Achsenmächte O Dreibund

❺ Welcher Beschluss wurde auf der Münchner Konferenz 1938 gefasst? (1 P.)

O Die Besetzung Österreichs durch die deutsche Wehrmacht
O Der Angriff auf Polen durch die deutsche Wehrmacht
O Die Besetzung der Rest-Tschechei durch deutsche Truppen
⊗ Die Besetzung des Sudetenlandes durch die deutsche Wehrmacht

❻ Welche Stadt brachte die Wende im 2. Weltkrieg zuungunsten Deutschlands? (1 P.)

O Moskau O Leningrad O Verdun ⊗ Stalingrad O London

❼ Erkläre die Bedeutung der Karikatur unten. Wer sind die abgebildeten Personen? (7 P.)

David Lows berühmte Karikatur aus dem Evening Standard vom 20. September 1939 zeigt Hitler und Stalin, die sich über die gemeuchelte Leiche Polens durch Verbeugung respektvoll begrüßen. Hitler zu Stalin: „Der Abschaum der Menschheit, wenn ich nicht irre.“ Stalin zu Hitler: „Der blutige Mörder der Arbeiter, vermute ich.“ Beide Aussagen strotzen vor Ironie.

❽ Warum gilt der Angriff auf Pearl Harbour als kriegsentscheidender Wendepunkt? (2 P.)

Nach dem Angriff auf Pearl Harbour durch Japan erfolgte der aktive Kriegseintritt der USA (Kriegserklärung an Japan: 8. Dezember 1941).

❾ Streiche die Städte durch, die durch Bomben nur geringfügig zerstört wurden. (6 P.)

Hamburg - Bremen - ~~Regensburg~~ - Essen - ~~Passau~~ - Dresden - Köln - ~~Erfurt~~ - Stuttgart - Nürnberg - ~~Cottbus~~ - Freiburg - Pforzheim - ~~Wiesbaden~~ - Würzburg - Hanau - ~~Speyer~~

❿ Welcher Feldzug hatte den Decknamen „Operation Barbarossa“? (1 P.)

O Feldzug gegen Frankreich
⊗ Feldzug gegen die Sowjetunion
O Feldzug gegen Dänemark und Norwegen

32 Punkte

Textnachweis

S. 22 Hans-Ulrich Thamer: Die nationalsozialistische Bewegung in der Weimarer Republik © Bundeszentrale für politische Bildung, Bonn, Juli 2010
S. 70 Sebastian Haffner: „Anmerkungen zu Hitler" Copyright © 1978 by Kindler Verlag GmbH, München
S. 76 f. Ausgrenzung und Verfolgung der jüdischen Bevölkerung, www.dhm.de/lemo/html/nazi/antisemitismus/ausgrenzung/index. html
S. 90 ff. Der Völkermord – die Massenvernichtung der Juden, www.kiga-berlin.org/Dokumentationen/auschwitz/Pages/hi14.html
S. 101 Lidice – Symbol für den NS-Terror, www.radio.cz/.../das-heydrich-attentat-2-die-vernichtung-von-lidice
S. 102 Denunzierung und ihre Folgen, aus: M. Broszat/E. Fröhlich (Hrsg.), Bayern in der NS-Zeit VI, München, 1983
S. 110 Die Weiße Rose © Rudolf Diekmann, Geschwister-Scholl-Gymnasium Münster
S. 111 f. Walter Roller: Ein Tischler wollte Hitler stoppen, aus: Augsburger Allgemeine Zeitung, 8.11.1989
S. 113 Gregor Delvaux de Fenffe: 20. Juli 1944 – Das Attentat, www.planet-wissen.de
S. 128 f. Jörg Diehl: Hitlers Bomben auf Guernica – Sie haben die Stadt eingeäschert © SPIEGEL-ONLINE Panorama, 26. April 2007
S. 135 Bernhard Nowak: Die UdSSR unter Josef Stalin © B. Nowak, www.benoroe.de
S. 143 Paul Meier-Benneckenstein (Hrsg.): Dokumente der deutschen Politik, 2. Auflage, Berlin, 1937
S. 143 Max Domarus: Hitler. Reden und Proklamationen 1932–1945, Bd. 1, Wiesbaden
S. 144 Wilhelm Treue (Hrsg.): Rede Hitlers vor der deutschen Presse am 10. November 1938, in: Vierteljahresheft für Zeitgeschichte, Jg. 6, 1958, S. 175 ff.
S. 151 ff. Die Hoßbach-Niederschrift vom 5. November 1937, www.ns-archiv.de/krieg/1937/hossbach/
S. 165 Jens Ostrowski: Stalingrad: Der eisigen Hölle entronnen © Westdeutsche Zeitung, 31.1.2008
S. 170 Erich Mühsam: Kriegslied, aus: Brennende Erde. Verse eines Kämpfers, Kurt Wolf Verlag, München, 1920, S. 50 f.
S. 170 Bertolt Brecht: Mein Bruder war ein Flieger, aus: Bertolt Brecht, Werke. Große kommentierte Berliner und Frankfurter Ausgabe, Band 12: Gedichte 2. © Suhrkamp Verlag, Frankfurt am Main, 1988
S. 170 Ursel Peter: Unseren Toten © Ursel Peter
S. 181 f. Das Inferno von Dresden, aus: Der Nationalsozialismus. Das Bittere Ende, Bd. 3, © Bayerische Landeszentrale für politische Bildungsarbeit
S. 187 Lorenz Jäger: Es war Napalm © F.A.Z. Nr. 32, 8.2.2005, S. 38
S. 193 Die bedingungslose Kapitulation Deutschlands © MDR, 9.5.2005
S. 194 Kapitulation, www.dhm.de/lemo/forum/kollektives_gedaechtnis/013/index. html
S. 196 Hiroshima und Nagasaki © SPIEGEL-ONLINE, 1.3.2006
S. 201 Manfred Vasold: Hunger und Not in der Nachkriegszeit, Geschichte mit Pfiff, Nürnberg
S. 208 Schwarzmarkt in Berlin, www.dhm.de/lemo/forum/kollektives_gedaechtnis/010/index. html

Bildnachweis

S. 7 George Grosz: Die Stützen der Gesellschaft © VG Bild-Kunst, Bonn 2011
S. 8 Otto Griebel: Die Internationale, 1929/1930
S. 31/117 A. Paul Weber: Das Verhängnis © VG Bild-Kunst, Bonn 2011
S. 39 Arthur Kampf: Der 30. Januar 1933
S. 99 A. Paul Weber: Der Denunziant © VG Bild-Kunst, Bonn 2011
S. 121 Diego Rivera: Mussolini © Banco de México Diego Rivera Frida Kahlo Museums Trust/ VG Bild-Kunst, Bonn 2011
S. 130 Pablo Picasso: Guernica © Succession Picasso/VG Bild-Kunst, Bonn 2011
S. 130 Ron English: Guernica 2.0 © VG Bild-Kunst, Bonn 2011
S. 169 A. Paul Weber: Der Sumpf © VG Bild-Kunst, Bonn 2011
S. 184 Erich Wünsche: Altes Mütterchen im Zwinger / Von Flammen auf der Pillnitzer Straße eingeschlossen
S. 185/186 A. Paul Weber: Die Mutter © VG Bild-Kunst, Bonn 2011
S. 188 A. Paul Weber: Die Sirene © VG Bild-Kunst, Bonn 2011
S. 188 A. Paul Weber: Die Sirene © VG Bild-Kunst, Bonn 2011